COLEX READER | COLEX AUDIO

AF818621

COLEX

ACCESO GRATUITO DURANTE UN AÑO AL eBOOK Y/O AUDIOLIBRO **ADQUIRIDOS A TRAVÉS DE AMAZON**

Si ha adquirido este libro a través de **Amazon**, puede solicitar acceso gratuito a su versión digital durante **un año de forma gratuita**. Siga estos pasos:

¿Cómo solicitarlo?

1. Envíe un **correo electrónico a info@colex.es** con el asunto: **«Solicitud de eBook - [Título del libro]»**.
2. **Adjunte la factura de compra** de Amazon como comprobante.
3. Indique en el cuerpo del correo:
   - Su **nombre completo**.
   - Su **dirección de correo electrónico**.
     (para activar su cuenta en **www.colex.es**, si aún no está registrada).
4. **Una vez verificada la compra, recibirá un código de activación** para canjear en www.colex.es

✓ Una vez se valide el código, aparecerá una ventana de confirmación y su eBook y/o audiolibro estará disponible **durante 1 año desde su activación** en la pestaña «Mis libros» en el menú de usuario.

— Para más información y acceso a su código, visite: www.colex.es —

* Los audiolibros están disponibles en las ediciones más recientes de nuestras obras. Se excluyen expresamente las colecciones «Códigos comentados», «Biblioteca digital» y los productos de www.vademecumlegal.es.

No se admitirá la devolución si el código promocional ha sido manipulado y/o utilizado.

LA ASISTENCIA JUDICIAL AL ARBITRAJE

PARA LA OBTENCIÓN DE PRUEBAS CON PRESENCIA VIRTUAL

LA ASISTENCIA JUDICIAL AL ARBITRAJE

PARA LA OBTENCIÓN DE PRUEBAS CON PRESENCIA VIRTUAL

María José Fernández-Fígares Morales
https://orcid.org/0000-0001-6024-7740

Esta publicación es parte del proyecto de I+D+i TED2021-131127B-I00, financiado por MICIU/AEI/10.13039/501100011033/ y por la «Unión Europea NextGenerationEU/PRTR».

MINISTERIO DE CIENCIA, INNOVACIÓN Y UNIVERSIDADES
Financiado por la Unión Europea NextGenerationEU
Plan de Recuperación, Transformación y Resiliencia
AGENCIA ESTATAL DE INVESTIGACIÓN

COLEX 2025

Calle Costa Rica, número 5, 3.º B (local comercial)
A Coruña, 15004, A Coruña (Galicia)
info@colex.es
www.colex.es

I.S.B.N.: 978-84-1194-983-5
Depósito legal: C 504-2025

SUMARIO

PRESENTACIÓN

ABREVIATURAS

CAPÍTULO 1
LA PRUEBA EN EL ARBITRAJE
(pág. 19)

CAPÍTULO 2
LA ASISTENCIA JURISDICCIONAL AL ARBITRAJE EN MATERIA PROBATORIA
(pág. 71)

CAPÍTULO 3
EVOLUCIÓN DEL RECABO DE PRUEBAS A TRAVÉS DE VIDEOCONFERENCIA POR ÓRGANOS JUDICIALES
(pág. 109)

CAPÍTULO 4

EL RÉGIMEN ACTUAL DE CUMPLIMIENTO DE LA ASISTENCIA JUDICIAL PARA LA PRÁCTICA DE PRUEBAS MEDIANTE VIDEOCONFERENCIA

(pág. 155)

CAPÍTULO 5

EL APOYO AL ARBITRAJE EN LA PRÁCTICA DE PRUEBAS CON PRESENCIA TELEMÁTICA MEDIANTE COOPERACIÓN JUDICIAL EUROPEA

(pág. 201)

BIBLIOGRAFÍA

LEGISLACIÓN CITADA Y COMENTADA

AGRADECIMIENTOS

PRESENTACIÓN

El arbitraje representa un método de solución de controversias que ha sido fomentado por la institución legisladora como una alternativa al arreglo de litigios emprendido por vía jurisdiccional. Se ha dispuesto el sistema arbitral ordinario cuando se trate de materias disponibles para las partes y plantea un procedimiento basado en la autonomía convencional, tanto para el sometimiento ante el órgano arbitral como en cuanto a las amplias facultades de las personas litigantes en el devenir del mismo. Junto a este sistema, se ha regulado un sistema arbitral de consumo, caracterizado por desplegar las especialidades necesarias para otorgar protección a la persona consumidora en relación a los conflictos que puedan emerger de sus relaciones con el ámbito empresarial o profesional.

En ambos procedimientos se prevé la posibilidad de una actividad probatoria en su seno consecuente con las alegaciones que presenten las partes en discordia. Pero, por motivos territoriales, organizativos o ante la falta de fuerza coercitiva de los árbitros más allá de las facultades que le atribuye la autonomía de la voluntad de las partes implicadas, puede ser necesario contar en la práctica de pruebas, tanto en el arbitraje ordinario como en el de consumo, con la ayuda de la jurisdicción. Se trata, por tanto, de la previsión de asistencia judicial en la práctica de pruebas prevista en el art. 8.2 de la Ley 60/2003, de 23 de diciembre, de Arbitraje, que, además resulta aplicable al arbitraje de consumo, en virtud de la función supletoria con que cuenta dicha Ley respecto a los arbitrajes previstos en otras leyes, en virtud su art. 1.2.

Por otro lado, el recurso a la videoconferencia para la realización de actos procesales, en especial la práctica de pruebas, se encuentra en pleno auge, hasta el punto de que ha pasado de ser considerada como una excepción a la presencia física —entendida como estándar de inmediación— a plantear actualmente una presencia procesal de carácter bipolar, en tanto que engloba la asistencia física y la asistencia telemática o virtual. De hecho, muchas prácticas probatorias personales realizadas en ejecución de la asistencia judicial al arbitraje se van a llevar a cabo, precisamente, a través de videoconferencia. Es por ello que unificamos la temática de ambos aspectos bajo la rúbrica de la presente monografía titulada: «La asistencia judicial al arbitraje para la obtención de pruebas con presencia virtual».

Todas las áreas involucradas precisan de una revisión detenida. Así, la regulación de la prueba en el arbitraje ordinario contenida en Ley 60/2003, de 23 de diciembre, de Arbitraje se caracteriza por su parquedad, lo que despierta incertidumbres que es preciso atender. Por su parte, la prueba en el arbitraje de consumo es objeto de una nueva regulación consistente en el Real Decreto 713/2024, de 23 de julio, por el que se aprueba el Reglamento que regula el Sistema Arbitral de Consumo. Además, es preciso recordar las implicaciones que tuvo la Ley 7/2017, de 2 de noviembre, por la que se incorpora al ordenamiento jurídico español la Directiva 2013/11/UE, del Parlamento Europeo y del Consejo, de 21 de mayo de 2013, relativa a la resolución alternativa de litigios en materia de consumo. Se analizan dichos aspectos en el *«Capítulo 1. La prueba en el arbitraje»*, que abarca ambos tipos de arbitraje estructurado en cuanto a los principios que rigen a cada uno y respecto a las particularidades del procedimiento probatorio que les atañe. Terminamos dicho capítulo con una apuesta por el uso de la presencia audiovisual con el fin de dotar de un mayor margen de autosuficiencia e inmediatividad al arbitraje.

Por otra parte, resulta necesario observar críticamente las disposiciones de la Ley de Enjuiciamiento Civil (LEC) aplicables a la asistencia judicial en materia de pruebas, una institución que es habilitada sin casi matizaciones por la Ley de Arbitraje (LA). Se requiere contemplar cuales son las implicaciones del principio de intervención mínima de la jurisdicción en este tipo de ayudas. Asimismo, hay que tomar en cuenta que las disposiciones probatorias de la LEC fueron ideadas para atender las prácticas dentro del curso del proceso judicial que en muchas ocasiones no ofrecen una respuesta clara cuando de lo que se trata es de atener prácticas puntuales de los tribunales para abastecer a un procedimiento arbitral no exento de limitaciones. Se presenta así el *«Capítulo 2. La Asistencia Jurisdiccional al Arbitraje en materia probatoria»*, comprensivo de los anteriores aspectos y que recorre todos los puntos por los que discurre dicho apoyo judicial probatorio, como la legitimación activa, el objeto, el tribunal competente y todos los hitos del procedimiento de prestación de la asistencia. Además, se aborda la documentación y la remisión de los resultados al órgano arbitral, así como la incidencia de la tramitación de esta asistencia en el plazo para dictar el laudo.

Al centrarnos en esta obra en la actividad de prestación de asistencia jurisdiccional probatoria al arbitraje concretamente mediante medios telemáticos, dedicamos los tres capítulos siguientes a estudiar las particularidades del uso de la videoconferencia en los actos judiciales y, particularmente, para la práctica de pruebas. Así, realizamos un estudio cronológico del recorrido legislativo que ha experimentado el fenómeno en el *«Capítulo 3. Evolución del recabo de pruebas a través de videoconferencia por órganos judiciales»*, donde se rescata el régimen pre-pandémico, el sobrevenido con motivo de la pandemia Covid-19 y su extensión, así como una puesta en situación de la etapa postpandémica.

Tras dicho recorrido histórico, disponemos el *«Capítulo 4. El régimen actual de cumplimiento de la asistencia judicial para la práctica de pruebas mediante videoconferencia»*. En el mismo recogemos información empírica sobre el uso reciente de la videoconferencia en los actos judiciales, reflexionamos sobre la naturaleza de esta práctica y la nueva noción de presencia telemática en las actuaciones judiciales y la nueva composición del principio de inmediación. A continuación, estudiamos la diversidad de tratamiento según el destinatario se encuentre dentro o fuera de la demarcación judicial y el caso del interrogatorio domiciliario. Nos detenemos con especial esmero en los distintos lugares desde donde cabe la conexión y acceso a la asistencia remota. Profundizamos en las condiciones que ha de reunir su práctica y el régimen de impugnabilidad de los actos procesales llevados a cabo a través de videoconferencia.

Por último, ofrecemos el *«Capítulo 5. El apoyo al arbitraje en la práctica de pruebas con presencia telemática mediante cooperación judicial europea»*. Aquí nos detenemos en la preferencia de este recurso frente al auxilio judicial tradicional otorga recientemente por la institución legislativa, descendemos a las particularidades del régimen de obtención de pruebas en la cooperación judicial civil europea. Las garantías de los derechos de defensa y las exigencias tecnológicas relacionadas con estas prácticas son abordadas también. Y, por último, revisamos el alcance del modelo descentralizado europeo en la tramitación de solicitudes de cooperación, así como el régimen de protección de datos en la obtención de pruebas mediante videoconferencia en la cooperación judicial europea en materia civil.

Hemos considerado las últimas reformas afectantes a los temas tratados. Tal es así el caso de Real Decreto-ley 6/2023, de 19 de diciembre, por el que se aprueban medidas urgentes para la ejecución del Plan de Recuperación, Transformación y Resiliencia en materia de servicio público de justicia, función pública, régimen local y mecenazgo y de la Ley Orgánica 1/2025, de 2 de enero, de medidas en materia de eficiencia del Servicio Público de Justicia. Ambas han supuesto la modificación o introducción de preceptos procesales que han afectado a la LEC y a la LOPJ en amplios asuntos tratados en este trabajo. También es destacable la incidencia del Reglamento (UE) 2020/1783 del Parlamento Europeo y del Consejo, de 25 de noviembre de 2020, relativo a la cooperación entre los órganos jurisdiccionales de los Estados miembros en el ámbito de la obtención de pruebas en materia civil o mercantil (obtención de pruebas), DO L 405/1. Estos y muchos más son comentados en esta obra mediante una técnica que toma en consideración los aportes doctrinales y jurisprudenciales correspondientes.

Esta publicación deriva directamente de la actividad científica desarrollada con cargo al proyecto con la Referencia TED2021-131127B-I00 titulado «Construcción de bases para una digitalización eficiente, legal y garantista de los sistemas de resolución alternativa de litigios de consumo mediante plataformas tecnológicas», Investigadores Principales Fernando Esteban de la Rosa y María José Fernández-Fígares Morales. Asimismo, este libro deriva de Jornadas Técnicas Especializadas, particularmente, el «II Congreso Internacional: la digitalización de la administración de justicia y de la resolución alternativa de litigios de consumo: hacia una regulación centrada en el ser humano», celebrado en Granada, los días 28 y 29 de noviembre de 2024.

En definitiva, la trayectoria interpretativa y las reformas introducidas en la regulación de determinados aspectos de la asistencia judicial al arbitraje para la práctica de pruebas, por un lado, y la realización de actos probatorios mediante presencia telemática, por otro, justifican la necesidad de profundizar conjuntamente en ambos aspectos desde la óptica de la mejor resolución de conflictos bajo el prisma de la eficiencia y, a la vez, con una lectura basada en el máximo respeto a los derechos y garantías de los justiciables, como demanda una sociedad avanzada del siglo XXI.

María José Fernández-Fígares Morales

Profesora Titular de Derecho Procesal
Universidad de Granada

ABREVIATURAS

CE	Constitución Española
CGPJ	Consejo General del Poder Judicial
LA	Ley 60/2003, de 23 de diciembre, de Arbitraje
LAJ	Letrado de la Administración de Justicia
LEC	Ley 1/2000, de 7 de enero, de Enjuiciamiento Civil
LECrim	Real Decreto de 14 de septiembre de 1882 por el que se aprueba la Ley de Enjuiciamiento Criminal.
LOPJ	Ley Orgánica 6/1985, de 1 de julio, del Poder Judicial
LOSPJ 2025	Ley Orgánica 1/2025, de 2 de enero, de medidas en materia de eficiencia del Servicio Público de Justicia.
LRAL Consumo 2017	Ley 7/2017, de 2 de noviembre, por la que se incorpora al ordenamiento jurídico español la Directiva 2013/11/UE, del Parlamento Europeo y del Consejo, de 21 de mayo de 2013, relativa a la resolución alternativa de litigios en materia de consumo
RDL 6/2023	Real Decreto-ley 6/2023, de 19 de diciembre, por el que se aprueban medidas urgentes para la ejecución del Plan de Recuperación, Transformación y Resiliencia en materia de servicio público de justicia, función pública, régimen local y mecenazgo
RSAC 2008	Real Decreto 231/2008, de 15 de febrero, por el que se regula el Sistema Arbitral de Consumo
RSAC 2024	Real Decreto 713/2024, de 23 de julio, por el que se aprueba el Reglamento que regula el Sistema Arbitral de Consumo

TS	Tribunal Supremo
TSJ	Tribunal Superior de Justicia
AN	Audiencia Nacional
TC	Tribunal Constitucional
TEDH	Tribunal Europeo de Derechos Humanos

CAPÍTULO 1

LA PRUEBA EN EL ARBITRAJE

1. INTRODUCCIÓN
2. PRINCIPIOS QUE RIGEN LA PRUEBA DEL ARBITRAJE ORDINARIO
   - 2.1. Imparcialidad y supuesta independencia de los árbitros
   - 2.2. Flexibilidad acomodada a las garantías del procedimiento de igualdad, audiencia y contradicción
   - 2.3. Delimitación progresiva del objeto del proceso
   - 2.4. Procedimiento: el pactado, y en su defecto, el definido por el órgano arbitral
   - 2.5. Parquedad del procedimiento
   - 2.6. Amplias facultades del órgano arbitral respecto a la prueba
   - 2.7. Posibilidad de reiterar la práctica de pruebas
   - 2.8. Confidencialidad
3. PRINCIPIOS ESPECÍFICOS DEL ARBITRAJE DE CONSUMO
   - 3.1. Calidad
   - 3.2. El consumidor y usuario solo como solicitante
   - 3.3. Imparcialidad y supuesta independencia del órgano arbitral de consumo
   - 3.4. Principios de audiencia, contradicción, igualdad entre las partes y confidencialidad
   - 3.5. Acceso sencillo, electrónico o no y accesibilidad universal al procedimiento
   - 3.6. Decisión en equidad salvo acuerdo de decisión en derecho
   - 3.7. La mayoría simple como criterio de decisión colegiada y motivación de la decisión arbitral
   - 3.8. Gratuidad del procedimiento
   - 3.9. Asistencia jurídica no preceptiva y libre
   - 3.10. Eficacia
   - 3.11. Limitación de la duración de los procedimientos
   - 3.12. Voluntariedad y posibilidad de acceso a la jurisdicción
   - 3.13. El acceso al arbitraje de consumo: el pacto de sumisión y la solicitud de arbitraje por el consumidor

1. Introducción

El derecho a la tutela judicial efectiva (art. 24.1 CE) comporta el denominado derecho a la prueba, el cual, además, se encuentra reconocido expresamente como el «derecho a utilizar los medios de prueba pertinentes para su defensa» (art. 24.2 CE). Es así porque difícilmente se puede concebir el derecho a la tutela efectiva, que implica el derecho a la obtención de una decisión, si se soslaya la relevancia de la actividad de acreditación de los hechos alegados y la correspondiente obtención de resultados.

Definimos, por tanto, la prueba, como la actividad, sustentada en la previa pretensión sostenida por las partes, consistente en la proposición, la admisión y/o, en su caso, el acuerdo por el órgano competente de la recogida de unos determinados medios probatorios y la consiguiente práctica de cada uno de ellos; además, comprende los respectivos resultados que cada medio de prueba arroja y que son incorporados al proceso para su posterior valoración de cara a la motivación fáctica y jurídica de la decisión final.

En el proceso jurisdiccional civil, la actividad probatoria se encuentra regulada por normas de carácter imperativo, dada la fuerza del principio de legalidad que impera sobre los tribunales y sobre las partes (art. 1 LEC), lo que se concreta en particular en las reglas probatorias contenidas en los arts. 299-386 LEC. Sin embargo, la prueba arbitral cuenta con notables diferencias. Para empezar, en el caso del arbitraje, el órgano competente es el tribunal arbitral y la decisión final la constituye el laudo. Además, la fase probatoria del arbitraje está presidida por la máxima libertad de las partes y de los árbitros —siempre que se respeten el derecho de defensa y el principio de igualdad— y por la máxima flexibilidad (Exposición de Motivos, apartado VI, párrafo 7 Ley de Arbitraje, en adelante LA[1]). Dicha falta de rigidez se conecta a la elasticidad que reina en el procedimiento arbitral en general (Exposición de Motivos, apartado VI, párrafo 6 LA). De este modo, en el ámbito arbitral, como señala Ortells Ramos se considera que será prueba toda aquella actividad empleada para que los árbitros entren a comprobar si, a su juicio, las afirmaciones sostenidas por una de las partes se ajustan a la realidad o para ya simplemente fijar en el laudo tales afirmaciones a efectos de la resolución[2].

A partir de este planteamiento, en el presente capítulo examinamos tanto los principios que rigen el arbitraje genérico y el de consumo como las particularidades del procedimiento probatorio en ambos ámbitos. Este capítulo representa el punto de partida necesario para adentrarnos en las formas en las que la jurisdicción presta apoyo al arbitraje, precisamente, en la práctica de pruebas a través de medios audiovisuales.

2. Principios que rigen la prueba del arbitraje ordinario

2.1. Imparcialidad y supuesta independencia de los árbitros

Como determina el apartado IV de la Exposición de Motivos LA, se establece el deber de todos los árbitros, al margen de quien los haya designado, de guardar la debida imparcialidad e independencia frente a las partes en el arbitraje. A la hora de confeccionar la lista de posibles árbitros a designar por el tribunal se tomarán las medidas necesarias para garantizar su independencia e imparcialidad (art. 15.6 LA). Garantía de ello es su deber de revelar a las partes cualquier hecho o circunstancia susceptible de poner en duda su imparcialidad o independencia (art. 17.2 LA). Se elimina en el caso del arbitraje el reenvío a los motivos de abstención y recusación de jueces y magistrados, por considerar que no siempre son adecuados en materia de arbitraje ni cubren todos los supuestos previsibles y se prefiere una cláusula general.

Respecto del procedimiento de recusación, se parte de la idea de que un árbitro sólo podrá ser recusado si concurren en él circunstancias que den lugar a dudas justificadas sobre su imparcialidad o independencia o por falta de la cualificación convenida (art. 17.3 LA). La premisa es una vez más la libertad de las partes, ya sea por acuerdo directo o por remisión a un regla-

1 Ley 60/2003, de 23 de diciembre, de Arbitraje.

2 Manuel Ortells Ramos, *Derecho Procesal Civil*, Aranzadi, Cizur Menor (Navarra), 2016, pág. 288.

mento arbitral. En su defecto, se establece que sean precisamente los árbitros quienes decidan sobre la recusación, sin perjuicio de poder hacer valer los motivos de esta como causa de anulación del laudo. La posibilidad de acudir directamente a los tribunales frente a la decisión desestimatoria de la recusación tendría, sin duda, la ventaja de una certidumbre preliminar sobre la imparcialidad, pero se prestaría a una utilización dilatoria de esta facultad. Se estima que, con esta ordenación, serán mucho menos frecuentes los supuestos en que una recusación será indebidamente desestimada y dará lugar a la nulidad de todo el procedimiento arbitral que los casos en que se formularían pretensiones inmediatas ante la autoridad judicial con la finalidad de dilatar el procedimiento (Apartado IV de la Exposición de Motivos LA). Más adelante, al analizar estos parámetros en los arbitrajes de consumo, profundizaremos en estas instituciones.

Nieva-Fenoll es muy crítico con la posible fe ciega en esta institución pues señala que, tras suscribir en su día la cláusula arbitral contenida en un contrato, «cuando hay problemas, esa cláusula es vital, y en ese momento llega la hora de los lamentos. Se identifica que no se ha pactado el nombre de un árbitro de la confianza de ambas partes, sino el de una institución arbitral, privada por supuesto, que puede que sea más próxima a uno de los litigantes sin que el otro lo sepa. O no, sino que puede suceder, más simplemente, que la institución sea puramente ineficiente porque su listado de árbitros sea defectuoso»[3].

2.2. Flexibilidad acomodada a las garantías del procedimiento de igualdad, audiencia y contradicción

Como hemos señalado, la flexibilidad constituye el emblema de la prueba en el arbitraje, pero esta debe ejercerse de manera que se respeten los principios de igualdad y audiencia, que ha de «tratarse a las partes con igualdad y darse a cada una de ellas suficiente oportunidad de hacer valer sus derechos» (Art. 24.1 LA). Como advierte Peña Adasme, la flexibilidad está comprometida principalmente, aunque no exclusivamente, por «los derechos y garantías fundamentales de carácter procesal. También están referidos a la seguridad jurídica y la previsibilidad de las normas»[4].

---

3 Jordi Nieva-Fenoll, «Contra el elitismo y la posmodernidad en el arbitraje», *Revista General de Derecho Procesal* 62, 2024, pág. 5.

4 Andrés Peña Adasme, «La flexibilidad procesal del arbitraje en Ley 60/2003», en *Anuario de Justicia Alternativa*, núm. 14, 2017, pág. 43.

2.3. Delimitación progresiva del objeto del proceso

La redacción del art. 29 LA es abierta por cuanto el objeto de la controversia no solo se configura a partir de la demanda y la contestación, sino que las partes pueden efectuar alegaciones posteriores no constreñidas por el peso de la preclusión. Pone de relieve MUNNÉ CATALINA la conclusión de que la delimitación del objeto de la controversia «se lleve a cabo de forma progresiva durante el desarrollo de las actuaciones arbitrales, sin esas preclusiones propias del proceso judicial. Lo que a su vez implica que el objeto de prueba pueda modificarse a lo largo del procedimiento, e incluso dentro de la propia fase probatoria»[5]. Algún autor, como PEÑA ADASME, a esta progresividad la denomina «adaptabilidad»[6].

2.4. Procedimiento: el pactado, y en su defecto, el definido por el órgano arbitral

Dicha flexibilidad afecta al tipo de procedimiento que se seguirá, pues son las partes a quienes corresponde libremente determinarlo y, en este caso, los árbitros se ajustarán a dicho pacto procedimental. Ahora bien, en el supuesto de que las partes no definan ninguno, el órgano arbitral cuenta con facultades para dirigir el arbitraje del modo en que mejor consideren, siempre con sujeción a la Ley arbitral (Art. 25 LA). Una expresión que otorga un extenso margen de discrecionalidad en la disposición del procedimiento arbitral.

2.5. Parquedad del procedimiento

MUNNÉ CATALINA pone de relieve la mínima regulación probatoria con la que se configura el arbitraje. Y sostiene que «debe entenderse como una simple guía a seguir, salvo en sus escasas normas imperativas, porque no es un límite que encorsete las fuentes de prueba, sino tan sólo unas mínimas pautas para que la flexibilidad procedimental propia del arbitraje tenga también su máximo acomodo en materia de prueba», en todo caso. Dice el autor que deja su concreta resolución «a la autonomía de la voluntad y en defecto de acuerdo entre las partes a la decisión de los árbitros en cada caso concreto y precisamente para adaptarse de un modo más eficiente a las necesidades de cada controversia sometida a arbitraje»[7].

---

5 Frederic MUNNÉ CATALINA, «Las pruebas personales en el arbitraje», *en La prueba a debate. Diálogos hispano-cubanos*, obra colectiva, Joan PICÓ I JUNOY y Carlos DE MIRANDA VÁZQUEZ (dirs). Bosh, 2021, pág. 289.

6 Andrés PEÑA ADASME, «La flexibilidad procesal del arbitraje en Ley 60/2003», *Op. Cit*, pág. 54

7 Frederic MUNNÉ CATALINA, «Las pruebas personales en el arbitraje», *Op. Cit.*, pág. 287.

2.6. Amplias facultades del órgano arbitral respecto a la prueba

Con sujeción al procedimiento establecido por las partes o al definido por el propio órgano arbitral, a este es a quien le corresponde adoptar decisiones acerca admisión de medios probatorios, a su práctica y, por supuesto, a su valoración de cara a la emisión del laudo (art. 25.2 LA). Como subraya MUNNÉ CATALINA. «los árbitros, a diferencia de los jueces del orden jurisdiccional civil, ostentan iniciativa probatoria propia, siempre que no se haya pactado lo contrario, pudiendo incluso acordar de oficio la práctica de las pruebas que estimen pertinentes y útiles para resolver la controversia sometida a su conocimiento (arts. 25.2 y 32.1 LA)»[8].

Para HINOJOSA SEGOVIA, los árbitros tienen un mayor poder que los jueces, dado que pueden acordar la práctica de la prueba incluso de oficio, mientras que esa posibilidad la tienen muy limitada los jueces en los procesos civiles en que rige el principio dispositivo[9].

2.7. Posibilidad de reiterar la práctica de pruebas

Como resultado de la delimitación paulatina del objeto del procedimiento, es lógico que también se permita repetir pruebas ya realizadas cuando las nuevas alegaciones así lo precisen. En esta línea se posiciona MUNNÉ CATALINA al advertir que debe «admitirse por parte del árbitro la repetición de pruebas personales ya practicadas sobre cuestiones no preguntadas y sobre las alegaciones ulteriores admitidas durante el arbitraje»[10].

2.8. Confidencialidad

Además, como nota característica propia, se impone la obligación de confidencialidad a todos los intervinientes, porque tanto los árbitros, como las partes e, incluso, las instituciones arbitrales, en su caso, están obligadas a guardar la confidencialidad de las informaciones que conozcan a través de las actuaciones arbitrales (Art. 24.2 LA).

Como señala VELEZ TORO este «secretismo del arbitraje choca frontalmente con el principio de publicidad del proceso, como garantía de una justicia trasparente, que viene garantizado por el art. 24.2 de la Constitución española», también con el art. 120.1 CE y el art. 6.1 Convenio para la Protección de los

8 Frederic MUNNÉ CATALINA, «Las pruebas personales en el arbitraje», *Op. Cit*, pág. 289.

9 Rafael HINOJOSA SEGOVIA, «La judicialización del arbitraje», *LA LEY mediación y arbitraje*, n.º 12, Sección Doctrina, 2022, pág. 11.

10 Frederic MUNNÉ CATALINA, «Las pruebas personales en el arbitraje», *Op. Cit*, pág. 289.

Derechos Humanos y de las Libertades Fundamentales, de 4 de noviembre de 1950, que, como recuera el autor consagra el derecho a un proceso público. Destaca este autor, que «el principio de confidencialidad del arbitraje impide conocer el sentido de los laudos, a diferencia del fallo de las sentencias, que son públicas y que se recogen en diversas bases de datos, destacando la del CGPJ, que es de libre acceso»[11].

Sin embargo, la singularidad del procedimiento arbitral, sustentada en la libre disposición de las partes, despliega aquí una señalada distinción respecto al proceso jurisdiccional. La privacidad del procedimiento y lo que en él se debate con frecuencia hace necesario proteger derechos de carácter sustantivo afectados por lo que constituye el objeto del procedimiento, como, por ejemplo, los derechos inherentes a la propiedad industrial cuando se discuten posibles copias de prototipos. VALDERAS advierte sobre la necesidad de este veto a la publicidad ante supuestos como los siguientes: «el caso en el que para explicar una prueba se necesita partir de cuál es la composición o la técnica de fabricación de uno de sus productos —materializada en una patente, por ejemplo— o cuál ha sido el nivel de eficiencia y ahorro de costes conseguida con un nuevo sistema de fabricación. Nuevamente, que esta información salga a la luz pone en situación de debilidad a la empresa y, por tanto, daña su posición competitiva[12]. En estos casos, la parte demandante podría verse perjudicada ante la difusión que procura la publicidad. Y ello a costa de la merma del control por la ciudadanía de lo que ante los árbitros se ventila. Pero es precisamente esta opacidad uno de los alicientes que provoca la concurrencia o el recurso de cierto tipo de litigios y de litigantes al sistema arbitral frente al jurisdiccional.

3. Principios específicos del arbitraje de consumo

3.1. Calidad

Como señala el Consejo General del Poder Judicial[13], «estos métodos constituyen no tanto una alternativa a la justicia como una justicia alternativa». Aclara dicho órgano que no se trata de suplantar a la Administración de Justicia, sino de complementarla, propiciando que los propios interesa-

11 Antonio José VELEZ TORO, «Procedimiento arbitral y su relación con el proceso», en *Alternative justice: arbitraje 5.0,* Obra colectiva, Sonia CALAZA LÓPEZ y Leticia FONTESTAD PORTALÉS (Dirs), Dykinson, 2024, pág. 168.

12 Juan J VALDERAS, «Cómo proteger la confidencialidad de información comercial o personal "delicada" necesaria para la prueba pericial en un litigio», *Diario La Ley* 8925, 2017, pág. 2.

13 Informe Jurídico del CGPJ de 11 de junio de 2015, Apartado IV, I, pág. 16.

dos alcancen el arreglo de sus diferencias por cauces amigables en aquellos casos en que, dada la índole de la materia, ello sea posible.

Dicha función de complemento a la Administración de Justicia que representan los RAL se ha traducido en el ámbito de consumo a la asunción legal del papel que desempeñan hoy día los principios que rigen su procedimiento de resolución alternativa en cuanto representan mecanismos que promueven su uso. Ha de destacarse que la finalidad expresamente perseguida por la Ley 7/2017 (en adelante, LRAL Consumo 2017) consiste en procurar un sistema que proporcione un acceso de calidad a este tipo de procedimientos[14]. Dicha norma tiene como finalidad garantizar a los consumidores residentes en la Unión Europea el acceso a mecanismos de resolución alternativa de litigios en materia de consumo que sean «de alta calidad por ser independientes, imparciales, transparentes, efectivos, rápidos y justos» (art. 1.1 LRAL Consumo). El Real Decreto 713/2024[15], que regula el Reglamento del Sistema Arbitral de Consumo (en adelante, RSAC 2024), menciona este principio como una de las condiciones de garantía de un sistema extrajudicial de resolución de litigios (Apartado I preámbulo, RSAC 2024).

3.2. El consumidor y usuario solo como solicitante

Únicamente los consumidores y usuarios podrán presentar solicitudes de arbitraje con el fin de que sus litigios de consumo sean resueltos mediante este procedimiento, principio que es calificado como de unidireccionalidad (art. 31. RSAC 2024). Ello implica que la parte empresarial se encuentra excluida de incoar estos procedimientos, por lo que solo podrán contar con una posición pasiva en los mismos.

3.3. Imparcialidad y supuesta independencia del órgano arbitral de consumo

Los órganos arbitrales han de actuar en el ejercicio de sus funciones con la debida independencia e imparcialidad. Están obligados a abstenerse ante cualquier circunstancia que pueda dar lugar a dudas sobre tales obligaciones o a la existencia de un conflicto de intereses. Particularmente, quienes hayan intervenido, con carácter previo, en cualquier intento de logro de una solución consensuada entre las partes, ya sea en el mismo asunto o en cualquier

14 Ley 7/2017, de 2 de noviembre, por la que se incorpora al ordenamiento jurídico español la Directiva 2013/11/UE, del Parlamento Europeo y del Consejo, de 21 de mayo de 2013, relativa a la resolución alternativa de litigios en materia de consumo.

15 Real Decreto 713/2024, de 23 de julio, por el que se aprueba el Reglamento que regula el Sistema Arbitral de Consumo.

otro que tuviera relación estrecha con aquel, no podrán ser designados árbitros y debe abstenerse en el caso de que en el momento de la designación se desconociese dicha circunstancia (Art. 15.1 RSAC 2024).

Las partes cuentan con iniciativa para recusar, porque si concurriesen circunstancias que dieran lugar a dudas justificadas sobre su independencia e imparcialidad, las partes podrán solicitar la recusación en el plazo de cinco días hábiles desde el día siguiente al que se hubiera notificado su designación para decidir el litigio, o desde la fecha en que tuvieran conocimiento de ellas (art. 15.2 RSAC 2024). Es el propio recusado quien decidirá si acepta su recusación en el plazo de cinco días hábiles. Esta regla se excepciona cuando el recusado sea la persona titular de la presidencia de la Junta Arbitral, en este caso se considerará aceptada y sin posibilidad de ser rechazada (Art. 15.3 RSAC 2024).

Solo si la recusación fuese rechazada, entonces resolverá la persona titular de la presidencia de la Junta Arbitral, previa audiencia del recusado, en el plazo de tres días hábiles (Art. 15.3 RSAC 2024) Esta resolución de la presidencia de la Junta arbitral ha de ser motivada y notificada al interesado y las partes (art. 15.4 RSAC 2024). Si no prosperase finalmente la recusación planteada, la parte que la instó podrá hacer valer la recusación en la impugnación judicial del laudo (art. 15.6 RSAC 2024).

Por el contrario, en el caso de aceptar el recusado la recusación, esta decisión no se revisará, porque el árbitro suplente continuará conociendo del procedimiento arbitral hasta su terminación. Ante el supuesto de inexistencia de árbitro suplente se designará *ad hoc* (Art. 15.5 RSAC 2024). El sustituto cuenta con la facultad de ordenar la repetición de algunas actuaciones, pero habrá de hacerlo de forma motivada (Art. 15.5 RSAC 2024).

El procedimiento arbitral quedará en suspenso en tanto no se decida sobre la recusación. Además, en tal caso se ampliará el plazo para dictar laudo previsto en el artículo 45 —de noventa días naturales contados desde que se acuerde el inicio del procedimiento— por un periodo igual al de la citada suspensión (Art. 15.7 RSAC 2024).

La Junta Arbitral de Consumo puede, incluso, proceder a retirar la acreditación a un árbitro cuando este se encuentre desempeñando un cargo que pueda comprometer su independencia o apariencia de imparcialidad y, en consecuencia, la confianza de las partes (art. 11 RSAC 2024).

Por su parte, el RSAC 2024 trae causa del artículo 8 de la LRAL Consumo 2017 donde ha de ser puesto en contacto con su artículo 23.1. y sus aparatos a), b) y c). De esta manera se garantiza la cierta durabilidad o estabilidad en el mandato, la inexistencia de injerencias o relación personal, profesional o comercial y la desvinculación de la retribución que perciban del resultado del procedimiento –es decir, se rechaza una especie de *cuota litis*–. También se trató de garantizar dichos principios mediante la imposición de composiciones paritarias ante entidades que se constituyan en colegiadas, donde han de estar presentes tanto las asociaciones de consumidores como las de empresarios, así como una persona independiente (art. 23.2 LRAL Consumo 2017).

Es preciso recordar que las medidas protectoras de la independencia e imparcialidad ya venían expuestas en la Recomendación 98/257/CE, relativa a los principios aplicables a los órganos responsables de la solución extrajudicial de los litigios en materia de consumo[16], en cuanto en ella se distingue entre aquellas fijadas cuando la decisión se adopte de manera individual y, asimismo, cuando se adopte de forma colegiada. La redacción de la LRAL Consumo 2017 guarda una estrecha relación de correspondencia con dicha recomendación. En la misma línea se renovó la Recomendación 2001/310/CE, de 4 de abril de 2001, relativa a los principios aplicables a los órganos extrajudiciales de resolución consensual de litigios en materia de consumo.

Además, como señaló el Preámbulo de la LRAL Consumo 2017, la ley impide acceder a la acreditación europea a las entidades de resolución alternativa de litigios de consumo donde las personas encargadas de la resolución del litigio estén empleadas o retribuidas directamente por el empresario reclamado[17], aunque sí tolera que lo estén para una organización profesional o asociación empresarial de la que sea miembro el empresario reclamado. Para este supuesto será suficiente que acredite, además de todas las condiciones exigibles para la persona encargada, la existencia de un presupuesto independiente, específico y suficiente para el cumplimiento de su función respectiva (art. 25). Dicha exigencia siquiera será aplicable cuando quien se encargue de la decisión sea un órgano colegiado formado por componentes paritarios.

Es cierto que la independencia es presupuesto necesario de la imparcialidad, pero es censurable que el texto haya unificado en un mismo título de

16 Recomendación 98/257/CE de la Comisión de 30 de marzo de 1998, relativa a los principios aplicables a los órganos responsables de la solución extrajudicial de los litigios en materia de consumo. Así, su recomendación II determina, por un lado, que cuando la decisión se adopte de forma individual, esta independencia estará garantizada por las medidas siguientes: «—la persona designada tendrá la capacidad, la experiencia y la competencia, en particular en materia jurídica, necesarias para la función—, la duración del mandato de la persona designada deberá ser suficiente para garantizar la independencia de su acción, sin que ésta pueda ser destituida sin motivo justificado, —cuando la persona designada sea nombrada o remunerada por una asociación profesional o por una empresa, no deberá haber trabajado para dicha asociación profesional, ni para uno de sus miembros, ni para la empresa en cuestión, durante los tres años anteriores a su entrada en funciones». Por su parte, cuando la decisión se adopte de forma colegial, entonces «la independencia del órgano responsable de ella puede garantizarse mediante la representación paritaria de los consumidores y de los profesionales o por el respeto de los criterios antes enunciados».

17 Ley 7/2017, Preámbulo, punto IV. Aquí destaca esta prevención y añade que se trata de un criterio que ha sido seguido por todos los Estados miembros en la transposición de la Directiva, si bien el sistema francés representa una excepción, al permitir que se acrediten este tipo de entidades RAL europeas.

artículo las voces «independencia» e «imparcialidad» (el artículo 23 LRAL Consumo 2017 se rotula «Principios de independencia e imparcialidad») cuando, realmente, hacen alusión a conceptos jurídicos diferentes. Así, como señala Del Águila Martínez[18] la independencia se identifica con la posición que tiene que tomar el mediador respecto de las partes y el objeto del procedimiento. Se trata de una posición caracterizada por la ausencia de intereses tanto propios o como ajenos en el resultado de la mediación. Se enfrenta al acto con total libertad ya que no debe estar sometido a presiones.

Por su parte, como señala Damián Moreno[19], en realidad, «la imparcialidad constituye una variante funcional de la independencia» y «alude a un fenómeno que se manifiesta sólo dentro de un proceso determinado». También Nieva Fenoll[20] ha puesto de manifiesto que, respecto a la imparcialidad, debe insistirse en el tema de las apariencias ya que asegura: «no basta con que un juez sea realmente imparcial, o que se sienta así incluso. Para la conservación de su *auctoritas* ante la ciudadanía, es imprescindible que también parezca imparcial».

En el anterior sentido, subrayamos, tal y como sintetiza Jiménez Asensio[21] que los criterios básicos sobre los que el Tribunal Europeo de Derechos Humanos asienta la imparcialidad son los siguientes: a) un elemento de apariencia, b) la apreciación desde un punto de vista subjetivo y objetivo y c) el análisis de la vulneración del derecho a un juez imparcial en el caso concreto.

Por su parte, Matheus López[22] distingue entre los conceptos de independencia e imparcialidad desde la perspectiva de Derecho comparado del arbitraje internacional, en atención a su sentido subjetivo o no, por eso identifica la independencia como aquella que posee solo un componente objetivo: indica la ausencia de relaciones inaceptables entre el árbitro y una parte, o bien un sujeto vinculado a esta (familiares, financieras, profesionales, laborales, personales, etc.). Por su parte, el autor engloba en la voz imparcialidad a aquella que posee tanto un componente objetivo como uno subjetivo: este último se equipara a la predisposición a ser imparcial —es decir, a favorecer a alguna de las partes—.

---

18 Jesús del Águila Martínez, «La mediación de consumo», *Práctica de Tribunales*, n.º 128, 2017.

19 Juan Damián Moreno, *Introducción al Sistema Judicial Español. Organización Judicial. Proceso Civil*, Dykinson, 3.ª Edición, Madrid, 2013, pág. 46.

20 Jordi Nieva Ferrol, *Derecho Procesal I (Introducción)*, Marcial Pons, Madrid, 2014, pág. 129.

21 Rafael Jiménez Asensio, *Imparcialidad, judicial y derecho al juez imparcial*, Colex, Madrid, 2002, pág. 183.

22 Carlos Alberto Matheus López, «Fundamentos, contenido y análisis comparado de la independencia e imparcialidad del árbitro en el arbitraje internacional», *Revista Vasca de Derecho Procesal y Arbitraje*, Sección Doctrinal, Tomo XXX, n.º 2, 2018, pág. 347.

En atención a dichas matizaciones, podemos afirmar que la imparcialidad constituye una neutralidad manifiesta, de tal manera, que no se trata aquí del hecho de estar desprovisto de vínculos o compromisos –propio de la independencia–, sino de que se plasme una apariencia de neutralidad por parte de la persona encargada y en el procedimiento concreto, de manera que se evidencie una ausencia de predisposición hacia cualquiera de las partes, bien sea a favor o en contra.

Por último, es importante considerar, según lo apuntado por GIMENO SENDRA Y OTROS[23], que la imparcialidad afecta a la jurisdicción como función mientras que la independencia constituye una nota esencial de la jurisdicción como potestad. Por tanto, la independencia se predica del momento constitucional; la imparcialidad se predica del momento procesal.

Idéntica enmienda merece la redacción del artículo 25 de LRAL Consumo 2017, cuyo literal señala «Garantías adicionales de imparcialidad exigibles a las personas encargadas de la resolución de un litigio empleadas por organizaciones profesionales o asociaciones empresariales». En rigor, se está refiriendo al concepto de independencia, en cuanto representa una garantía de inexistencia de vínculos o compromisos y, sin embargo, nombra inadecuadamente a la institución de la imparcialidad. Podemos inferir, por tanto, que las medidas prescritas en el texto examinado se refieren a crear un marco que procure la independencia, pero sin regular cómo asegura de forma directa la imparcialidad.

Resulta igualmente censurable que se deje en manos de las partes la decisión de apartarse en el caso de que no haya otra persona que sustituya a la persona inicialmente encargada que incurra en alguna causa de falta de independencia o imparcialidad (art. 24.3 y 4 LRAL Consumo 2017). Si la persona encargada no cuenta con la debida desvinculación o neutralidad y la entidad no se provee de otra persona libre de tales trabas, entonces, la solución más coherente con la protección a tales principios es que se suspendiera el procedimiento y se le diera traslado de forma incondicional a las partes para, si a su derecho conviniera, iniciar el procedimiento ante otra entidad. La solución de permitir la continuación del procedimiento donde se han puesto en evidencia motivos de abstención sobre la base de que no planteen objeciones las partes no ampara suficientemente la tutela efectiva de sus derechos. Entendemos que las partes no cuentan con elementos suficientes como para calibrar el grado de afectación que, por ejemplo, puede resultar de un determinado vínculo de la persona encargada. Además, una vez conste dicha circunstancia de manera expresa por cualquier medio, la continuación del procedimiento se vería sometida a una posible anulación posterior por adolecer de un vicio semejante la persona encargada.

---

23 Vicente GIMENO SENDRA, Cándido CONDE PUMPIDO y José GARBERÍ LLOBREGAT, *Los procesos penales*, Bosch, Barcelona, 2000, pág. 472.

Por su parte, el artículo 17.1 LRAL Consumo 2017 se refiere tanto a la independencia como a la imparcialidad al preceptuar: «Todo árbitro debe ser y permanecer durante el arbitraje independiente e imparcial. En todo caso, no podrá mantener con las partes relación personal, profesional o comercial», si bien, igualmente, si partimos de la distinción entre ambos principios que anteriormente hemos puesto de manifiesto, el articulado utiliza de forma inexacta ambos términos[24].

3.4. Principios de audiencia, contradicción, igualdad entre las partes y confidencialidad

Los principios de audiencia, contradicción, igualdad entre las partes instituido en el sistema arbitral de consumo se alienan con el procedimiento arbitral comercial. Además, han de guardar confidencialidad sobre la información que conozcan como consecuencia de su intervención constituye una obligación de los órganos arbitrales, de las partes en litigio y de quienes de cualquier manera intervengan en los procedimientos (art. 31.3 RSAC 2024).

3.5. Acceso sencillo, electrónico o no y accesibilidad universal al procedimiento

En línea con la simplificación de cara al usuario, se impone el acceso sencillo, que puede ser electrónico, aunque no necesariamente (art. 31.2 RSAC 2024). Se habrá de ofrecer el acceso universal a sus procedimientos, trámites y oficinas y servicios de información y atención. Seguirán los principios del diseño universal los medios y soportes utilizados o, en su caso, se implementarán medios alternativos de adecuación efectiva para el acceso a ellos por parte de personas con discapacidad (art. 31.2 RSAC 2024).

Recordemos la obligación de los poderes públicos por velar por la defensa de los consumidores y usuarios, con protección, a través de procedimientos eficaces, de su seguridad, su salud y sus intereses legítimos (art. 51.1 CE) y la protección del consumidor constituye un principio general del derecho que, como tal, ha de informar la legislación, la actuación judicial y de los poderes públicos. Pero, como pone sobre la mesa Sande Mayo, la tutela judicial del consumidor presenta obstáculos peculiares derivados de dos notas que les caracterizan: la frecuencia de la escasa entidad económica de lo reclamado y la constante «relación asimétrica que liga a los sujetos en contienda». Según la autora, la posible desproporción entre lo reclamado y el coste del proceso

24 María José Fernández-Fígares Morales, «Los derechos y garantías procesales y lo métodos de resolución alternativa de litigios de consumo», en *Justicia Digital, Mercado y resolución de litigios de consumo. Innovación en el diseño del acceso a la justicia,* obra colectiva, Fernando Esteban de la Rosa (Dir), Thomson Reuters Aranzadi, 2021, págs. 233 y ss.

y la desventaja del consumidor respecto al empresario desincentivan que se reclame, con la consecuencia de situaciones de impunidad[25]. De ahí, la justificación de facilitar a esta parte un sistema alternativo fácil y sencillo.

3.6. Decisión en equidad salvo acuerdo de decisión en derecho

El arbitraje de consumo se decidirá en equidad salvo que las partes, de común acuerdo, opten expresamente por la decisión en derecho. De presentarse el caso de que el empresario en su oferta de adhesión hubiera optado porque el litigio sea resuelto exclusivamente en derecho y, una vez surgida la controversia, el consumidor hubiera optado en su solicitud de forma expresa porque el litigio sea resuelto en equidad, entonces, el órgano comunicará este hecho y solicitará al reclamante —el consumidor— su aceptación de la decisión en derecho. Si sobre este extremo no existiera coincidencia, no se tendrá en cuenta la adhesión previa (art. 31.4 RSAC 2024). Es decir, que la adhesión previa a la decisión en derecho solo tendrá en efecto si el consumidor lo acepta ante la sede arbitral. SIGÜENZA LÓPEZ añade este efecto cuando el consumidor no manifiesta nada al respecto en la solicitud; en tal caso, será preciso que «se le comunique al reclamante que el reclamado solo acepta el arbitraje si este se decide conforme a las normas del ordenamiento jurídico, a fin de que manifieste su conformidad o disconformidad con dicha opción. Si la asume, el arbitraje se resolverá conforme a criterios jurídicos. De lo contrario, su solicitud se tratará como si se hubiese dirigido a una empresa no adherida y, en consecuencia, será archivada»[26].

3.7. La mayoría simple como criterio de decisión colegiada y motivación de la decisión arbitral

Los órganos arbitrales colegiales adoptarán cualquier decisión o laudo por mayoría simple de sus miembros. En caso de empate en la adopción del acuerdo, decidirá la persona titular de la presidencia. No obstante, si el acuerdo tuviera puntos en los que sí existiera mayoría, se detallará en el propio acuerdo (art. 31.5 RSAC 2024).

---

25 María Jesús SANDE MAYO, «El potencial de las tecnologías disruptivas en la resolución extrajudicial de conflictos de consumo: los Smart ODR», en *Next Generation Justice: Digitalización e inteligencia artificial*, obra colectiva, Sonia Calaza López y Ixusko Ordeñana Gezuraga (dirs), La Ley, Madrid, 2024, pág. 1594.

26 Julio SIGÜENZA LÓPEZ, «Arbitraje de consumo: una posibilidad poco conocida, sumamente práctica y de claro interés para la ciudadanía», *Revista General de Derecho Procesal* 61, 2023, pág. 13.

Por otra parte, caben los votos particulares en las resoluciones, pues los árbitros que se aparten de la decisión adoptada en un laudo podrán hacerlo constar a través de su voto particular que se integrara en el propio laudo. La motivación es un requisito ineludible. Cuando se trate de decidir en equidad, las normas jurídicas aplicables y las estipulaciones del contrato servirán de apoyo a dicha decisión (Art. 31.6 RSAC 2024).

3.8. Gratuidad del procedimiento

La gratuidad constituye uno de los principios acogidos en el reglamento arbitral de consumo de 2024 (art. 31. RSAC 2024). Se aparta así del criterio que planteó la Ley 7/2017 señalada, (LRAL Consumo 2017), por cuanto ensalza la protección del consumidor respecto a la asunción de costes del procedimiento de solución alternativa de consumo, ya que declaró la gratuidad, pero solo para ellos (art. 11).

Volviendo la vista atrás. debemos destacar que, en un principio, durante los trabajos preparatorios de la LRAL Consumo 2017, sí se incorporaba la posibilidad de que los consumidores asumieran un coste simbólico que ascendería a 30 euros[27]. Esta primera iniciativa se correspondía con el tenor del artículo 8 c) de la Directiva 2013/11/UE, del Parlamento Europeo y del Consejo, de 21 de mayo de 2013, relativa a la resolución alternativa de litigios en materia de consumo, que apoya precisamente la medida de que el procedimiento tenga un precio simbólico para el consumidor como alternativa a la gratuidad plena[28]. Igualmente, la Consideración (41) de la Directiva apunta tales medidas[29].

---

27 Anteproyecto de la ley la que se incorpora al ordenamiento jurídico español la Directiva 2013/11/UE, del Parlamento Europeo y del Consejo, de 21 de mayo de 2013, relativa a la resolución alternativa de litigios en materia de consumo; su artículo 11 dispone: «El procedimiento deberá ser, para los consumidores, gratuito o con un coste simbólico que no podrá superar la cuantía de 30 euros».

28 Nótese que dicha redacción entra en colisión y produce confusión en la propia Directiva 2013/11/UE, del Parlamento Europeo y del Consejo, de 21 de mayo de 2013, relativa a la resolución alternativa de litigios en materia de consumo, según lo dispuesto en el artículo 7.1 l),en tanto que dispone que, para dar cumplimiento a la transparencia, se informará al público, entre otros, del siguiente extremo: «los posibles costes que deberán asumir las partes, incluidas en su caso las normas para la atribución de las costas al final del procedimiento». Parece dar a entender que no son gratuitos y que no se trata de costes simbólicos, como indica el artículo 8 c) de la misma Directiva.

29 Directiva 2013/11/UE del Parlamento Europeo y del Consejo, de 21 de mayo de 2013, relativa a la resolución alternativa de litigios en materia de consumo y por la que se modifica el Reglamento (CE) n.° 2006/2004 y la Directiva 2009/22/CE (Directiva sobre resolución alternativa de litigios en materia de consumo); en su Consideración (41) señala: «deben, preferiblemente, ser gratuitos para el consumidor. En caso de que se cobren costas, tales procedimientos deben ser accesibles, atractivos y asequibles para los consumidores. Con tal propósito, las costas no deben exceder una cuota mínima».

Pero, a este respecto, la LRAL Consumo 2017 se apartó de la directriz de la Directiva, al asumir como criterio general la exclusión de pago total para el consumidor. Por ello, como decimos, esta carga fue finalmente suprimida, parece que con asunción de los planteamientos del Consejo de Estado. Es de subrayar que esta previsión de reconocer plena gratuidad a los procedimientos RAL para el consumidor suponía, tal y como advierte Fuentes Gómez[30], una especialidad ya que, por un lado, la Ley 5/2012, de 6 de julio, de mediación en asuntos civiles y mercantiles, en su artículo 15.1 dispone que «el coste de la mediación, haya concluido o no con el resultado de un acuerdo, se dividirá por igual entre las partes, salvo pacto en contrario». Por su parte, la Ley 60/2003, de 23 de diciembre, de Arbitraje, en su artículo 37.6 admite también la carga de los costes para las partes según el siguiente texto: «Con sujeción a lo acordado por las partes, los árbitros se pronunciarán en el laudo sobre las costas del arbitraje, que incluirán los honorarios y gastos de los árbitros y, en su caso, los honorarios y gastos de los defensores o representantes de las partes, el coste del servicio prestado por la institución administradora del arbitraje y los demás gastos originados en el procedimiento arbitral». Se creó, por tanto, un nuevo régimen por lo que respecta a la asunción de costes por el consumidor en reclamaciones alternativas en materia de consumo, de los cuales queda exonerado.

Destáquese que dicha entidad mantuvo, como sostiene Jordá Capitán[31], la gratuidad de estos procedimientos y, además, no sólo para el consumidor, sino para ambas partes, consumidor y empresario, porque a estos efectos debería dispensárseles por el legislador un mismo tratamiento. Fuentes Gómez sostuvo que dicha medida protectora hacia los consumidores conllevaba la indeseable contrapartida, en cuanto a la mediación, de que los empresarios no se verán nada atraídos por participar en un procedimiento de cuyos costes no está exonerado, lo cual repercute en la consecuencia práctica de que, si la concurrencia de la voluntad del empresario, el consumidor en pocas ocasiones gozará de los beneficios a su favor concebidos en los procedimientos alternativos en materia de consumo, como vaticinó el mismo autor[32].

30 Julio Carlos Fuentes Gómez, «La mediación en materia de consumo. Un comentario crítico a la nueva Ley 7/2017, de 2 de noviembre, relativa a la resolución alternativa de litigios en materia de consumo», *Diario La Ley*, n.° 9104, Sección Tribuna, 2017, pág. 2.

31 Eva Jordá Capitán, «La resolución alternativa de conflictos en materia de consumo en los trabajos de transposición al derecho interno español», *Ley Mercantil*, n.° 19, Sección Contratación mercantil, comercio electrónico y TICs, 2015, pág. 15. La autora recuerda que el CES efectivamente «señala, con razón, que ese carácter de "simbólico" que la ley pretende adjudicarle a la tasa que eventualmente podría imponerse sería muy cuestionable, sobre todo –comenta– si tenemos en cuenta que el propio legislador comparte el argumento según el cual un buen número de conflictos de consumo lo son de escasa o poca cuantía».

32 Julio Carlos Fuentes Gómez, «La mediación en materia de consumo. Un comentario crí-

A nuestro modo de ver, dicha disfunción suponía un grave varapalo al principio de eficacia en cuanto a la accesibilidad y a la limitación de coste. Piénsese que, en este punto, poco favorece al empresario el preferir un procedimiento alternativo al litigio jurisdiccional. Por otro lado, si entrara en juego la gratuidad solo para el consumidor que proclamó la LRAL Consumo 2017 ¿cuál será el aliciente del comerciante? Y, sobre todo, ¿quién asumirá el abono de las pruebas que, en su caso, promueva el consumidor? ¿Dispone de dotación suficiente la entidad para sufragarlo o dichas pruebas serán rechazadas para evitar la generación del coste? Atiende tal interrogante PILLADO GONZÁLEZ, quien deduce lo siguiente: «desde la entrada en vigor de la Ley 7/2017 (LRAL Consumo 2017), el procedimiento arbitral debe ser totalmente gratuito para el consumidor, debiendo ser el órgano arbitral o la administración de la que dependa quien asuma el coste de las pruebas propuestas a su instancia; en cambio, el empresario asumirá el pago de las pruebas que él mismo proponga para la defensa de su posición en el procedimiento arbitral»[33].

Por lo que se refiere al arbitraje de consumo, la gratuidad estaba reconocida a través del artículo 41.1 del anterior Real Decreto 231/2008, de 15 de febrero, por el que se reguló el Sistema Arbitral de Consumo (en adelante, RSAC 2008) pero sin atribuir dicha exención de pago al consumidor en exclusiva. No obstante, puede decirse que esto era una verdad a medias, porque el artículo 45.3 del mismo cuerpo legal establecía un sistema de asunción de costas derivadas de la práctica de la prueba del que se deriva una carga efectiva para las partes, de manera que cada parte asumirá el pago del coste de aquella que se practique a sus instancias, la comunes por mitad y solo será sufragada por la entidad, aquella que sea acordada de oficio; todo ello, salvo que temeridad o la mala fe de alguna de las partes justifiquen la alteración de dicho criterio por el árbitro[34].

---

tico a la nueva Ley 7/2017, de 2 de noviembre, relativa a la resolución alternativa de litigios en materia de consumo», *Op. Cit.*, nota 7, pág. 3.

33 Esther PILLADO GONZÁLEZ, «Incidencia de la Ley 7/2017, de 2 de noviembre, por la que se incorpora al ordenamiento jurídico español la Directiva 2031/11/UE, del Parlamento Europeo y del Consejo, de 21 de mayo de 2013, sobre métodos alternativos de resolución de conflictos en materia de consumo», en *La resolución alternativa de litigios en materia de consumo,* obra colectiva, M. J. ARIZA COLMENAREJO y M. J. FERNÁNDEZ-FÍGARES MORALES (dirs.), Thomson Reuters Aranzadi, 2018, pág. 32.

34 Real Decreto 231/2008, de 15 de febrero, por el que se regula el Sistema Arbitral de Consumo, el artículo 45.3 dispuso: «Los gastos ocasionados por las pruebas practicadas a instancia de parte serán sufragados por quien las haya propuesto y las comunes o coincidentes por mitad. Las pruebas propuestas de oficio por el órgano arbitral serán costeadas por la Junta Arbitral de Consumo o por la Administración de la que dependa, en función de sus disponibilidades presupuestarias. / En el supuesto de que el órgano arbitral aprecie en el laudo, mala fe o temeridad, podrá distribuir los gastos ocasionados por la práctica de las pruebas en distinta forma a la prevista en el párrafo anterior».

Y esto es lo que, finalmente, ha asumido el RSAC 2024, por cuanto, por un lado, declara la gratuidad general en el art. 31. RSAC 2024 y, por otro, determina que los gastos ocasionados por la práctica de las pruebas serán satisfechos por la parte que la hubiera solicitado, o de forma igualitaria cuando hayan sido propuestas por ambas partes de común acuerdo. Solo asumirá la Junta Arbitral los gastos ocasionados por aquella prueba que haya acordado de oficio. Incluso, la temeridad o mala fe puede influir en una posible diferente forma de distribuir la asunción de costes (art. 42.3, 4. y 5 RSAC 2024).

Ha de recordarse con CALDERÓN CUADRADO que es «un hecho indiscutido y indiscutible que los contratantes a la hora de elegir el órgano y la modalidad de tutela —arbitral o judicial— van a ponderar tanto aquellos semblantes positivos como también, y mucho, los aspectos económicos del arbitraje y las sombras que proyectan»[35].

En la línea anterior, ya ha avisado CUENCA GARCÍA[36] que la «carencia de recursos públicos que permiten la realización de una prueba condiciona la disposición de los órganos arbitrales a la hora de solicitar la misma y, por tanto, el acceso del consumidor a un procedimiento eficaz de resolución alternativa de conflictos». Sobre este particular nos hallamos en un punto crucial del diseño del procedimiento que no ha sido resuelto por el reciente reglamento de 2024. se trata de observar y estar atentos a si este permite la efectiva tutela de los derechos a través de una práctica probatoria realmente útil y completa que proporcione una autentica justicia alternativa, tal y como se pretende.

3.9. Asistencia jurídica no preceptiva y libre

El RSAC 2024 nada dispone sobre este particular, por lo que acudimos al artículo 10.2 de la Ley 7/2017 (LRAL Consumo 2017), dispone que pueden comparecer por sí mismas, ser representadas o asistidas por un tercero, y solicitar, si así lo desean, asesoramiento independiente. Con ello, se rechaza la obligación de valerse de profesionales jurídicos.

No obstante, si las partes desean valerse de asistencia jurídico-técnica, estas pueden hacerlo, pero han de seguir un trámite especial para ello, según regula el artículo 10.1 LRAL Consumo 2017. Este trámite consiste en una

35 M.ª Pía CALDERON CUADRADO, «Arbitraje e insuficiencia económica sobrevenida», *Revista General de Derecho Procesal* 55, 2021, pág. 5.

36 Ángeles CUENCA GARCÍA, «Los principios de transparencia, eficacia, equidad, libertad y legalidad en la directiva 2013/11/UE del parlamento europeo y del consejo de 21 de mayo de 2013, relativa a la resolución alternativa de litigios en materia de consumo, y su incidencia en el sistema de arbitraje de consumo español», en *Los nuevos instrumentos europeos en materia de conciliación, mediación y arbitraje de consumo. Su incidencia en España, Irlanda y el Reino Unido,* obra colectiva, G. PALAO MORENO (edit.), Editorial Tirant Lo Blanch, Valencia, 2016, págs. 50 y 51.

comunicación a la entidad de resolución de dicha circunstancia, en el caso del consumidor, dentro de los tres días siguientes a la fecha de presentación de la reclamación, y en el caso del empresario, dentro de los tres días siguientes a la recepción de la reclamación.

A efectos de definir plenamente el ámbito donde se ubica el trámite de designación de abogado o asesor jurídico, es importante encuadrar el concepto de «reclamación»; para ello, recurrimos al Reglamento (UE) 2017/2394[37] que la identifica con una declaración basada en pruebas razonables sobre la conducta infractora del comerciante. Además, tal y como ha resaltado GONZÁLEZ VAQUÉ[38], debe destacarse que se ha sustituido el término «demanda» por el de «reclamación».

En todo caso, ya aludía la Sentencia del Tribunal de Justicia de la Unión Europea de 2017[39]; a que una «legislación nacional no puede exigir que un consumidor que participe en un procedimiento de resolución alternativa tenga la obligación de ser asistido por un abogado». Dicho pronunciamiento se fundamenta en el tenor del artículo 8, letra b), de la Directiva 2013/11/UE, que se refiere a la eficacia del procedimiento y establece que los Estados miembros velarán porque las partes tengan acceso al procedimiento de resolución alternativa sin estar obligadas a ser asistidas por letrado o asesor jurídico.

La exoneración del consumidor en cuanto la obligación de valerse de asistencia técnica se configura como exponente de una mayor eficacia del procedimiento (artículo 8 b) de la Directiva 2013/11/UE) pero, a la misma vez, que el voluntario ejercicio del derecho a valerse de cualquier asesoramiento independiente, o comparecer representado por terceros, ha de salvarse en aras a preservar el principio de equidad (artículo 9.1 b) de la Directiva 2013/11/UE).

Precisamente parece que una medida protectora de la equidad, en su acepción de procedimiento equitativo, se plasma en el trámite previsto para

---

37 Reglamento (UE) 2017/2394 del Parlamento Europeo y del Consejo de 12 de diciembre de 2017 sobre la cooperación entre las autoridades nacionales responsables de la aplicación de la legislación en materia de protección de los consumidores y por el que se deroga el Reglamento (CE) n.° 2006/2004. Conviene conocer dicho cuerpo pues, aunque no será aplicable hasta el 17 de enero de 2020, contiene unas definiciones actualizadas respecto al Reglamento (CE) n.° 2006/2004. Así, entiende por «reclamación de un consumidor», «declaración basada en pruebas razonables, de que un comerciante ha cometido, está cometiendo o es probable que cometa una infracción de la legislación de la Unión que protege los intereses de los consumidores» (artículo 3.13).

38 Luis GONZÁLEZ VAQUÉ, «Modificación del régimen de la cooperación en materia de protección de los consumidores: el Reglamento (UE) 2017/2394 de 12 de diciembre de 2017», *La Ley Unión Europea*, n.° 57, 2018, pág. 4. El autor señala que la voz «Reclamación de un consumidor» es un término que en Reglamento (CE) n.° 2006/2004 se identifica con «denuncia».

39 STJUE, Sala Primera, Sentencia de 14 junio de 2017, C-75/2016. Alude a dicha argumentación y pronunciamiento en los apartados 64 y 65.

el caso de que el consumidor o el empresario decidan valerse de una tercera persona. En tal caso, deberán efectuar una comunicación a la entidad encargada referida al instante de la presentación de la reclamación y se cuenta de forma diferente si es el consumidor quien desea hacer uso de este derecho o si se trata del empresario. En el primer caso, dicho plazo cuenta desde la fecha de presentación de la reclamación, mientras que, en el segundo, el plazo se inicia desde la fecha de recepción de reclamación (artículo 10.1 LRAL Consumo 2017).

No obstante, hemos de mostrar nuestro desacuerdo con dicha medida tal y como se encuentra expresada. Y es que, según su literalidad, hemos de suponer que, en el caso de que alguna parte haya mostrado su elección de contar con asesoramiento en un procedimiento concreto, la entidad encargada ofrezca el oportuno traslado a la otra parte. Dicha conducta vendría derivada de dar cumplimiento al mandado genérico contenido en el artículo 19 de la Ley 7/2017 (LRAL Consumo 2017), que regula los principios de igualdad y contradicción en el procedimiento. Pero el mero traslado no sería bastante para garantizar la auténtica igualdad de armas, sería necesario haber previsto un trámite específico para que la parte notificada de la designación de asistencia jurídica de su contraria pueda designar, si a su derecho conviniera, un profesional o persona que, igualmente, la represente o vele por sus intereses en aquel procedimiento concreto. Nada se ha previsto al respecto y sin embargo puede menguar el verdadero juego del principio de igualdad de armas, inherente a lo que se ha denominado proceso o juicio justo.

Una medida semejante a la planteada en la ley comentada pero completada convenientemente se encuentra en el artículo 32 de la Ley de Enjuiciamiento Civil, donde regula precisamente el régimen a aplicar en el caso de intervención no preceptiva de abogado y procurador y prevé el tratamiento para el caso de que alguna parte se valga, voluntariamente, de ellos. Aquí, además de establecerse un plazo idéntico para designar a los profesionales –pero a partir de los escritos de demanda y contestación, respectivamente–, ha previsto expresamente el traslado a la contraria a fin de que pueda equilibrar su posición mediante la designación de los juristas del litigio, medida que se echa en falta en la regulación del sistema RAL de consumo.

Por otra parte, una lectura conjunta de los apartados 1 y 2 del citado artículo 10 LRAL Consumo 2017 suscita la duda sobre cuando está cada parte realmente facultada para nombrar un asesoramiento independiente, si lo es solo al inicio del procedimiento en la fase de alegación inicial, como se desprende de lo establecido en el apartado 1; o bien, si puede ser en cualquier momento del procedimiento, como se determina en el apartado 2 de idéntico precepto. La respuesta afirmativa relativa al primero de los planteamientos llevaría a una solución excesivamente rígida pues supondría la preclusión de la posibilidad de nombrar a personas que asesoren o representen a la parte, una vez transcurrido el instante fijado en el apartado 1 del artículo 10 referido a la fase de reclamación. Pero, principalmente, se trataría de una interpretación no acorde con el artículo 8 b) de la Directiva 2013/11/UE –disposición que ha sido objeto de transposición por la norma comentada– dado que, precisamente, regula el requerimiento de que el procedimiento no prive a las partes de su derecho a valerse de asesoramiento independiente, representación o asistencia por un tercero, precisamente, en cualquier fase del procedimiento. Por ello, sostenemos que debe rechazarse dicha interpretación. Una respuesta favorable a la segunda de las cuestiones, es decir, concluir que las partes pueden nombrar a un tercero para que desempeñe las funciones citadas y que puede verificarse en cualquier instante del procedimiento, no sería plenamente compatible con la lectura conjunta de ambos apartados y tampoco con el designado artículo 8 b) de la Directiva.

Si tomamos en consideración la literalidad del texto del artículo 8 b) de la Directiva, según el cual se encuadra en una misma oración el acto de acceder al procedimiento y el derecho a que no se le prive del posible asesoramiento, ambos derechos, precisamente, se mantienen durante todo momento del procedimiento, entonces llegamos a la siguiente conclusión. Parece que el acto de acceso al procedimiento y el acto de poder designar profesionales externos van unidos, de modo que, si la parte comparece en la fase de reclamación, habrá de seguir el mandato del artículo 10.1, de tal forma que efectúe la comunicación a la entidad encargada en el plazo de tres días correspondiente sobre el eje de la reclamación. Pero, si la parte accede al procedimiento en cualquier instante posterior, entonces deberá permitírsele el ejercicio de su derecho a nombrar asesoramiento a su elección. Entendemos que la anterior solución concilia mejor con lo dispuesto en los dos apartados del artículo 10 de la Ley sometida a examen, al tiempo que encuentra consonancia con lo determinada en al artículo 8 b) de la Directiva. No obstante, una salida aún más amplia sería consentir divorciar el momento de acceso al procedimiento con el instante en el que la parte pueda designar asesor, de manera que una parte ya personada en el procedimiento pudiera, más adelante y en cualquier momento del procedimiento designar a una persona que la asesore. Esta posibilidad también encuentra cobijo –aunque interpretada de forma distinta– en el artículo 8 b) de la Directiva y sería compatible con el artículo 10.2 de la Ley 7/2017 (LRAL Consumo 2017).

En todo caso, sostenemos que ya se acoja un sistema u otro, lo importante es hallar la conciliación del derecho a valerse de asesor y el derecho de igualdad, el principio de contradicción e igualdad de armas. Por eso, caso de producirse dicha designación y que la misma se produzca en cualquier fase del procedimiento, la entidad debería proceder a dar traslado a la parte adversa, con emplazamiento para que, si a sus derechos e intereses conviniera, pueda igualmente designar a la persona que elija para su representación o asesoramiento.

3.10. Eficacia

En una apuesta por la continuidad del procedimiento, el artículo 43 RSAC 2024 se refiere a la falta de comparecencia o inactividad de las partes, de forma que estas omisiones no privarán de eficacia al procedimiento, no tendrán consideración de allanamiento ni impedirán que se dicte laudo que ponga fin al litigio.

Ya señaló la LRAL Consumo 2017 que otro principio rector de los procedimientos gestionados por las entidades de resolución alternativa es el principio de eficacia (artículo 8). Por su parte, el artículo 1 de dicha ley señala como objeto y finalidad de la ley que la alta calidad de los mismos se garantice también a través de conseguir que estos resulten efectivos y rápidos. Justifica el apartado I del preámbulo que la eficiencia de un derecho protector de los consumidores se va a medir, además de la perfección o equidad de las normas, por la existencia de cauces sencillos, rápidos y gratuitos. En este sentido lo ha expuesto también García de Pablos[40]. Esta idea no es ni mucho menos nueva. Por supuesto es preciso citar el inmediato y natural precedente, que lo hallamos en la Directiva 2013/11/UE transpuesta, pues en su artículo 8 instaura el principio de eficacia e impone a los Estados Miembros que garanticen el mismo en los procedimientos alternativos de conflictos en materia de consumo a través de los requisitos de fácil acceso, gratuidad o pago de un precio simbólico y celeridad.

Anteriormente, la asimilación de la concepción de medio alternativo de resolución en materia de consumo a la idea de un trazado o estándar de eficiencia, en cuando equivalente a solución extrajudicial sencilla, rápida y asequible, ya se vislumbraba desde el Libro Verde sobre el acceso de los consumidores a la justicia y solución de litigios en materia de consumo en el mercado único[41]. En él se señalaba ya que el acceso a la justicia, además de constituir uno de los derechos reconocidos en el Convenio Europeo para la Protección de los Derechos Humanos, representa una condición de eficacia de cualquier ordenamiento jurídico.

Como precedente español encontramos la Ley 26/1984, de 19 de julio, General para la Defensa de los Consumidores y Usuarios[42], dicha disposición

40 Jesús Félix García de Pablos, «La resolución alternativa de litigios en materia de consumo», *Diario La Ley, n.°* 9108, Sección Tribuna, 2017, nota 15, págs. 1 y 2.

41 Libro Verde sobre el acceso de los consumidores a la justicia y solución de litigios en materia de consumo en el mercado único de la Comisión Europea presentaba el 16 de noviembre de 1993.

42 Ley 26/1984, de 19 de julio, General para la Defensa de los Consumidores y Usuarios, en su artículo 31 señaló que el Gobierno establecería un sistema arbitral libre de formalidades especiales que atendiera y resolviera con carácter vinculante y ejecutivo para ambas partes las quejas o reclamaciones de los consumidores o usuarios, siempre que no concurriera intoxicación, lesión o muerte, ni existiesen indicios racionales de delito, todo ello sin

contenía un mandato al Gobierno a fin de que configurara un sistema arbitral de tales características. En cumplimiento de ese mandato legal se aprobó el Real Decreto 636/1993, de 3 de mayo, por el que se reguló el sistema arbitral de consumo, y posteriormente el Real Decreto 231/2008, de 15 de febrero, que reguló el Sistema Arbitral de Consumo, actualmente derogado por el actual RSAC 2024.

La facilidad de acceso como exponente de la eficacia cuenta con dos manifestaciones: el efectivo y sencillo acceso al procedimiento y la falta de obligatoriedad de intervención de profesionales como un letrado o asesor jurídico. Ambas previsiones efectivamente se integran en el Sistema Arbitral de Consumo español que, inicialmente, fue concebido como un procedimiento sin formalidades especiales; así, se ha diseñado un acceso por medio de formularios sencillos facilitados por las propias Juntas Arbitrales de Consumo que cumplimenta la parte reclamante directamente. Además, también se cuenta con la herramienta del arbitraje electrónico, según se desprende del artículo 31.2 del RSAC 2024.

No obstante, debe indicarse, siguiendo a ABELLÁN TOLOSA[43] que el procedimiento arbitral de consumo español «se ha ido complicando paulatinamente al incorporar un mayor número de formalidades, siquiera sea para los órganos que administran el arbitraje y los propios árbitros».

Por otra parte, debe advertirse que, aunque la ley refiere la libre accesibilidad a ambas partes, sin embargo, como apunta CUENCA GARCÍA[44], en «el Sistema Arbitral de Consumo la posibilidad de instar el procedimiento arbitral sólo la tiene el consumidor y es a éste al que debe facilitarse el acceso al mismo».

Por lo que respecta a la celeridad o rapidez, la reducción de plazos de tramitación de los procedimientos RAL de consumo ha sido abordada en el siguiente apartado de este capítulo y a él nos remitimos. No obstante, ha de advertirse que, en ocasiones, la celeridad puede ser un arma de doble filo, como ha puesto de manifiesto ÁLVAREZ SÁNCHEZ DE MOVELLÁN[45], al observar

---

perjuicio de la protección administrativa y de la judicial, de acuerdo con lo establecido en el artículo 24 de la Constitución Española.

43 Luis ABELLÁN TOLOSA, «Arbitraje de consumo: balance y retos del siglo XXI», en *Arbitraje y Justicia en el siglo XXI,* obra colectiva, S. BARONA VILAR (dir.), Thomson-Civitas, Madrid, 2007, págs. 92-96.

44 Ángeles CUENCA GARCÍA, «Los principios de transparencia, eficacia, equidad, libertad y legalidad en la Directiva 2013/11/UE del Parlamento Europeo y del Consejo de 21 de mayo de 2013, relativa a la resolución alternativa de litigios en materia de consumo, y su incidencia en el sistema de arbitraje de consumo español», *Op. Cit.*, nota 11, pág. 48.

45 Pedro ÁLVAREZ SÁNCHEZ DE MOVELLÁN, «Procedimiento arbitral en la Ley de arbitraje 60/2003 y supletoriedad en el arbitraje de consumo», en *Protección de los consumidores e inversores, arbitraje y proceso,* M. J. ARIZA COLMENAREJO, y C. GALÁN GONZÁLEZ (dirs.), Reus, Madrid, 2009, p. 168, nota 16, pág. 168.

que «por un lado, evita formalismos contenidos en las leyes procesales de manera que puede hacer más asequible al ciudadano su defensa en el proceso arbitral de consumo. Pero, por otro lado, hay que tener en cuenta, que, con frecuencia, esos formalismos procesales pueden constituir una garantía de un proceso justo».

3.11. Limitación de la duración de los procedimientos

El reglamento de 2024 determina que el laudo será dictado y notificado a las partes en un plazo de noventa días naturales que se contarán desde que se acuerde el inicio del procedimiento (art. 45.1 RSAC 2024). Anteriormente, el artículo 20 de la Ley 7/2017 (LRAL Consumo 2017) ya había dispuesto este plazo. Dicho plazo se cuenta desde la fecha de la presentación de la reclamación o, en su caso, desde la fecha en que conste en soporte duradero que se ha recibido la documentación completa y necesaria para tramitar el procedimiento. De forma que si la reclamación está incompleta solo contará cuando se acompañe de los datos y documentos mínimos necesarios para poder tramitar el expediente.

Se permite, no obstante, una prórroga a dicho plazo cuando concurra especial complejidad en el litigio, pero, en tal caso, no podrá extenderse más allá del plazo previsto para la resolución del litigio (máximo otros noventa días). En todo caso, dicha ampliación habrá de ser acordada en una resolución motivada y comunicada a las partes. (art. 45.2 RSAC 2024).

En este sentido, resulta relevante, por el estímulo que representa, que uno de los datos que se consideran en la solicitud de acreditación de las entidades de resolución alternativa de consumo sea, precisamente, la duración media de los procedimientos seguidos conforme requiere el artículo 29.2. h) de la Ley 7/2017 (LRAL Consumo 2017). También se encuentra este punto entre la información pública, web e informe anual, que debe facilitar la entidad (art. 35.1. k y art. 38.1. e).

Dicha limitación del plazo para resolver de la Ley 7/2017 (LRAL Consumo 2017) supuso la correspondiente reforma del artículo 49.1 del precedente Real Decreto 231/2008, de 15 de febrero, por el que se regula el Sistema Arbitral de Consumo, (RSAC 2008) de manera que determinó que el «laudo se dictará y notificará a las partes en un plazo de noventa días naturales»; un plazo que se contará «desde que se acuerde el inicio del procedimiento por haber recibido el órgano arbitral la documentación completa necesaria para su tramitación, según lo dispuesto en el artículo 37.3». Y se previó, igualmente, una posible prórroga sujeta a las mismas condiciones establecidas en el art. 20 de la Ley 7/2017 (LRAL Consumo 2017).

Este plazo del arbitraje resultó significativamente más estrecho que el que venía dispuesto hasta la fecha ya que se ha pasado de seis meses a noventa días (unos tres meses), con una posible prórroga que, antes, podía extenderse hasta dos meses más y ahora cuenta con unos tres meses más, lo que, en total, comportaba antes, ocho meses en total y ahora, unos seis meses.

El artículo 38 RSAC 2008 habilitó para suspender ante un intento de mediación previa. Como evolución de esta prescripción, el actual RSAC 2024 da cabida a la posibilidad de un arreglo amistoso entre las partes y se regula también su plazo para el correspondiente laudo conciliatorio, de manera que si las partes logran una solución consensuada sobre todos los aspectos del litigio el plazo para dictar el laudo conciliatorio será de un mes a contar desde el día siguiente a la notificación del inicio del procedimiento. Pero dicho plazo contará si desde ese instante fuera conocido por el árbitro el contenido del acuerdo, en su defecto, lo será desde la fecha en que este lo hubiera conocido. (art. 45.3 RSAC 2024).

Se aplaude la idoneidad del Plan de Ayudas a la gestión de la Juntas Arbitrales de Consumo dispuesto en la Disposición Adicional Tercera de la Ley 7/2017 al objeto de facilitar a estas el cumplimiento del plazo de resolución previsto en el artículo 20 y acceder a la acreditación europea, a lo que se comprometió el gobierno la aprobación con dotación de medios humanos y materiales suficientes para poder dictar el laudo en el citado plazo. Sin embargo, como advierte PILLADO GONZÁLEZ[46] «el cumplimiento de este plazo no va a ser fácil por los órganos arbitrales».

3.12. Voluntariedad y posibilidad de acceso a la jurisdicción

Al tratarse el sistema arbitral de consumo de un procedimiento que finaliza con una decisión vinculante y ejecutiva para las partes y supone la renuncia a la vía judicial, se garantiza su voluntariedad como eje legitimador (Apartado I Preámbulo RSAC 2024). Categóricamente se determina que la sumisión al arbitraje de consumo tiene naturaleza voluntaria para las partes que mantienen la controversia. Pero el único legitimado activamente es el consumidor y usuario y el único legitimado pasivamente es el empresario (art. 1 RSAC 2024).

Para poder analizar esta disposición debemos acudir a su precedente la Ley 7/2017 (LRAL Consumo 2017). A la hora de definir los principios rectores de los procedimientos de resolución alternativa, podemos distinguir un grupo y un subgrupo en la tipología.

46 Esther PILLADO GONZÁLEZ, «Incidencia de la Ley 7/2017, de 2 de noviembre, por la que se incorpora al ordenamiento jurídico español la Directiva 2031/11/UE, del Parlamento Europeo y del Consejo, de 21 de mayo de 2013, sobre métodos alternativos de resolución de conflictos en materia de consumo», *Op. Cit.,* nota 10, pág. 33.

Por un lado, la LRAL Consumo 2017 cita aquellos que afectan a todo tipo de procedimientos de esta clase, ellos deben salvaguardar los principios de independencia, imparcialidad, transparencia, eficacia y equidad (artículo 8). Dichos principios se sitúan en tal rango de importancia que se corresponden con aquello que representa la finalidad de la propia ley, según se hace explícita en su artículo 1. Además de estos principios, hay que encuadrar en este grupo el principio de voluntariedad de sometimiento al procedimiento, regulado en el artículo 9 de la Ley 7/2017 (LRAL Consumo 2017), así como el principio de igualdad y contradicción y el de audiencia, que se reconocen el artículo 19 de dicha ley, de todos ellos nos referiremos más adelante.

Por otra parte, el texto legislativo establece un subgrupo que lleva aparejado, además del sistema de principios anteriormente citado, un régimen de principios y garantías específico para aquellos procedimientos de resolución alternativa que cuenten con decisión vinculante, como es el caso estudiado. En estos supuestos, por tanto, los procedimientos deberán ajustarse a los principios y garantías específicos que le asigne la propia ley (artículo 8 LRAL Consumo 2017).

Dicha remisión nos lleva a la garantía de tutela judicial efectiva en cuanto que la utilización de dichos procedimientos ha de preservar la posibilidad de acceso a la jurisdicción, aún en los casos de procedimientos de concurrencia obligatoria y con carácter vinculante regulado en el artículo 9 LRAL Consumo 2017, donde no resulta viable alegar la falta de jurisdicción a través de la declinatoria cuando el demandante es el consumidor, según lo dispuesto en la Disposición Final Cuarta LRAL Consumo 2017.

Por lo que respecta al régimen de inclusión o participación de cualquiera de las partes en un procedimiento de resolución alternativa de consumo, la LRAL Consumo 2017 establece la norma de carácter general consistente en que ninguna de ellas está obligada a participar en el mismo. Como punto de partida traemos a colación la definición que MALUQUER DE MOTES[47] extrae sobre la voluntariedad, al recoger que se entiende por tal el «poder de autodeterminación de la persona que marca su propia independencia y libertad y que le faculta a todo lo relativo a su disposición, uso y goce de sus propios derechos y facultades, e incluso, sobre la creación, modificación y extinción de los mismos».

Por una parte, ha de señalarse que la citada prescripción de la LRAL Consumo 2017 se corresponde con lo regulado en el artículo 6 de la ley 5/2012, de 6 de julio, de mediación en asuntos civiles y mercantiles, en tanto que dicho precepto dispone que la mediación es voluntaria. Regula, asimismo,

---

47 Jordi MALUQUER DE MOTES BERNET, «Comentario al artículo 31», en *Ley General para la defensa de los consumidores y usuarios. Comentarios y jurisprudencia de la ley veinte años después*, obra colectiva, E. LLAMAS POMBO (coord.), La Ley Actualidad, Madrid, 2005, pág. 860.

las consecuencias vinculantes de un pacto de sometimiento a la mediación, que surtirán efecto, aún en el caso de que la controversia verse sobre la validez del contrato en que se haya reflejado dicho sometimiento. Dichas consecuencias de sometimiento se ciñen, no obstante, a la mera conducta de intentar la mediación antes de acudir a la vía judicial o a otro medio extrajudicial. Por ello, no conlleva la carga para las partes de concluir el procedimiento mediador con acuerdo.

No obstante, debe puntualizarse que la regulación de la mediación por sectores y dentro de los distintos ámbitos autonómicos ha sido diversa. Así, por ejemplo y tal y como ya hemos mantenido en otros estudios, en el sector de la mediación hipotecaria de Andalucía se ha optado por mantener la voluntariedad de acceso a este sistema mientras que el legislador catalán se decantó por la obligatoriedad cuando se trate de reclamaciones relacionadas con los préstamos o créditos hipotecarios sobre la vivienda habitual[48].

También el procedimiento de arbitraje guarda consonancia con este principio, al fundar en el convenio arbitral suscrito por todas las partes el título que produce el efecto de evitar a los tribunales conocer de las controversias sometidas a arbitraje, siempre que la parte a quien interese lo invoque mediante la correspondiente declinatoria. En todo caso, no obstante, se salva la facultad de las partes de solicitar medidas cautelares ante la jurisdicción ordinaria. Ello se dispone en el artículo 11 de la Ley 60/2003, de 23 de diciembre, de Arbitraje.

Sobre la configuración del arbitraje de consumo como voluntario para las partes, en la línea destacada por Marcos Francisco[49], ha de subrayarse que se trata de una característica esencial de todo arbitraje ya que, como ha reiterado el Tribunal Constitucional, el fundamento de cualquier arbitraje se halla en la autonomía de la voluntad o, en última instancia, en la libertad de las partes que deciden someterse al mismo a través del correspondiente convenio arbitral.

Por otra parte, debe destacarse que es en este principio de voluntariedad precisamente donde se ha apoyado la armonización del derecho a la tutela judicial efectiva y el recurso por el ciudadano a este tipo de sistemas alternativos. De tal modo es así que el Consejo General del Poder Judicial[50] ha aseverado que el recurso a un método alternativo de resolución de conflictos

---

48 María José Fernández-Fígares Morales, «Alcance y referencias comparativas de la mediación hipotecaria sobre la vivienda en Andalucía», en *Los Contratos de crédito inmobiliario. Novedades Legislativas y problemas prácticos,* obra colectiva, K. J. Albiez Dohrmann y M. L. Moreno-Torres Herrera (dirs.), Thomson Reuters Aranzadi, 2017, págs. 1276 y ss.

49 Diana Marcos Francisco, *El arbitraje de consumo y sus nuevos retos*, Tirant Lo Blanch, Valencia, 2010, pág. 152.

50 Informe Jurídico del CGPJ de 11 de junio de 2015, Apartado IV, I, p. 17.

no conculcará el derecho fundamental a la tutela judicial efectiva del artículo 24.1 CE, siempre que la materia sobre la que verse la controversia sea de índole disponible para las partes, y el potencial justiciable haya optado libremente por esa alternativa.

Repárese sobre este particular que la consagración del derecho a la tutela efectiva recogida en el artículo 24.1 de la Carta Magna y, asimismo, la reserva en exclusiva de la función jurisdiccional a Juzgados y Tribunales consagrada en el artículo 117.3 de la misma, parecería vetar toda posibilidad de acceso a medios alternativos si no cantáramos con preceptos que sirven de base a la libertad individual y a la autonomía de la persona para componer sus propios intereses, siempre sobre la base de que se proyecta sobre materias disponibles y no constituyan asuntos de orden público. Tal es el caso del artículo 1.1 CE, que proclama la libertad como uno de los valores del ordenamiento jurídico, un precepto que concuerda con el artículo 1255 del Código Civil. También la constitución protege la libertad en distintos ámbitos a través de los artículos 10.1, 33 y 38.

No obstante, frente a la voluntariedad establecida con carácter general, el LRAL Consumo 2017. abrió la posibilidad de que en casos especiales no prime este régimen, sino que prevalezca la obligatoriedad, pero, para que entre en juego dicha prioridad, se requiere que así lo determine una norma especial (artículo 9). En este sentido la propia LRAL Consumo 2017 fijó dos supuestos en los que debe primar la obligatoriedad: se trata de la que le incumbe a las entidades financieras y a las compañías aéreas, que deben participar en los procedimientos alternativos de resolución de conflictos de consumo en sus respectivos ámbitos de actividad que se sujetarán a las normas que se dicten al efecto[51]. No obstante, es criticable que, respecto a la previsión de la obligatoriedad del texto estudiado, por cuanto este ha omitido toda mención al rango exigible que ha de revestir la norma que la determine, lo que puede crear inseguridad acerca del tipo de disposición que cabría acoger una prescripción de tal alcance.

51 Ley 7/2017, Disposiciones Adicionales 1.ª y 2.ª. Hay que señalar que la Disposición Adicional 2.ª ha sido recientemente reforzada por lo que se refiere al ámbito de protección de usuarios de transporte aéreo. Así, cuando se trata de la entidad única acreditada para este sector, la aceptación es obligatoria y su resultado es vinculante para las compañías aéreas. Además, «El pasajero podrá retirarse en cualquier momento del procedimiento si no está satisfecho con su funcionamiento o tramitación, debiendo ser informado por la entidad acreditada de este extremo al inicio del procedimiento». Todo ello en virtud de la Ley 3/2020, de 18 de septiembre, de medidas procesales y organizativas para hacer frente al COVID-19 en el ámbito de la Administración de Justicia, en su Disposición final sexta, que acomete la Modificación de la Ley 7/2017, de 2 de noviembre, por la que se incorpora al ordenamiento jurídico español la Directiva 2013/11/UE, del Parlamento Europeo y del Consejo, de 21 de mayo de 2013, relativa a la resolución alternativa de litigios en materia de consumo.

Según lo expuesto, la LRAL Consumo 2017 permite que las partes queden compelidas a concurrir a un procedimiento de resolución alternativa si existe un precepto vigente que establezca la obligatoriedad de concurrencia al mismo. Contra este tipo de prescripciones se han posicionado autores como BARONA VILAR[52], en el sentido de entender que, en realidad, la mediación obligatoria se trata de una *contraditio in terminis* ya que «la mediación debe ser voluntaria por su propia naturaleza, siendo esa su esencia, y puede, de ser obligatoria, convertirse en mero obstáculo antes de acudir al proceso civil, como sucediera en otros tiempos con la conciliación obligatoria, sin que ello favorezca el cumplimiento de los fines propios de la mediación». Y, además, la autora añade que en lugar de incentivar una cultura mediadora puede provocar incluso un efecto contrario, al concebirse como un presupuesto de procedibilidad.

También frente a prescripciones de tal entidad encontramos pronunciamientos constitucionales en contra, como la sentencia del Tribunal Constitucional en Pleno 1/2018, de 11 de enero, donde acuerda la nulidad del precepto que prescinde de la voluntad de una de las partes para el sometimiento a arbitraje de cualquier controversia que pueda suscitarse[53]. Nos detenemos a continuación en dicha resolución:

Dicha nulidad del precepto es adoptada por el Tribunal Constitucional en base a que el arbitraje es «un medio heterónomo de arreglo de controversias que se fundamenta en la autonomía de la voluntad de los sujetos privados (art. 1.1 CE)». De ello deriva que «la falta de la necesaria concurrencia de la voluntad de ambas partes litigantes para someterse a este mecanismo extrajudicial de resolución de conflictos y su imposición a una de ellas, en principio, no se compadece bien con el básico aspecto contractual del arbitraje y con el derecho fundamental a la tutela judicial efectiva que garantiza el derecho de acceso a los órganos jurisdiccionales (art. 24.1 CE)».

Asimismo, el Tribunal Constitucional entiende en dicha sentencia la restricción a este derecho fundamental que suponía aquel precepto pues se ocasionan dos efectos: el primero, la obligación de una de las partes por voluntad de la otra de someter la cuestión a arbitraje y, por tanto, a estar y pasar por lo decidido en el laudo, y el segundo, el efecto de impedir a los jueces y tribunales conocer del liti-

52 Silvia BARONA VILAR, *Nociones y Principios de las RAL. (Solución Extrajurisdiccional de Conflictos)*, Tirant Lo Blanch, Valencia, 2018, pág. 69.

53 STC (Pleno) 1/2018, de 11 de enero. Dicha sentencia se dicta en el seno de un recurso de inconstitucionalidad planteado por la Sala Civil y Penal del Tribunal Superior de Justicia de Cataluña con respecto al artículo 76 e) de la Ley 50/1980, de 1 de octubre por posible vulneración del artículo 24 y 117 de la Constitución Española. El precepto cuestionado dispone lo siguiente: «El asegurado tendrá derecho a someter a arbitraje cualquier diferencia que pueda surgir entre él y el asegurador sobre el contrato de seguro. La designación de árbitros no podrá hacerse antes de que surja la cuestión disputada». Se refiere en particular a la regulación del contrato de defensa jurídica.

gio sometido a arbitraje, pues el control judicial del laudo arbitral no comprende el fondo del asunto. Con todo, dicha sentencia constitucional no está exenta de disidencia pues comprende dos votos particulares, alguno de ellos será analizado en el apartado que tratamos las garantías de acceso a la vía judicial.

Otra cuestión que suscita debate es el grado de vinculación que se le atribuye a las partes una vez están siguiendo un procedimiento de resolución alternativa, es decir, su grado de permanencia. Parece que no es válido someter a requisitos especiales la viabilidad de salir de estos procedimientos. Así, si una norma nacional dispone que los consumidores únicamente pueden retirarse de un procedimiento de mediación si demuestran que concurre una causa justificada que sustente su decisión, so pena de ser sancionados en el procedimiento judicial ulterior, esta limitación constituye una restricción al derecho de las partes de acceder al sistema judicial que es contraria al objetivo de la Directiva 2013/11, puesto de manifiesto a través de su artículo 1. De este modo lo ha confirmado el Tribunal de Justicia de la Unión Europea en su sentencia de 2017[54], según la cual se sustenta tal inferencia en que la eventual retirada del consumidor del procedimiento de resolución alternativa no debe tener consecuencias desfavorables para éste en el contexto del procedimiento jurisdiccional relativo al litigio que haya sido, o hubiera debido ser, objeto del procedimiento de resolución alternativa.

Además, el citado tribunal europeo añade que el artículo 9, apartado 2, letra a), de la Directiva 2013/11 apoya esta misma conclusión, ya que, en relación con los procedimientos de resolución alternativa dirigidos a dirimir un litigio proponiendo una solución, impone a los Estados miembros la obligación de velar porque las partes tengan la posibilidad de retirarse del procedimiento en cualquier momento si no están satisfechas con su funcionamiento o con su tramitación. Dicha posibilidad está prevista en la Ley 5/2012, de 6 de julio, de mediación en asuntos civiles y mercantiles, a través de su artículo 6.3. Un precepto que aclara que nadie está obligado a mantenerse en el procedimiento de mediación ni a concluir un acuerdo.

3.13. El acceso al arbitraje de consumo: el pacto de sumisión y la solicitud de arbitraje por el consumidor

La entrada en el arbitraje de consumo puede venir desde dos vías distintas. Por un lado, el posible convenio arbitral válidamente constituido y, por otro, por la mera presentación de la solicitud de arbitraje bajo ciertas circunstancias. El convenio arbitral deberá expresar la voluntad de las partes

54 STJUE, Sala Primera, de 14 junio de 2017, C-75/2016. Alude a dicha argumentación y pronunciamiento en 66, 67 y 65.

de resolver a través del arbitraje de consumo las controversias derivadas de una relación de esta clase; deberá plasmarse por escrito en un documento o documentos firmados por las partes, en formato electrónico cuando lo exija una norma; podrá consistir tanto en un documento firmado por las partes, que será reflejado en formato electrónico cuando lo exija una norma; además, podrá adoptar la forma de cláusula incorporada a un contrato o bien de acuerdo independiente de las partes.

Hay que tener presente que la mera presentación de la solicitud de arbitraje por parte del consumidor se entenderá también como convenio arbitral válidamente formalizado, pero han de concurrir una serie de circunstancias que son la siguientes: a) en el caso de existencia de oferta pública de adhesión al Sistema Arbitral de Consumo siempre que la pretensión deducida en la solicitud esté incluida en el ámbito de la actividad de la empresa o establecimiento; b) en el supuesto inverso, cuando no haya oferta de adhesión previa o habiendo perdido esta sus efectos, siempre que resulte acreditado que en ese momento el empresario utiliza o exhibe el distintivo público de adhesión al Sistema Arbitral de Consumo (art. 23.3 y 4 RSAC 2024).

Si no hubiera convenio arbitral formalizado conforme a cualquiera de las formas anteriores, entonces, la Junta Arbitral competente, una vez admitida a trámite una solicitud de arbitraje, la trasladará al reclamado para su aceptación o rechazo (art. 23.5 RSAC 2024). Ambas partes gozarán de la accesibilidad y derechos de información a los que se refiere el art. 23.2 RSAC 2024).

Dicha solución otorga un trato preferente al consumidor o usuario, quien, accederá no solo mediante un convenio previo sino que con la mera presentación de la solicitud ante la de existencia de oferta pública de adhesión o cuando el empresario utilice o exhiba el distintivo público de adhesión; ello conllevará un convenio arbitral válido al margen de la voluntad del empresario. Precisamente esta sólo se tendrá en cuenta en ausencia todas estas posibles vías.

Hay que observar la correspondencia de esta regulación con los artículos 13 y 15 de la LRAL Consumo 2017, pues estos establecen la ineficacia para el consumidor de los pactos previos entre este y el empresario de sumisión al procedimiento RAL no vinculante (artículo 13) y vinculante (artículo 14); y, paralelamente, la eficacia de estos pactos previos para el empresario si es válido conforme a la normativa aplicable para el alternativo no vinculante (art. 13) y el vinculante (art. 14). Se previó por la LRAL Consumo 2017 que, ante un procedimiento de participación obligatoria del que derive una decisión de carácter vinculante que ponga fin al procedimiento, esta no podrá vetar a las partes el acceso a la vía judicial (artículo 9).

A todas luces parece que el acceso a la vía judicial hace referencia al reconocimiento del efecto pleno del derecho a la tutela judicial efectiva ante el caso de que el sometimiento al sistema alternativo de resultado vinculante, –es decir, impuesto– haya resultado previamente obligatorio para la parte que lo invoca. Constituye esta previsión un mandato derivado de la habilitación que le presta para ello la Directiva 2013/11/UE[55], ya que con el fin de incentivar el acceso a estas reclamaciones por parte de los usuarios y de alentar a los comerciantes a integrarse en ellos, si una norma nacional establece como obligatoria la participación en estos procedimientos RAL, entonces dicha norma no impedirá a las partes ejercer su derecho a acceder a la vía judicial. Además, da la impresión de que dicha previsión trata de superar el perjuicio que ha señalado el Tribunal Constitucional[56] respeto a la tutela judicial efectiva de las cláusulas legales de sometimiento obligatorio a RAL.

Pérez Daudí ha afirmado lo siguiente: «no se puede afirmar que un RAL, por el solo hecho de articularse como obligatorio y vinculante, beneficie a la parte más débil del contrato»[57]. De cualquier manera, el debate se libra entre los detractores de la diferencia de trato entre las partes a efectos de impedir el derecho de acceso al proceso y aquellos que justifican una regulación más favorable al consumidor. Así, por ejemplo, Picó i Junoy, quien, de manera general, sostiene que se encuentra en contradicción con la constitución, art. 24.1 CE, una norma referente al arbitraje obligatorio que, en cuanto al acceso a la jurisdicción, «se prescinde o suprime la voluntad de una de las partes»; razona el autor que el derecho al acceso al proceso del art. 24.1 CE puede verse conculcado por normas que impongan requisitos impeditivos u obstaculizadores del acceso a la jurisdicción, si tales trabas resultan innecesarias, excesivas y carecen de razonabilidad o proporcionalidad respecto de los fines que lícitamente puede perseguir el legislador[58].

---

55 Directiva 2013/11/UE del Parlamento Europeo y del Consejo, de 21 de mayo de 2013, relativa a la resolución alternativa de litigios en materia de consumo y por la que se modifica el Reglamento (CE) n.º 2006/2004 y la Directiva 2009/22/CE (Directiva sobre resolución alternativa de litigios en materia de consumo); en su Consideración (49) determina: «con el objeto de procurar que los consumidores cuenten con una vía de recurso y que no se vean obligados a renunciar a sus reclamaciones, se apuesta por alentar a los comerciantes, en la medida de lo posible, a que participen en procedimientos de resolución alternativa. Señala, la Directiva que ello debe entenderse sin perjuicio de cualquier norma nacional que haga obligatoria la participación de los comerciantes en dichos procedimientos, la incentive o sancione, o que les obligue a aceptar su resultado, siempre que dichas normas no impidan a las partes ejercer su derecho a acceder al sistema judicial, tal como establece el artículo 47 de la Carta de los Derechos Fundamentales de la Unión Europea».

56 STC (Pleno) 1/2018, de 11 de enero.

57 Vicente Pérez Daudí, «Los RAL obligatorios y el derecho a la tutela judicial efectiva», *El sistema de RAL/ODR en conflictos de consumo: aproximación crítica y prospección de futuro, Atelier, Barcelona, 2019,* nota 37, pág. 206; el autor señala que, en cuanto al posible beneficio a la parte más débil, la obligatoriedad del RAL vinculante «puede ser un argumento válido en aquellas reclamaciones de ínfima cuantía que pueden provocar que le consumidor no reclame debido al coste del proceso, pero no en aquellas de mayor cuantía económica».

58 Joan Picó i Junoy, «Derecho a la tutela judicial efectiva», en *Las garantías constitucionales del proceso*, Boch, Barcelona, 2012, págs. 62 y 63.

Frente a tal postura desfavorable, semejante a la mantenida por la mentada STC (Pleno) 1/2018, de 11 de enero, podemos citar, entre otras, las argumentaciones vertidas por Xiol Ríos en su Voto Particular emitido en dicha sentencia constitucional, en el que nos detenemos, dado su interés[59]. Comienza el magistrado disidente por recordar la normativa comunitaria que legitima la protección al consumidor[60]. A continuación, establece la correspondencia o adecuación entre el contenido del precepto impugnado en aquel recurso y la normativa europea y anota que «[l]a cuestión que debe dilucidarse por este Tribunal es, por consiguiente, si la imposición del arbitraje a la otra parte, en este caso al empresario-predisponente, vulnera su derecho a la tutela judicial efectiva (art. 24 CE) en los términos que determina la legislación dictada en el ejercicio de la competencia estatal y omitir cualquier interpretación del artículo 203 de la Directiva 2009/138/CEE»[61]. Seguidamente, asegura el autor

59 STC (Pleno) 1/2018, de 11 de enero, Voto Particular de Juan Antonio Xiol Ríos, *(BOE* núm. 34, miércoles, 7 de febrero de 2018, pp. 14718 y ss.).

60 STC (Pleno) 1/2018, de 11 de enero, Voto Particular de Juan Antonio Xiol Ríos, (BOE núm. 34, miércoles, 7 de febrero de 2018, pp. 14718 y ss.); en este sentido el ponente razona lo siguiente: «En materia de consumidores, el artículo 169.1 del Tratado de funcionamiento de la Unión Europea estableció que «para promover los intereses de los consumidores y garantizarles un alto nivel de protección, la Unión contribuirá a proteger la salud, la seguridad y los intereses económicos de los consumidores, así como promover su derecho de información, a la educación y a organizarse para salvaguardar sus intereses». Para alcanzar dichos objetivos, la Unión contribuirá, según establece el apartado segundo del citado precepto, «mediante (i) medidas que adopte en virtud del artículo 114 en el marco de la realización del mercado interior y (ii) medidas que apoyen, complementen y supervisen la política llevada a cabo por los Estados miembros. Este segundo tipo de medidas se adoptarán por el Parlamento Europeo y el Consejo con arreglo al procedimiento legislativo ordinario y previa consulta al Comité Económico y Social (art. 169.3), lo cual no obstará para que cada uno de los Estados miembros mantenga y adopte medidas de mayor protección que deberán ser compatibles con los tratados que deberán ser notificadas a la comisión (art. 169.4)».

61 STC (Pleno) 1/2018, de 11 de enero, Voto Particular de Xiol Ríos, J. A. (BOE núm. 34, miércoles, 7 de febrero de 2018, pp. 14718 y ss.); al respecto señala: «El artículo 76 e) LCS impugnado establece el arbitraje a favor de los consumidores, como así exige la Directiva 87/344/CEE y el precepto impugnado no mantiene o adopta medidas de mayor protección para los consumidores que las previstas por la legislación europea. Por otro, es la propia Directiva la que prevé que dicho arbitraje se establecerá sin perjuicio de cualquier derecho de recurso a una instancia jurisdiccional, sin precisar cuál deba ser y cómo deba funcionar. /Precisamente sobre la compatibilidad constitucional de este extremo, es decir, sobre el desarrollo que el Estado otorgue a dicha posibilidad ofrecida por la propia Directiva, es sobre lo que, desde la perspectiva de una posible vulneración del artículo 24 CE, nos corresponde pronunciarnos y no desde el parámetro fijado por el Derecho de la Unión. La cuestión que debe dilucidarse por este Tribunal es, por consiguiente, si la imposición del arbitraje a la otra parte, en este caso al empresario predisponente, vulnera su derecho a la tutela judicial efectiva (art. 24 CE) en los términos que determina la legislación dictada en el ejercicio de la competencia estatal y omitir cualquier interpretación del artículo 203 de la Directiva 2009/138/CEE. Alternativamente, no cabe más solución que plantear una cuestión prejudicial».

del Voto Particular que la limitación del derecho a la tutela judicial efectiva de la compañía aseguradora no puede considerarse inconstitucional en aquel caso; plantea al respecto que «debemos preguntarnos si la restricción del ejercicio del derecho a la tutela judicial efectiva que impone el artículo 76 e) LCS cuestionado está justificado, al hallarse en uno de aquellos supuestos en los que de permitir el juego de las voluntades particulares se causaría daño a los intereses generales y si el obstáculo de acceso a la jurisdicción impuesto en la norma cuestionada es arbitrario o caprichoso»[62]. Concluye el magistrado disidente que la declaración de inconstitucionalidad del precepto impugnado produce, paradójicamente, la desprotección del consumidor, en contra de la normativa comunitaria[63].

También MARTÍNEZ GAYOSO presenta una visión crítica de esta posición constitucional al afirmar que «no se puede asumir acríticamente, que cualquier tipo de arbitraje obligatorio pueda superar el test de constitucionalidad por el sólo hecho de que se acepte la revisión judicial del laudo». Añade la autora que «en el análisis de los diferentes supuestos de arbitrajes obligatorios a los que el TC ha tenido que prestar atención, se ha insistido en la importancia de la fuente que instaura la obligación, en la justificación de la medida y en otros detalles de suma importancia, como la imparcialidad del

62 STC (Pleno) 1/2018, de 11 de enero, Voto Particular de Xiol Ríos, J. A. (BOE núm. 34, miércoles, 7 de febrero de 2018, pp. 14718 y ss.); a dicho argumento añade: «si partimos del mandato constitucional que atañe a todos los poderes públicos, a los jueces y al legislador de velar por la protección de los consumidores y usuarios (art. 51 CE), se concluye sin especial dificultad que la finalidad del artículo 76 e) LCS es la de otorgar una especial protección al asegurado en su condición de consumidor, pues resulta notorio que se encuentra ante una situación de desigualdad debida a la compleja naturaleza y contenido del contrato de seguro, especialmente en determinadas modalidades como la aquí examinada. Se puede afirmar en este sentido que el contrato de seguro es el prototipo sobre el que se asienta la defensa de los consumidores y usuarios».

63 STC (Pleno) 1/2018, de 11 de enero, Voto Particular de Xiol Ríos, J. A. (BOE núm. 34, miércoles, 7 de febrero de 2018, pp. 14718 y ss.); sobre dicha afirmación asegura el ponente: «No deja de ser una ironía que el artículo 76 e) LCS nazca como norma de transposición de una directiva comunitaria cuya finalidad es la protección del consumidor en el contrato de defensa jurídica y que por ello se obligue a los Estados miembros a articular a favor del consumidor «un procedimiento arbitral u otro procedimiento que ofrezca garantías comparables de objetividad» (art. 203 de la Directiva 2009/138/CEE) y que en esta Sentencia se haya concluido que el ejercicio de tal derecho debe condicionarse al previo consentimiento de la aseguradora y se declare la nulidad con efectos *ex tunc* de un precepto legal vigente durante largo tiempo y promulgado para cumplir con la obligación el Estado de trasponer una directiva comunitaria./ No puedo, en último término, aceptar que «la lesión del derecho a la tutela judicial se encuentra en la imposibilidad de revisión del fondo del laudo, porque, si ello fuera así, inconstitucional no sería el artículo 76 e) LCS, sino en general todo el procedimiento arbitral previsto en la Ley de arbitraje».

árbitro y su carácter público, administrativo, institucional o privado, cuestiones que este pronunciamiento parece despreciar, sin que se pueda estar de acuerdo con dicho desprecio»[64].

En nuestra opinión no cabe duda de que el diferente trato que se le dispensa al consumidor respecto al empresario produce un real desequilibrio en cuanto al acceso a la jurisdicción, pero, constatado este hecho, hay que preguntarse si este diferente trato supone una vulneración del derecho a la tutela judicial efectiva consagrada en el art. 24.1 de la Constitución. El purismo excesivo así lo resolvería. Sin embargo, otras argumentaciones nos llevan a la deducción de que no existe vulneración del derecho porque está justificado este diferente trato. En primer lugar, por aplicación de la normativa de protección al consumidor que otorgaría el respaldo suficiente para establecer dicha diferencia procesal[65]. En segundo lugar, porque el derecho procesal se caracteriza por servir al Derecho sustantivo y, por tanto, por informarse de él[66]; por eso, en este caso debe asumir la corrección al alza que deriva de la posición de desventaja que ocupa el consumidor en la relación contractual con el empresario.

4. El procedimiento probatorio arbitral ordinario y de consumo

4.1. Las partes en la prueba arbitral y sus facultades

Las partes intervinientes en la prueba en el arbitraje ordinario se corresponden con las partes legitimadas en dicho procedimiento. Por ello, se tratará de aquellas que hayan contraído un convenio o cláusula de sometimiento a arbitraje a realizar en el territorio español, sean de carácter interno o internacional, sin perjuicio de lo establecido en tratados de los que España sea parte o en leyes que contengan disposiciones especiales sobre arbitraje (art. 1.1 LA) siempre que el arbitraje se refiera a materias de libre disposición

64 M.ª Nieves Martínez Gayoso, «Comentario a la STC 1/2018 sobre arbitraje obligatorio en el seguro de asistencia jurídica», *Revista General de Derecho del Trabajo y de la Seguridad Social* 49, 2018, pág. 524.

65 Vicente Pérez Daudí, «Los RAL obligatorios y el derecho a la tutela judicial efectiva», *Op. Cit.,* nota 37, pág. 207; el autor advierte que aunque la tutela judicial efectiva se considera derecho fundamental y la protección del consumidor es un principio rector de la política social y económica, sin embargo, «el legislador puede realizar un juicio de proporcionalidad restringiendo un derecho fundamental, como la tutela judicial efectiva, porque estima conveniente para lograr una mayor protección del consumidor o de cualquiera de los principios rectores de la política social y económica».

66 Víctor Moreno Catena y Valentín Cortes Domínguez, *Introducción al Derecho Procesal*, Tirant Lo Blanch, Valencia, 2024, pág. 246. Los autores destacan ese carácter informador del derecho sustantivo o material en el Derecho Procesal.

conforme a derecho (art. 2.1 LA). Hay que advertir que en este arbitraje no se reproducen necesariamente siempre las posiciones procesales activa y pasiva de un proceso judicial; o, al menos, no en idénticos términos. El hecho de que el objeto de la controversia se determine de forma progresiva, y no originaria como en el proceso judicial, difumina la clásica consideración procesal de demandante y demandado. No obstante, en todo caso, es identificable la persona que formula una pretensión frente a otra, al iniciar el arbitraje en su contra. Por ello, podemos hablar de dualidad de posiciones, siempre salvando la libertad de las partes y la posibilidad de formular reconvención por el demandado.

Pero cuando hablamos del arbitraje de consumo las partes legitimadas en el procedimiento son mucho más restringidas. Así, únicamente podrán ser objeto de arbitraje de consumo las controversias surgidas y cuya resolución se incorpora a un convenio arbitral entre: por un lado, las personas consumidoras o usuarias residentes en la Unión Europea, que consideren que existe una vulneración de sus derechos legal o contractualmente reconocidos y soliciten el arbitraje a través del Sistema Arbitral de Consumo; y por otro lado, las personas empresarias contra las que se dirige la solicitud; en todo caso, igualmente, tiene que versar sobre materias de libre disposición de las partes conforme a derecho (art 1 y 2 RDAC 2024). Se excluyen los arbitrajes sobre materias que pueden conllevar de especial repercusión o gravedad (intoxicación, lesión, muerte o aquellos en que existan indicios racionales de delito, incluida la responsabilidad por daños y perjuicios directamente derivada de ellos) o se refieran a servicios públicos de interés general, no económicos o prestacionales, facilitados por las administraciones públicas (art. 2.2 RDAC 2024).

En el arbitraje ordinario, el actor y el demandado se someten a una configuración de sus actos en defensa de sus respectivas posiciones muy determinada por el principio de flexibilidad mencionado. De este modo, no se establecen propiamente requisitos de forma y contenido de los escritos de alegaciones de las partes. De hecho, la función de la demanda y de la contestación a que se refiere el artículo 29 LA no es sino la de ilustrar a los árbitros sobre el objeto de la controversia, sin perjuicio de alegaciones ulteriores. Especialmente significativo es que no entran aquí en juego las reglas propias de los procesos judiciales en cuanto a requisitos de demanda y contestación, documentos a acompañar o tampoco la institución de la preclusión (Exposición de Motivos, apartado VI, párrafo 5.º LA).

El arbitraje de consumo se desmarca de esta configuración, pues, como decimos, las posiciones activa y pasiva vienen bien delimitadas desde el comienzo, de manera que solo puede iniciar el procedimiento ante el Sistema de Consumo la persona consumidora y el procedimiento se dirige contra la persona empresaria, quien no puede invertir su rol pasivo para asumir el activo. Además, la aportación y/o proposición de pruebas junto a las alegaciones iniciales es concebida como una obligación del consumidor y del empresario, respectivamente. De esta forma, las partes «deberán aportar, junto con la solicitud de arbitraje o la contestación a esta, las pruebas de las que dispongan con relación al litigio»; asimismo, junto a dichos escritos de inicio pueden, en su caso, proponer otras que serán practicadas, si fuera posible, en el acto de celebración de audiencia (art. 42.1 RDAC 2024). Entendemos que esta segunda mención con el verbo «poder» se refiere a que dicha aportación está supeditada a la efectiva disponibilidad de la información por la parte concurrente y no alude a que se trate de una facultad susceptible de subsanar su falta de ejercicio más adelante. Repárese en que, inmediatamente, el texto regulatorio alude a que el órgano arbitral resolverá sobre la admisión o rechazo de la práctica de dichas pruebas, sin que esté prevista ninguna posible actuación subsiguiente de tenor semejante por parte de dicho órgano.

Con esto, la flexibilidad y no preclusión que reina en el arbitraje ordinario se sustituye aquí por una mayor rigidez y criterio temporal de los actos probatorios de parte, que han de ajustarse a la oportunidad que el Reglamento específico les determina. Esto redunda en una mayor seguridad jurídica de las partes, que conocen las pruebas aportadas o que se van a practicar desde el principio, lo que les proporciona la posibilidad de arbitrar su defensa en su desarrollo e, incluso, les alienta a pactar. Dicha configuración, a su vez, repercute en facilitar una mayor agilidad y rapidez del procedimiento arbitral de consumo, como señalaron OROZCO PARDO y PÉREZ-SERRABONA GONZÁLEZ[67]. No obstante, la facultad de ampliar la pretensión también la recoge el art. 40.3 RDAV 2024.

4.2. Iniciativa y proposición de la prueba

El carácter progresivo de la determinación del objeto del proceso propio del arbitraje ordinario se traduce en que la aportación y proposición de prueba con la demanda y la contestación, respectivamente, constituye una facultad y no una obligación perentoria de las partes. Esta afirmación se corrobora ante la redacción del art. 29.1 LA, cuando menciona que las partes, al formular sus alegaciones, «podrán aportar» —que no «deberán»— todos los documentos que consideren pertinentes o, incluso, hacer referencia a los documentos u otras pruebas que vayan a presentar o proponer. Además, el hecho de que se permita, salvo acuerdo en contra, modificar o ampliar sus pretensiones durante el curso del procedimiento arbitral, esta previsión ratifica la flexibilidad procedimental y la inexistencia de preclusión en este sistema tal y como se concibe en el proceso jurisdiccional (Exposición de

67 Guillermo OROZCO PARDO y José Luis PÉREZ-SERRABONA GONZALEZ, «El arbitraje de consumo», en *Estudios sobre el arbitraje: los temas clave*, obra colectiva, José Luís GONZÁLEZ MONTES (Coord.), La Ley, Madrid, 2008, pág. 455

Motivos, apartado VI, párrafo 5.º LA). Es de esta opinión MUNNÉ CATALINA[68]. Por su parte, CUCARELLA GALIANA apostó porque para poder realizar una aportación tardía era suficiente la mención de las fuentes de prueba en los escritos de alegación iniciales[69].

Pero, en consonancia con lo determinado en el artículo 25.2 LA, que determina de modo general que, a falta de acuerdo, los árbitros podrán, con sujeción a lo dispuesto en Ley arbitral, dirigir el arbitraje «del modo que consideren apropiado», el art. 29.2 LA establece que la posible modificación o ampliación de las pretensiones por las partes se somete también a la discrecionalidad arbitral, porque pueden rechazar dichos cambios si los consideran «improcedente por razón de la demora con que se hubiere hecho». Unas prescripciones que, con base en una pretendida elasticidad del sistema, otorga tales facultades a los árbitros, lo que puede traducirse en una verdadera inseguridad jurídica cuando falta el pacto expreso por las partes sobre estos particulares. Sobre todo, porque en ningún momento se requiere motivación en las decisiones arbitrales de este alto calibre.

Respecto al arbitraje de consumo, como hemos apuntado, el Reglamento resulta mucho menos elástico porque el momento de aportar y proponer pruebas para que sean practicadas en el acto de la audiencia es junto con la solicitud de arbitraje o la contestación a esta (art. 23.2. e), art. 36.2 y art. 37.4 en relación con art. 42.1 RDAC 2024).

4.3. Traslado a las partes de las pruebas respectivas

Como hemos subrayado, el procedimiento arbitral ordinario se encuentra regido, entre otros, por el principio de audiencia. Este principio conlleva que ha «tratarse a las partes con igualdad y darse a cada una de ellas suficiente oportunidad de hacer valer sus derechos» (Art. 24.1 LA). Y, específicamente, la ley arbitral determina que, de todas las alegaciones escritas, documentos y demás instrumentos que una parte aporte a los árbitros se dará traslado a la otra parte. Asimismo, se pondrán a disposición de las partes los documentos, dictámenes periciales y otros instrumentos probatorios en que los árbitros puedan fundar su decisión.

En el Sistema Arbitral de Consumo, sigue un criterio semejante, a ordenar el necesario traslado a la cada parte de todas las alegaciones, documentos y pruebas aportados al expediente por las otras partes en litigio. Igualmente, mediante una redacción muy similar el Reglamento establece que se pon-

68 Frederic MUNNÉ CATALINA, «Las pruebas personales en el arbitraje», *Op. Cit.*, pág. 298.

69 Luis CUCARELLA GALIANA, *El procedimiento arbitral*, ed. Cometa, 2004, pág. 172.

drán a su disposición cuantos dictámenes periciales o pruebas practicadas sirvan de fundamento en el laudo arbitral que ponga fin al procedimiento (art. 39.2 RDAC 2024).

Una facultad reseñable es la otorgada por el art. 40.3 RDAC 2024, por cuanto en cualquier momento durante el curso de las actuaciones arbitrales, el consumidor podrá modificar o ampliar la pretensión recogida en la solicitud, a menos que el órgano arbitral lo considere improcedente por razón de la demora con que se hubiere efectuado. MARCOS FRANCISCO señala al respecto que, «una vez admitidas las nuevas pretensiones, resulta trascendental que se le dé a la parte demandada traslado de las mismas para no causarle indefensión, otorgándole el plazo de 15 días para formular alegaciones o proponer prueba y, en caso de que ello se plantee con anterioridad al acto de la audiencia, procediendo a *"retrasar, si fuera preciso, la audiencia prevista"*». En el supuesto de que la nueva pretensión de plantee en la misma audiencia, advierte la autora que «también debe procederse a suspender aquélla, sea porque así lo estime necesario el reclamado que haya comparecido a los efectos de preparar pertinentemente su defensa, sea porque éste no haya asistido a la audiencia (en cuyo caso, siempre habría de darle traslado por 15 días de tal pretensión para no causarle indefensión)»[70].

4.4. Admisión y medios de prueba admisibles. Relevancia de la pericial

En cuanto a los medios de prueba admisibles, como advertimos, la fase probatoria del arbitraje está también presidida por la máxima libertad de las partes y de los árbitros y por la alta flexibilidad, siempre que se respeten el derecho de defensa y el principio de igualdad (Exposición de Motivos, apartado VI, párrafo 6.° LA). Pero, en última instancia y a falta de pacto, los árbitros son los «dueños y señores» porque la potestad de esta institución comprende la de decidir sobre la admisibilidad, la pertinencia y la utilidad de las pruebas, y sobre su práctica (art. 25.2 LA). El arbitraje de consumo otorga semejante potestad al órgano arbitral, al ordenar que, las pruebas aportadas y propuestas en los escritos de alegación de inicio —solicitud de arbitraje y contestación—, el órgano arbitral «resolverá sobre la admisión o rechazo de la práctica de dichas pruebas» (art. 42.1 RDAC 2024).

70 Diana MARCOS FRANCISCO, «Principales cambios del nuevo proyecto de real decreto regulador del sistema arbitral de consumo: ¿hacia un arbitraje de consumo más eficaz?», *Revista General de Derecho Administrativo* 66, 2024, nota 25, pág. 12 y, por remisión de esta Diana MARCOS FRANCISCO, «Especialidades en la formulación del objeto del proceso arbitral de consumo: la pretensión, la reconvención y la modificación de las pretensiones», *Revista General de Derecho Procesal*, núm. 21, 2010 (edición digital), pp. 1-37.

En cuanto a la admisión o rechazo de las pruebas hemos de señalar que por vía jurisprudencial se añade el criterio de la licitud de la prueba. Así, como ha resaltado Picó Junoy «toda la doctrina judicial se refiere a la prueba ilícita como supuesto legitimador de la anulación del laudo por infringir el orden público». Destaca el autor que la STSJ Madrid 24/2023, de 14 de junio, es la que más profundiza en el problema de la prueba ilícita. Dicha resolución señala que la ineficacia de las pruebas ilícitas del art 11.1 LOPJ «no es aplicable exclusivamente al Poder Judicial» y que constituye un «principio general inamovible» la «prohibición del recurso a la prueba ilícitamente obtenida». El autor mantiene que deben excluirse este tipo de pruebas en arbitraje, pero no por aplicación del citado art. 11.1 LOPJ sino en virtud del art. 41.1.f LA. Para ello, señala el autor, es precisa la denuncia de la ilicitud probatoria, la justificación del derecho fundamental sustantivo infringido en su obtención y acreditar la efectiva indefensión para alguna de las partes, en particular, que la prueba ilícita tuvo una influencia decisiva en la resolución de la controversia[71].

En principio, como mera referencia, resultarán medios de prueba válidos los recogidos en el artículo 299 y ss LEC, pero la LA no recoge siquiera una remisión o mención a este particular, a excepción de las particularidades de la pericial. Esto representa la falta de lindes apriorísticos en cuanto a los medios de prueba a tomar en consideración. Como señala Salorio Díaz, estos, al final, pueden llegar a considerar admisible cualquier otro medio de prueba distinto a los relacionados en las dichas normas —la LEC—, siempre y cuando no sea contrario a Derecho; incluso, cualquier otro medio de prueba no contemplado en las mismas, no se encuentra sujeto a las restricciones del art. 299.3 LEC (la necesidad de que se practiquen a instancia de parte)[72].

Semejante concepción comparte el arbitraje de consumo, pues, si revisamos el tenor del art. 42.1 RDAC 2024, el único requerimiento no se refiere al tipo de medios admisibles sino al necesario criterio que la pertinencia, es decir, a la facultad de aportarlas mientras se refieran concretamente al litigio. Además, el órgano arbitral resolverá sobre la admisión o rechazo de la práctica de dichas pruebas, quien, además, cuenta con la potestad de determinar de oficio otras pruebas complementarias sin otra limitación que la mencionada pertinencia y necesidad de la misma; así menciona que la acordará por propia iniciativa «cuando se considere necesario para la solución del litigio». El criterio de necesidad nos resulta especialmente subrayable en el caso del arbitraje de consumo, pues el órgano arbitral, en el fondo, en desarrollo de la tutela en un objeto de cuantía limitada, habrá de ponderar si procede la práctica probatoria, por ejemplo, costosa, o el acuerdo de su rechazo, en

71 Joan Picó Junoy, «La prueba ilícita en el arbitraje», *La ley Probática* n.º 15, 2024, págs. 2-5. El autor examina críticamente la STSJ Madrid 24/2023, de 14 de junio.

72 Juan M Salorio Díaz, «Procedimiento», en *Arbitraje de Consumo: sistema y procedimiento»*, Aranzadi, 2019, págs. RB-5.19.

aplicación de los principios de agilidad (Exposición de Motivos, apartado II, párrafo 6.° RDAC 2024) y de sencillez y gratuidad del procedimiento (art. 31.2 RDAC 2024). En todo caso, si la limitación representa dejar sin oportunidad de defensa a una de las partes, sin oportunidad de acreditar un hecho relevante, ello podría generar indefensión sancionada por el art. 24.1. CE y sustentar un recurso de anulación del laudo con base en el art. 41.1.b) y f) LA)[73].

Respecto al interrogatorio de parte, a falta de acuerdo de las partes implicadas o de haberse aceptado un reglamento arbitral, corresponde a los árbitros decidir sobre lo procedente la proposición, admisión, práctica y valor del interrogatorio (art. 25.2 LA, de tenor similar el art. 19.2 de la Ley Modelo UNCITRAL). Por su parte, la iniciativa probatoria corresponde tanto las propias partes como al árbitro de oficio. A diferencia del régimen jurisdiccional del interrogatorio de parte, donde no cabe el llamamiento a la propia parte, en el régimen arbitral esta limitación, en principio, no opera, dada la libertad para convenir el procedimiento libremente por las partes y la facultad subsidiaria del órgano arbitral de acordar lo más apropiado en el caso concreto (art. 25 LA). En esta línea RAMOS MENDEZ, el interrogatorio de la propia parte siempre es posible mientras se respete la contradicción ya que «lo importante es la declaración, sin perder de vista las condiciones personales del declarante, que sirven para valorar su deposición»[74].

Igualmente, señala MUNNÉ CATALINA que corresponde a los árbitros decidir lo que estimen «apropiado» a las circunstancias del caso sobre la proposición, admisión, práctica y valor del interrogatorio de terceros (art. 25.2 LA del tenor similar el art. 19.2 de la Ley Modelo UNCITRAL), en defecto de acuerdo o de previsión en un reglamento arbitral[75]. En nada se pronuncia la Ley arbitral sobre la obligación de comparecer o de decir verdad de los testigos. Dada la carencia de *potestas* por parte de los árbitros, la falta de poder coercitivo es una realidad que deja a expensas de un deber sólo ético a la conducta del testigo. Como advierte VELEZ TORO desde una perspectiva en este sentido muy pesimista, la «práctica de la prueba en el arbitraje está llamada al fracaso, dada la ausencia de autoridad de los árbitros, por lo que resulta factible que las partes eludan la colaboración para la práctica y acceso a aquellas fuentes de prueba que les puedan resultar perjudiciales»[76].

En este punto, la asistencia judicial al arbitraje juega un papel crucial, porque la solicitud de la práctica de este tipo de pruebas directamente por

73 Arturo ÁLVAREZ ALARCÓN, *El sistema español de arbitraje de consumo*, Instituto Nacional de Consumo, 1999, pág. 233.

74 Francisco RAMOS MENDEZ, «Comentarios a la STSJ de Madrid 27/1/2012», *Anuario de Justicia Alternativa*, Bosch 2012, núm. 12, pág. 140.

75 Frederic MUNNÉ CATALINA, «Las pruebas personales en el arbitraje», *Op. Cit.,* pág. 304.

76 Antonio José VELEZ TORO, «Procedimiento arbitral y su relación con el proceso», *Op. Cit.*, pág. 174.

la autoridad judicial y dentro de su jurisdicción salvará excusas del interrogado o reticencias, a decir verdad, porque, en estos casos, su práctica se someterá a la LEC, como veremos en los capítulos siguientes. También la ejecución judicial de una solicitud por los árbitros de meras medidas de asistencia, como la citación judicial, tendrá efectos conminadores en caso de inasistencia.

Con todo, hay que reseñar la relevancia que el arbitraje concede a la prueba pericial. De este modo, la LA establece únicamente normas sobre la prueba pericial, de singular importancia en el arbitraje contemporáneo —dada la elevada complejidad técnica de los litigios—, pero serán de aplicación sólo en defecto de voluntad de las partes. Estas normas están encaminadas a permitir tanto la denominada pericial de parte (art. 32.3 LA) —o los dictámenes emitidos por peritos designados directamente por las partes— como la denominada pericial arbitral (art. 32.1 LA) —los informes emitidos por peritos designados, de oficio o a instancia de parte, por los árbitros; pero, en ambos casos, la LA promueve la garantía de la debida contradicción respecto de la pericia practicada (Exposición de Motivos, apartado VI, párrafo 7.° y art. 32 LA).

Respecto a la pericial de parte, los litigantes cuentan con la facultad de aportar dictámenes periciales por peritos libremente designados, salvo acuerdo en contrario (art. 32.3. LA). No indica la ley arbitral ningún instante determinado en el que deban ser aportados dichos informes al procedimiento arbitral. Ya hemos destacado que no entran aquí en juego las reglas propias de los procesos judiciales en cuanto a requisitos de demanda y contestación, documentos a acompañar o la preclusión (Exposición de Motivos, apartado VI, párrafo 5 LA). De hecho, la aportación de documentos no es una obligación de las partes sancionada con la preclusión procesal, sino que se configura como una mera facultad de los litigantes y las alegaciones también puede mutarse a lo largo del procedimiento arbitral (art. 29 LA).

Respecto a la pericial arbitral, los árbitros podrán nombrar, de oficio o a instancia de parte, uno o más peritos para que dictaminen sobre materias concretas, salvo pacto en contra. En desarrollo de la anterior potestad arbitral, el órgano también cuenta con el atributo de requerir la colaboración de cualquiera de las partes en lo que le ataña el objeto de la pericia pues puede conminar a cualquiera de las partes para que facilite al perito toda la información pertinente, le presente para su inspección todos los documentos u objetos pertinentes o les proporcione acceso a ellos. (art. 32.1. LA). Pero dicha potestad no va aparejada a la regulación de cuales podrían ser las consecuencias para el litigante que no se avenga a colaborar con el perito. Ante la inexistencia de sanciones o repercusiones algunas en LA, parece que la única opción del órgano arbitral para conseguir la adecuada cumplimentación de la pericia sería recurrir a la prevista asistencia judicial a fin de que este órgano requiera la información o los documentos pertinentes (art. 33 LA).

4.5. Acuerdo de oficio de la prueba

Los árbitros pueden, además, decidir de oficio la práctica de pruebas (art. 25.2 LA). Especialmente, se recoge la potestad arbitral de acordar por propia iniciativa pruebas periciales (art. 32 LA). El arbitraje de consumo recoge, igualmente, dicha potestad, pues, cuando decidan sobre la admisión de las pruebas, pueden «determinar de oficio otras pruebas complementarias», con las únicas condiciones procedimentales de su necesidad y pertinencia, ya que las mismas han de ser consideradas necesarias para «la solución del litigio» (art. 42.1 RDAC 2024). Pero, el texto añade una consideración añadida para el acuerdo de pruebas de oficio: la revisión de la disponibilidad presupuestaria, ya que esta debe permitir ese gasto, que lo asume directamente la Junta arbitral (art. 42.4 RDAC 2024).

Se trata de una regla inquisitiva por cuanto otorga facultades al árbitro en detrimento de la exclusividad y prioridad de la iniciativa de las partes y, en definitiva, representa una merma comparativa respecto al principio dispositivo y aportación de parte que rige el proceso jurisdiccional. Este margen de actuación puede llevar en ciertos casos a poner en compromiso la debida imparcialidad del órgano arbitral, por ejemplo, cuando se acuerden pruebas que, claramente y a priori, su resultado va a beneficiar a una de las partes en detrimento de los intereses de la otra, sin que la beneficiada haya instado práctica alguna.

4.6. Práctica

4.6.1. *Las audiencias y por escrito*

También se encuentra bajo control de los árbitros la práctica de la prueba (art. 25.2 LA). Como señala la Ley arbitral, frente a la escritura en ciertos casos del procedimiento, la regla es la celebración de audiencias para la práctica de pruebas. Con esta medida —que predetermina un lugar, día y hora para la celebración y, por tanto, la intervención de las partes— se quiere evitar, además, que la inactividad de las partes pueda paralizar el arbitraje o comprometer la validez del laudo (Exposición de Motivos, apartado VI, párrafo 6 LA).

De esta manera, aunque corresponde al órgano arbitral decidir sobre si se celebrarán audiencias para la práctica de las pruebas o si se sustanciarán tan solo por escrito, salvo acuerdo contrario de las partes, sin embargo la LA determina que los árbitros señalarán dichas audiencias en la fase apropiada de las actuaciones; para ello debe converger que cualquiera de las partes lo haya solicitado previamente —lo que se suele realizar en los escritos de alegaciones como la demanda y la contestación— y que no exista previa prohibición pactada por las partes acerca de la celebración de audiencias (art. 30.1 LA). De hecho, señala MUNNÉ CATALINA que no excluye que «en algún supuesto pueda acordarse llevar a cabo un interrogatorio de persona física o jurídica por escrito, cuando lo solicite una parte de forma justificada y el árbitro lo estime apropiado»[77].

El arbitraje promovido por el consumidor en el Sistema Arbitral de Consumo también determina la práctica de las pruebas en el «acto de celebración de audiencia»; si bien cabe su desarrollo en otra ocasión, cuando sea imposible su práctica durante dicho acto, pero, en tal caso, el órgano arbitral deberá adoptar «las medidas necesarias para garantizar los principios de igualdad y contradicción entre las partes» en el momento que dichas pruebas se lleven a cabo (art. 42.1, párrafo 2.ª RDAC 2024). En todo caso, el acuerdo del órgano arbitral sobre la práctica de la prueba en momento diferente del acto de audiencia será notificado a las partes con expresión de la fecha, hora y lugar de celebración, a tal efecto habrá que convocar a las personas consumidoras y empresariales a la práctica de aquellas pruebas en las que sea posible su presencia (art. 42.1, párrafo 2.ª RDAC 2024). Una previsión interesante de cara a la evitación de fracasos por inasistencia a la audiencia por motivos justificados, como por enfermedad, o cuando el medio probatorio así lo requiera, como el caso de la práctica de reconocimiento de lugares o cosas.

Las partes serán citadas a todas las audiencias con suficiente antelación (art. 30.2 LA). MUNNÉ CATALINA tacha esta regulación como un «concepto indeterminado que, en aras del derecho de defensa, debe ponderarse en función de las circunstancias del caso, según cual sea el objeto de la audiencia, el volumen de las pruebas a practicar en la misma, y sobre todo la sede en que se vaya a llevar a cabo dicha audiencia y su distancia respecto del lugar en el que radiquen los domicilios de las partes y los de sus representantes»[78].

En cuanto a su intervención y trato por el órgano arbitral, deberán respetarse los principios de igualdad, audiencia y contradicción, aunque se mantiene la obligación de guardar la confidencialidad de lo conocido con ocasión del procedimiento arbitral (art. 24 LA). Podrán intervenir en ellas directamente o por medio de sus representantes (art. 30.2 LA).

Como se dispone respecto al procedimiento arbitral en general, las partes podrán pactar la forma concreta en la que se desarrollan las audiencias y a falta de acuerdo será suplida por el órgano arbitral, que lo podrán dirigir conforme al modo en el que lo consideren más apropiado, con sujeción a la Ley Arbitral (art. 25 LA). Siguiendo a MUNNÉ CATALINA la opción entre oralidad o escritura se subordina en todo caso a la voluntad de las partes. Señala este autor que «en primer lugar, debe de estarse a lo acordado por las partes o a

77 Frederic MUNNÉ CATALINA, «Las pruebas personales en el arbitraje», *Op. Cit.*, pág. 290.

78 Frederic MUNNÉ CATALINA, «Las pruebas personales en el arbitraje», *Op. Cit.*, pág. 295.

su aceptación de un arbitraje institucional o de un reglamento arbitral, cuyas normas se equiparan al pacto entre las partes; y, en segundo lugar, de forma subsidiaria, deberá de atenderse a la petición de cualquiera de las partes de celebrar la audiencia, bastando a tal efecto que una sola de las partes solicite dicha oralidad para que deba celebrarse necesariamente la audiencia interesada»[79]. Solo en defecto de pacto debe operar el señalamiento de audiencias, pues constituye «la regla general», tal y como recoge el apartado I de la Exposición de Motivos de la LA.

Indudablemente, la fórmula oral es mucho más garantista, pues permite a las partes contar con oportunidad inmediata de preguntar y de repreguntar, de manera que vayan adecuando sus interrogaciones a lo que el destinatario de la prueba vaya respondiendo. Además, procura la inmediación del árbitro, quien puede depurar los resultados mediante sus propias preguntas. La opción de someter al testigo o perito a un interrogatorio predeterminado por escrito debe, en todo caso, conllevar su previo traslado, una vez admitido, a la parte contraria con el objetivo que pueda aportar también sus repreguntas, porque, en caso contrario, se dañaría el principio de contradicción e igualdad de armas.

En cuanto a los efectos de la pasividad de alguna de las partes respecto a su prueba respectiva, como el hecho de no comparecer a una audiencia o no presentar pruebas, el órgano arbitral cuenta con la facultad de hacer continuar el procedimiento e, incluso, de dictar el laudo con fundamento en las pruebas de que dispongan (art. 31 c) LA). Semejante disposición prevé el Sistema arbitral de Consumo, pues, la inactividad o incomparecencia en cualquier momento del procedimiento, incluida a la audiencia, no impedirá que se dicte el laudo ni que este cuente con eficacia «siempre que el órgano arbitral pueda decidir el litigio con los hechos y documentos que consten en la solicitud de arbitraje y su contestación» (art. 43.1 RDAC 2024). Pero dicho Reglamento va más allá, al establecer una prohibición relativa a los efectos que de dicha mera inactividad puedan deducirse a fin de obtener la decisión del laudo, porque ni el silencio, la falta de actividad o la incomparecencia de las partes no se considerará como allanamiento o admisión de la pretensión o de los hechos alegados por la otra parte (art. 43.2 RDAC 2024).

Por lo que se refiere a la prueba pericial, aunque, en principio, no es precisa la intervención oral y personal del perito para la validez del dictamen, se prevé una posible asistencia del perito a la audiencia, pues todo perito, después de la presentación de su dictamen, deberá participar en una audiencia en la que los árbitros y las partes, por sí o asistidas de peritos, podrán interrogarle cuando se presenten las siguientes circunstancias: a) Cuando una parte lo solicite o bien cuando los árbitros lo consideren necesario; y b) que no haya pacto en contrario por las partes (art. 32.2 LA).

79 Frederic MUNNÉ CATALINA, «Las pruebas personales en el arbitraje», *Op. Cit.*, pág. 284.

Respecto a las actuaciones escritas también se han de guardar los principios de igualdad, audiencia y contradicción (art. 24 LA) porque, las alegaciones, documentos y demás instrumentos que una parte aporte a los árbitros se dará traslado a la otra parte. Asimismo, se pondrán a disposición de las partes los documentos, dictámenes periciales y otros instrumentos probatorios en que los árbitros puedan fundar su decisión (art. 30.2 LA).

4.6.2. *Orden y forma*

Nada se determina en la ley, si bien en la práctica deben reinar los principios de igualdad, audiencia y contradicción, sin que se provoque una falta de oportunidad respecto a la otra de hacer valer sus derechos (art. 24 LA). Más allá de esto, si no hay acuerdo procedimental de las partes, el orden y la forma concreta en la que desarrollen las sesiones constituye una facultad de los árbitros, la de dirigir el arbitraje del modo que consideren más apropiado (art. 25.2 LA). Por eso, Munné Catalina, con razón a nuestro juicio, sostiene que «es aconsejable que el árbitro explicite, si no lo han acordado las partes o lo concreta el reglamento arbitral, los principales criterios que vaya a seguir para practicar los interrogatorios admitidos, en cuanto al orden en ser interrogadas las distintas personas, los turnos en que puedan intervenir las partes para interrogar, la forma de interrogar, los límites de tiempo, etc. para permitir a las partes preparar y adecuar sus defensas a tales criterios con conocimiento previo de los mismos»[80].

Tampoco hay previsión sobre el régimen de las respuestas al interrogatorio, ni su grado de veracidad, de claridad o precisión, o de extensión por lo que, a falta de acuerdo que lo determine, el propio árbitro deberá fijar los respectivos criterios. Ni siquiera se define el efecto que el silencio o las respuestas evasivas han tener en la valoración probatoria, pero parece que la institución legisladora no quiso otorgar a estas conductas de la persona sometida a interrogatorio como sinónimo de asunción. La predisposición de fundar el laudo en las pruebas disponibles, aunque se produzca la incomparecencia de alguna parte a una audiencia (art. 31.c LA) induce a pensar que se huye de cualquier resquicio de prueba legal o tasada, aunque se deja siempre a salvo el pacto a favor.

Aunque del sometimiento al convenio arbitral supone el sometimiento de las partes y el cumplimiento de las órdenes arbitrales (art. 25.2 LA), no se prevé ninguna consecuencia o gravamen para quien lo incumpla, por ejemplo, por incomparecencia a una prueba de interrogatorio de parte.

---

80 Frederic Munné Catalina, «Las pruebas personales en el arbitraje», *Op. Cit.*, pág. 301.

4.6.3. *Lugar de la práctica*

La prueba se practicará como regla general en el lugar del arbitraje libremente pactado por las partes o, en defecto de dicho acuerdo, en el lugar del arbitraje determinado por los árbitros, una vez revisadas las circunstancias del caso y tenida en cuenta la conveniencia de las partes. Pero, nuevamente, se atribuye a los árbitros la potestad de reunirse en cualquier lugar que estimen apropiado para oír a los testigos, a los peritos o a las partes, o para examinar o reconocer objetos, documentos o personas. Los únicos requerimientos para adoptar estas decisiones son que se someta a previa consulta a las partes y que no exista un acuerdo en contrario de las partes (Art. 26 LA).

El término «cualquier lugar» es muy amplio, pero se echa en falta la mención a la posibilidad de realizar este tipo de actos probatorios de carácter personal mediante videoconferencia, en los supuestos de la práctica de prueba de declaración de partes, testigos o peritos. En estos casos particulares, el uso de las tecnologías audiovisuales por el órgano arbitral superaría la necesidad de asistencia judicial en la práctica de pruebas y, como sustituto a tal ayuda externa, podría cumplir un doble cometido. Por un lado, permitir el acercamiento de la fuente al órgano de decisión, con efectos favorables en la aplicación del principio de inmediación. Por otro, supone un importante ahorro de tiempo y de recursos, con repercusiones en la eficiencia y agilidad del procedimiento. En el arbitraje regulado en la LA no se prevé ninguna posibilidad concreta al respecto. Sin embargo, la preferencia por el acuerdo de las partes respecto al procedimiento arbitral y su notable flexibilidad, creemos que la mención «cualquier lugar» permite que las partes pacten su utilización o, incluso, cabe que el tribunal arbitral acuerde su utilización, también de oficio (art. 25 LA). El arbitraje de consumo, incluso, RDAC 2024, establece la videoconferencia como uno de los medios para ofrecer audiencia a las partes (art. 41 RDAC 2024). Planteamos nuestra propuesta en el último apartado del presente capítulo.

4.6.4. *Idioma de la práctica*

Prima de nuevo la libertad de pacto sobre el idioma del arbitraje, pero en su ausencia o cuando sea imposible decidir *ad hoc*, el arbitraje se tramitará en cualquiera de las lenguas oficiales correspondientes al lugar donde se desarrollen las actuaciones. Dicho idioma se empleará tanto en los escritos de las partes como en las audiencias, y en los laudos y en las decisiones o comunicaciones de los árbitros.

Esto afecta a todos los operadores jurídicos intervinientes: él órgano arbitral y las partes. Pero, con el fin de evitar el uso fraudulento de este derecho de la parte, con finalidad dilatoria, cuando una parte alegue que desconoce la lengua utilizada tendrá derecho a audiencia, contradicción y defensa en la lengua que utilice. Eso sí, esta alegación no puede conllevar la paralización del proceso.

La obligación de usar la lengua en la que se desarrolle el arbitraje no alcanza a los terceros intervinientes, bien sean testigos, peritos o cualquier otra persona ajena al litigio. Estas personas podrán utilizar su lengua propia tanto en las actuaciones orales como en las escritas, pero en tal caso, cabe la habilitación de un intérprete. La única condición del mismo es que sea conocedor de la lengua utilizada y que preste juramento o promesa, no se requiere formación o titulación alguna (Art. 28.1 LA).

Por su parte, el idioma de los documentos aportados posee un régimen especial porque los árbitros, salvo oposición de alguna de las partes, podrán ordenar que, sin necesidad de proceder a su traducción, cualquier documento sea aportado o cualquier actuación realizada en idioma distinto al del arbitraje (Art. 28.1 LA). No obstante, como pone en evidencia MUNNÉ CATALINA en esto la legislación española no sigue a la Ley Modelo UNCITRAL, si una parte alega desconocimiento del idioma del arbitraje tiene derecho a «audiencia, contradicción y defensa en la lengua que utilice». Y por ello, no sólo las propias partes al ser interrogadas, sino incluso sus representantes pueden utilizar en las audiencias otro idioma distinto al del arbitraje, aunque entendemos que en tal caso deberán de correr a su cargo el coste de traducción[81].

4.6.5. *Registro de la práctica probatoria*

Nada recoge la Ley arbitral, y ello a pesar de la tremenda relevancia que tiene la documentación de la interlocución probatoria de cara a un posible intento de anulación del laudo, ya que el art. 41 LA exige a la parte para su prosperidad tanto que alegue y como que pruebe. Coincidimos con MUNNÉ CATALINA en que esta puede consistir «tanto en un acta suscrita por las partes, ya sea literal o sucinta que se limite a reflejar lo celebrado y las eventuales incidencias, o bien sea su grabación íntegra mediante *cualquier soporte accesible para su ulterior consulta*»[82], como pudiera ser el soporte digital. Este último término es el empleado para documentar otros actos como el convenio arbitral y el laudo, según recogen los arts. 9.3 y 37.3 LA. En esto el procedimiento arbitral tiene que contagiarse del proceso jurisdiccional, donde hoy en día, el registro audiovisual de vistas es indubitado.

4.6.6. *Efectos del plazo para emitir el laudo y de la posibilidad de su prórroga*

La LA determina un plazo para emitir el laudo. Este se extiende a los seis meses siguientes a la fecha de presentación de la contestación o, en su defecto, a la fecha de expiración del plazo para presentarla, aunque se salva

81 Frederic MUNNÉ CATALINA, «Las pruebas personales en el arbitraje», *Op. Cit.*, pág. 296.

82 Frederic MUNNÉ CATALINA, «Las pruebas personales en el arbitraje», *Op. Cit.*, pág. 296.

el posible acuerdo en contra de las partes (art. 37.2 LA). La experiencia de tomar la referencia de cómputo desde la aceptación de los árbitros reveló inconvenientes como la imposibilidad de cumplimiento en múltiples ocasiones, lo excesivamente rápido del tiempo concedido para tramitar, que provocaba la omisión de ciertos actos de alegación y, especialmente, de prueba derivados de la exigencia de atender el plazo para dictar el laudo (Exposición de Motivos, apartado VII, párrafo 6.º).

A fin de otorgar cierta elasticidad al procedimiento y permitir que se culminen las actividades alegatorias y probatorias pertinentes, este plazo podrá ser prorrogado por los árbitros, por un plazo no superior a dos meses. Destaca que dicha prorroga puede ser acordada por los árbitros directamente, es decir, no precisa el acuerdo de todas las partes (Exposición de Motivos, apartado VII, párrafo 6.º); eso sí, deberá acordarse mediante decisión motivada (art. 37.2 LA).

La expiración del plazo sin que se haya dictado laudo definitivo no afectará a la eficacia del convenio arbitral ni a la validez del laudo dictado, salvo acuerdo en contrario de las partes. Pero la responsabilidad en que hayan podido incurrir los árbitros por la dilación indebida del procedimiento se mantiene (art. 37.2 LA). Esta medida pretende favorecer la marcha del procedimiento y poner sobre los hombros del órgano arbitral la responsabilidad por retrasos sin fundamento o justificación (Exposición de Motivos, apartado VII, párrafo 6.º).

Por lo que se refiere al arbitraje de consumo, el plazo para dictar el laudo es aún más raudo, ya que se extiende a tan solo noventa días naturales contados desde que se acuerde el inicio del procedimiento. Además, el día final del cómputo va más allá de la fecha de su dictado aplicable al arbitraje en general porque RDAC 2024 alcanza al día de la notificación (art. 45.1 RDAC 2024). Este último detalle favorece las garantías del consumidor, al evitar conductas irregulares del órgano arbitral, como fijar como fecha del laudo un día dentro del plazo y no notificar hasta meses después, cuando ya ha trascurrido con creces el tiempo preestablecido. Aquí no se reconoce valor alguno al pacto contrario por las partes. También el arbitraje de consumo prevé la posibilidad de prórroga, en este caso de noventa días más, cuando se presenten casos de especial complejidad. Ante los mismos, el órgano arbitral podrá acordarla también a través de una decisión motivada (art. 45.2 RDAC 2024).

4.6.7. *Posible asistencia judicial para la práctica de pruebas*

La obtención de la tutela arbitral precisa de la práctica de pruebas que, en ocasiones, encuentra obstáculos debidos a motivos territoriales —como, por ejemplo, el lugar donde se enclava la fuente de prueba que se pretende y que no se encuentra al alcance del órgano arbitral— y en otras ocasiones, el órgano arbitral precisa de apoyo judicial para la práctica de unas diligencias que puedan hacer posible el desarrollo de la prueba en el propio seno del procedimiento arbitral. Pero en todo caso, dicha intervención se halla sujeta al principio de intervención mínima que recoge el art. 7 LA. La STC 17/2021, de 15 de febrero, afirma que el arbitraje «es un sistema heterónomo de resolución de conflictos, al que es consustancial la mínima intervención de los órganos jurisdiccionales por el respeto a la autonomía de la voluntad de las partes (art. 10 CE)»[83] A este tipo de ayuda judicial se refiere el art. 33 LA y nos remitimos al capítulo siguiente en cuanto ofrece un estudio detallado del tema.

5. Propuesta de mayor margen de autosuficiencia e inmediatividad del arbitraje para la práctica directa de pruebas personales mediante la utilización de la videoconferencia

En el ámbito del arbitraje, si bien prima la libertad de pacto sobre el procedimiento a seguir en las actuaciones, la falta de acuerdo otorga a los árbitros poderes plenos de dirección del procedimiento (art. 25 LA). En todo caso, su potestad declarativa, consistente en emitir el laudo (art. 34 LA), se complementa con la atribución de decidir sobre admisibilidad, pertinencia y utilidad de las pruebas, sobre su práctica, incluso de oficio, y sobre su valoración (art. 25.2 LE). Además, con independencia de que el procedimiento pueda ser de predominio escrito, la regla es la celebración de audiencias para la práctica de pruebas (Exposición de Motivos. VI LA y Art. 30.1 LA). De este modo, a menos que las partes hubiesen convenido que no se celebren audiencias, los árbitros las señalarán en la fase apropiada de las actuaciones, si cualquiera de las partes lo solicitara (art. 30 LA). Esto nos lleva a dos principios procesales entrelazados: el principio de oralidad y el principio de inmediación.

La función declarativa asignada a este órgano obtendrá mayor calidad si las pruebas han sido apreciadas directamente por el árbitro. El obstáculo a la inmediación puede presentarse cuando es preciso que sea el órgano judicial el que practique directamente la prueba cuya decisión corresponde al árbitro. En esos casos, el órgano arbitral tan sólo recibe el resultado de la práctica, pero no ha podido estar presente en el recabo de la prueba y tampoco ha tenido ocasión de participar activamente.

Como medidas que atenúen esta falta de proximidad a la fuente probatoria por parte del órgano arbitral se encuentra, en primer lugar, el uso directo de la videoconferencia desde la sede arbitral utilizada para recabar la prueba personal lejana o inaccesible físicamente por cualquier motivo. Y, en segundo lugar, sólo en el caso de que dicho medio directo fracase, entonces debe, a nuestro juicio, entrar en juego la asistencia judicial.

83 La STC 17/2021, de 15 de febrero, FJ 2.

El uso directo de la videoconferencia desde la sede arbitral con el destinatario de la prueba conlleva una mejor atención del principio de intervención mínima del art. 7 LA —al que nos hemos referido antes—, por cuanto el árbitro preserva el control de la práctica probatoria. Además, el principio de inmediación obtiene a través de este recurso una solución preferible a que la prueba se obtenga a través un tercero, el órgano judicial. Así, este sistema permite adquirir una proximidad a la fuente mucho mayor que no tener ninguna, como en el caso de ser el tribunal quien recabe la prueba que luego deberá valorar el árbitro. A esto se suma que supone un importante ahorro de tiempo y de recursos, con repercusiones en la eficiencia y agilidad del procedimiento.

En cuanto al encaje de esta herramienta en la regulación del sistema arbitral, aunque en el arbitraje comercial regulado en la LA no prevé ninguna posibilidad concreta al respecto, sin embargo, la preferencia por el acuerdo de las partes respecto al procedimiento arbitral y su notable flexibilidad permite que las partes pacten su utilización o, incluso, cabe que el tribunal arbitral acuerde su utilización, incluso de oficio (art. 25 LA). El caso del arbitraje de consumo es mucho más expresa la admisión porque, el RDAC 2024, establece la videoconferencia como uno de los medios para ofrecer audiencia a las partes (art. 41 RDAC 2024).

Pero, este sistema audiovisual puede ser inejecutable y el principal obstáculo lo constituye la ausencia de efectos coercitivos para el destinatario de la prueba de cualquier acuerdo al respecto por parte del órgano arbitral, debido a su falta de *potestas*, como hemos explicado.

Como segunda medida tendente a favorecer la autonomía arbitral la constituye que la intervención judicial en la ejecución directa de la prueba solo debe caber de forma residual a la anterior propuesta. Compartimos con SALORIO DÍAZ, que, para que no se vea menoscabado dicho principio, se deberá solicitar la asistencia judicial siempre y cuando este resultado sea imprescindible[84]. Por tanto, sólo en el caso de que esto no pueda culminarse por el árbitro, los resultados de la producción probatoria judicial deben ofrecerse al órgano arbitral mediante la entrega de la grabación audiovisual de la declaración del destinatario de la prueba, bien sea en comparecencia física o virtual, ya que, según las últimas reformas, ambas opciones caben, como veremos en su capítulo correspondiente. De hecho, MUNNÉ CATALINA sostiene que «en aras de preservar la inmediación de los árbitros y la más adecuada valoración de la prueba por parte de los mismos (art. 25.2 LA) es aconsejable hacerlo mediante sistemas de grabación y reproducción de la imagen y el sonido (art. 147 LEC) o bien mediante videoconferencia u otro sistema de comunicación bidireccional como disponen «las normas que le son aplicables sobre medios de prueba» (art. 33 LA) y en concreto el art. 229.3 LOPJ»[85].

84 Juan M SALORIO DÍAZ, «Procedimiento», *Op. Cit*, pág. RB-5.20

85 Frederic MUNNÉ CATALINA, «Las pruebas personales en el arbitraje», *Op. Cit.*, pág. 292.

Finalmente, una cuestión delicada la constituye la suma de condiciones bajo las que, en cualquiera de los casos, la práctica de la prueba personal se lleva a cabo mediante videoconferencia. Esta debe preservar una serie de garantías, algo de lo que nos ocuparemos en los capítulos 3, 4 y 5 de este trabajo.

CAPÍTULO 2

LA ASISTENCIA JURISDICCIONAL AL ARBITRAJE EN MATERIA PROBATORIA

1. Justificación y naturaleza

El artículo 117.3 CE determina la exclusividad a la jurisdicción acerca de la potestad de juzgar y de hacer ejecutar lo juzgado. No obstante, la institución legisladora ha asignado determinadas potestades declarativas a los árbitros que culminan en el dictado del laudo. Estas decisiones precisan de una actividad probatoria previa cuya regulación se caracteriza por un amplio margen de consensualidad. Durante dicha fase, una vez valorada por los árbitros la necesidad y pertinencia de la práctica de una prueba, puede ocurrir que existan obstáculos que hagan imposible llevarla a cabo a través de los medios y dentro de las facultades propias del arbitraje. Estos obstáculos pueden venir de la mano de la distancia física del lugar donde se halla la fuente de prueba respecto al lugar del arbitraje o bien la ausencia de infraestructura suficiente. Como hemos sugerido en el capítulo precedente, también el intento de recoger el árbitro la prueba mediante videoconferencia directa con la persona interrogable puede no resultar fructuosa. Incluso, la falta de facultades coercitivas de los árbitros implica representar un impedimento, ya que estos no cuentan con la potestad de compeler a los destinatarios de la prueba para que accedan a la práctica acordada. La inejecución de las pruebas conlleva el riesgo de dejar en el limbo la práctica de pruebas cuyo resultado, en algunos casos, puede alcanzar gran relevancia de cara la orientación del laudo.

Precisamente y como advierte GONZÁLEZ-MONTES SÁNCHEZ, la falta de poder coercitivo «implica la necesidad de acudir como recurso a los jueces en apoyo de una actuación de alguna parte o un tercero que no desea cumplir voluntariamente a propósito del procedimiento arbitral»[86]. Como señaló CARRERAS LLANSANA, dicha ausencia de poder conminador de los árbitros dimana, precisamente, del hecho de no contar estos con la denominada *potestas* que implica un poder ejecutivo e imperativo, y solo son titulares de la denominada *autoritas* o facultad meramente declarativa[87]. Además, como subraya LAPIEDRA ALCAMÍ, los árbitros no pueden proceder contra terceros

86 José Luis GONZÁLEZ-MONTES SÁNCHEZ, *La asistencia Judicial al arbitraje (Ley 600/2003, de 23 de diciembre)*, Reus, Madrid, 2009, pág. 13.

87 Jorge CARRERAS LLANSANA, «Las fronteras del Juez», *Estudios de Derecho Procesal*, 1962, pág. 11.

ajenos al acuerdo arbitral debido al fundamento contractual del arbitraje[88] y, como apunta CARO CATALÁN, a la consecuente aplicación del principio de relatividad contractual[89].

Entra aquí en juego la facultad que habilita al arbitraje para requerir a la jurisdicción su apoyo en la práctica de ciertas pruebas. Constituye una de las tradicionales funciones de apoyo judicial al arbitraje, según Exposición de Motivos, apartado VI, párrafo 8 de la LA. Esta medida se asumió por la LA en base a la recomendación de la Asamblea General de la Naciones Unidas en su Resolución 40/72, de 11 de diciembre de 1985 referente al contenido de la *Ley Modelo elaborada por la Comisión de las Naciones Unidas para el Derecho Mercantil Internacional, de 21 de junio de 1985 (Ley Modelo de CNUDMI/ UNCITRAL)*.

En todo caso, el origen del arbitraje, el acuerdo entre las partes en conflicto, supone su fundamento pero, paralelamente, su limitación, de tal manera que aquellas actuaciones probatorias que requieren de la intervención de terceros —como testificales o documentales que requieran aportación o exhibición por parte de personas ajenas al procedimiento arbitral, o cuyo emplazamiento escape de las posibilidades del arbitraje—, necesitarán de la ayuda jurisdiccional a través de la denominada asistencia judicial, cuyos detalles abordamos en este capítulo.

2. Virtualidad del principio de intervención mínima de la jurisdicción y el régimen de obtención de pruebas

La libre disposición de las partes materializada en el pacto de sometimiento delimita el alma del arbitraje y conlleva el efecto positivo de que sólo los árbitros están facultados para resolver el conflicto mediante el laudo. Y, paralelamente, dicha atribución convencional, implica el efecto negativo consistente en excluir a los órganos jurisdiccionales de competencia para conocer el asunto en cuestión. De ahí deriva la definición del recurso a la declinatoria como método de denuncia de falta de jurisdicción por haberse sometido a arbitraje que recoge el artículo 39 LEC.

La LA se decanta por establecer la regla general de no intervención de los tribunales en el arbitraje, pero, sabidas ciertas necesidades de ayuda, contempla solo algunos casos que cuentan con carácter de excepcionales (art.

88 Rosa LAPIEDRA ALCAMÍ, «Intervención judicial en el arbitraje y tutela cautelar», *Mediación, arbitraje y jurisdicción en el actual paradigma de la justicia,* obra colectiva, Silvia BARONA VILAR (Coord.), Civitas, Madrid, 2016, pág. 441.

89 José CARO CATALÁN, *El aseguramiento de la prueba en el arbitraje*, *Revista Vasca de Derecho Procesal y Arbitraje,* 2020, pág. 186.

7 LA). Dichas excepciones se encuentran recogidas en el art. 8 LA, donde, expresamente, se contempla la asistencia judicial en la práctica de pruebas (art. 8.2 LA), lo que constituye objeto de este trabajo.

La mencionada contención se manifiesta, por tanto, en el principio de intervención mínima que ilustrará, además, la forma de interpretar el alcance de los casos de asistencia, es decir, por un lado, en qué casos será derivable la práctica de prueba al órgano judicial; y, por otra parte, hasta donde llegan las facultades judiciales una vez arriban las solicitudes de ayuda procedentes de los árbitros.

A la hora de valorar el órgano arbitral si una prueba en particular es susceptible de requerir que el órgano judicial sea el encargado de practicarla en aplicación del principio de intervención mínima, desde luego, como advierte Ordoño Artés, si los árbitros pueden practicar la prueba por sí mismos, se prescindirá de la asistencia judicial[90]. De idéntica opinión es Munné Catalina, quien afirma que la asistencia judicial para lograr la eficacia de la tutela arbitral «debe estar basada en razones de necesidad»[91].

Por lo que se refiere al alcance de las facultades judiciales, una vez que la solicitud probatoria llega al órgano judicial y esta consiste en que la jurisdicción lleve a cabo directamente su práctica, el principio de intervención mínima también despliega sus efectos que, además, se recogen expresamente en la LA. Así, en primer lugar, es precisa la solicitud expresa por parte de los árbitros, porque, en caso contrario, el tribunal sólo acordará las medidas necesarias para que la prueba la desarrolle el árbitro. Así lo ha advertido Salorio Díaz, al poner de manifiesto que, de lo contrario, el Juzgado se limitará a acordar, sin más, las medidas que se consideran necesarias para que la práctica probatoria se pueda desarrollar con normalidad, permaneciendo la dirección del procedimiento en poder del órgano arbitral (art. 33.2 LA)»[92].

Cuesta comprender o visualizar la efectividad de esta prescripción porque, en el supuesto de no constar dicha solicitud de práctica directa por el tribunal ¿qué tipo de medidas tendentes a que sea el árbitro quien lleve a cabo la práctica probatoria en cuestión acordará el tribunal? Si dichas medidas no se manifiestan en la solicitud, poco margen tiene el tribunal de averiguarlas; esto dará pie a que, sencillamente, se devuelva la solicitud al órgano arbitral

90 Carmen Ordoño Artés, «Asistencia judicial para la práctica de la prueba en la Ley de Arbitraje», *Estudios sobre arbitraje: los temas claves*, José Luis González Montes (Coord.), La Ley, 2008, pág. 117.

91 Frederic Munné Catalina, «Las pruebas personales en el arbitraje», en *La prueba a debate. Diálogos hispano-cubanos*, obra colectiva, Joan Picó i Junoy y Carlos de Miranda Vázquez (dirs). Bosh, 2021, pág. 291.

92 Juan M. Salorio Díaz, «Procedimiento», en *Arbitraje de Consumo: sistema y procedimiento*, Aranzadi, 2019, p. RB-5.20

sin cumplimentar, con posibilidad, eso sí, de volver a librar la solicitud con las menciones expresas preceptivas.

La ayuda judicial podrá consistir bien en que el tribunal practique determinadas pruebas o bien otras medidas que permitan a los árbitros practicarlas por sí mismos. Entre estas últimas se incluyen, por ejemplo, medidas de aseguramiento de la prueba (art. 297 LEC y Exposición de Motivos, apartado VI, párrafo 8 LA), requerimientos de exhibición de documentos (arts. 329.2, 330 y 331 LEC), el apercibimiento al testigo que no comparece (art. 292.2 LEC), las medidas del tribunal destinadas al reconocimiento de bienes (art. 354 LEC); todas relacionadas con la Exposición de Motivos, apartado VI, párrafo 8 y art. 33.1 LA.

En el supuesto de que la solicitud contenga la petición expresa de que sea el tribunal quien lleve a cabo la práctica probatoria, entonces, la misma habrá de ejecutarse según las normas jurisdiccionales aplicables al caso (art. 7 LA, *sensu contrario*) que se determinan en los arts. 299-386 LEC y el tribunal la asumirá bajo su exclusiva dirección y responsabilidad (art. 33 LA). Ahora bien, las facultades judiciales cuentan con cierta limitación porque el juez competente para asistir a los árbitros no puede entrar a valorar sobre la pertinencia o utilidad de la prueba en cuestión, ya que la actividad de admisión de la prueba es competencia del árbitro (art. 25.2 LA) y tiene aplicación el art. 7 LA —delimitadora de la intervención judicial como subsidiaria—. En todo caso, quedarán a salvo los casos de prueba ilícita, de manera que solo puede denegar la actividad solicitada cuando lo pedido se considere que incurre en tal vicio, tal y como sanciona el art. 287 LEC.

Por otra parte, el asunto de la competencia territorial también puede implicar ciertos matices. De este modo, cuando es el tribunal competente para ejecutar directamente la prueba se encuentre en el territorio nacional, la solicitud se cursará directamente y no precisará de mayores permisos, bien al tribunal correspondiente a la sede arbitral o bien a aquel donde deba prestarse la asistencia (art. 8.2 LA). Sin embargo, cuando el tribunal competente para ejecutar directamente la prueba se encuentre fuera de España, esto suscita la facultad añadida de que el órgano jurisdiccional español competente de primera mano en todo caso —el de la sede arbitral— pueda derivar su cumplimiento a un tribunal extranjero. Como revela SANCHEZ LORENZO, «la posibilidad de utilizar estos mecanismos de auxilio judicial internacional es puramente indirecta, pues exige la intervención del juez de apoyo correspondiente a la sede arbitral, a quien se cursará la solicitud de asistencia para la obtención de una prueba o la práctica de un acto de instrucción y que, a su vez, procederá como autoridad judicial a poner en marcha el mecanismo de auxilio judicial internacional por las autoridades de otro Estado»[93]. Señala

93 Sixto SANCHEZ LORENZO, «El principio de mínima intervención judicial en el arbitraje comercial internacional», *Arbitraje,* vol. IX, n.º 1, 2016, págs. 13-44, versión pre-print pág. 10.

dicho autor que la aplicación de los textos internacionales exige interpretar que los procedimientos jurisdiccionales de auxilio del arbitraje no se hallan excluidos de su ámbito de aplicación, aunque hay algunos autores en contra, como BLACKAB Y OTROS[94]. Nosotros entendemos que debe entenderse a favor de la tutela efectiva arbitral que el principio de intervención mínima en este caso debe matizarse en estos supuestos. De este aspecto de la cooperación judicial internacional nos ocuparemos en un capítulo posterior, a cuyo análisis nos remitimos.

Finalmente, la responsabilidad de la entrega al órgano arbitral del resultado de la diligencia acordada una vez finalizada corresponde al Secretario judicial —actual Letrado de la Administración de Justicia— pues, tanto el caso de meras medidas de apoyo como el de la práctica de prueba completa, entregará al solicitante testimonio de las actuaciones (art. 33.2 LA).

3. Legitimación activa

Con dicha facultad se cuenta en el arbitraje tanto comercial como de consumo. En el primer caso, porque se encuentra reconocido especialmente en el art. 33 LA. En el segundo, porque la LA resulta supletoria respecto a los asuntos no regulados por el RDAC 2024, según determina su Disposición Final segunda.1 y, efectivamente, nada determina el RDAC 2024.

En consecuencia, tanto los árbitros ordinarios como de los de consumo pueden instarla. Pero también cabe la solicitud directa por alguna de las partes concurrentes en dichos procedimientos, aunque dicha petición deberá cursarse con el visto bueno de los árbitros (art. 33.1 LA). De hecho, MUNNÉ CATARINA opina que «el único con facultades para solicitarla del Juez competente es el árbitro a quien se reserva de forma imperativa la aprobación de la petición de una parte o incluso la formulada de mutuo acuerdo por las partes»[95].

Ahora bien, como señala GONZÁLEZ-MONTES SÁNCHEZ los árbitros solo pueden estar obligados -y, por tanto, están obligados- a requerir la asistencia judicial que resulte cabalmente necesaria para conseguir llevar a cabo la práctica de prueba; lo contrario expone a las partes y crea indefensión. Si los árbitros desaprueban la solicitud de asistencia judicial formulada por una de las partes, cuando la asistencia es, sin embargo, necesaria, el laudo podrá luego ser objeto de una acción de anulación con causa en el art. 41.1. b) y f) de la LA, y, en su caso, los árbitros podrán ser responsables por daños

94 Nigel BLACKABY, Constantine PARTASIDES, Alan REDFERN y Martin HUNTER, *Redfern and Hunter on International Arbitration*, 5.ª ed., Oxford University Press, 2009, pág. 405.

95 Frederic MUNNÉ CATARINA, «Las pruebas personales en el arbitraje», *Op. Cit.*, pág. 292.

y perjuicios, ex art. 21 LA[96]. En esta línea, MUNNÉ CATARINA subraya que la aprobación por el órgano arbitral «debe quedar sometida al criterio de los árbitros sobre su pertinencia y utilidad (art. 25.2 LA)»[97].

4. Objeto de la solicitud de ayuda

Cuando el órgano arbitral se ve en la necesidad de acudir en ayuda de los órganos judiciales para cumplimentar la práctica de determinas pruebas, se contemplan dos modalidades de asistencia probatoria. Por un lado, encontramos lo que podemos llamar la asistencia completa pues consiste en la práctica de la prueba ante el tribunal competente sin intervención del árbitro. Por otro lado, hallamos la fórmula de una especie de asistencia accesoria porque consiste en la adopción por el tribunal de las medidas concretas que resulten necesarias para que la prueba pueda ser practicada directamente ante los árbitros (art. 33.1 LA).

El régimen aplicable para el caso de la iniciativa arbitral de asistencia completa judicial es diferente del procedente en el caso de la asistencia accesoria. De esta forma, la asistencia completa se regirá conforme a las normas jurisdiccionales aplicables al caso (art. 7 LA, *sensu contrario*) que se determinan en los arts. 299-386 LEC y el tribunal la asumirá bajo su exclusiva dirección y responsabilidad (art. 33 LA); todo ello, eso sí, con ciertas limitaciones derivadas de la virtualidad del principio de intervención mínima, a cuyo tratamiento en este capítulo nos remitimos. Y, por el contrario, como advierte LORCA NAVARRETE, cuando el tribunal solo facilita las medidas necesarias para que los árbitros practiquen la prueba por sí mismos, entonces, estos «podrán admitir todo tipo de pruebas y podrán practicarlas sin seguir las formalidades establecidas en la LEC y en el CC»[98]; aunque también cabría el sometimiento de los árbitros a la LEC por propia iniciativa cuando no se haya acordado nada al respecto por las partes (art. 25.1 LA).

Centrándonos en el desarrollo de la prueba personal debido a su conexión con el tema central de la obra, que lo liga al uso de la videoconferencia, se pueden encontrar obstáculos tanto en la prueba de testigos como en la de peritos. En primer lugar, debido a la mera distancia geográfica de residencia respecto al lugar del arbitraje. En estos casos, vista la imposibilidad de realizar la práctica bajo el mando del árbitro a través de videoconferencia —que

96 José Luis GONZÁLEZ-MONTES SÁNCHEZ, «Intervención judicial en el procedimiento arbitral de consumo», en *Mediación y arbitraje de consumo. Una perspectiva española, europea y comparada*, obra colectiva, Fernando ESTEBAN DE LA ROSA y Guillermo OROZCO PARDO (dirs.), Tirant lo Blanch, Valencia, 2010, pág. 128.

97 Frederic MUNNÉ CATARINA, «Las pruebas personales en el arbitraje», *Op. Cit.*, pág. 292.

98 Antonio María LORCA NAVARRETE, *Derecho de Arbitraje interno e internacional*, Tecnos, Madrid, 1989, pág. 86.

sería lo recomendable, como mantenemos—, puede ser necesario acudir a la jurisdicción objetiva y territorialmente competente a fin de que, a su vez, recabe la prueba del personal residente en otro lugar —hoy preferentemente por videoconferencia—.

En segundo lugar, la falta de efectos coercitivos de las decisiones arbitrales puede representar otro inconveniente. En concreto, la falta de atención al llamamiento a declarar ante el órgano arbitral puede precisar de la solicitud de ayuda al órgano jurisdiccional, para que sea este quien practique el interrogatorio correspondiente. En el caso de citaciones a peritos de parte, no suelen plantearse trabas, dado que la parte que ha tomado la iniciativa de aportar el dictamen se ocupará, previsiblemente, de asegurar su asistencia a la audiencia arbitral; en cualquier caso, si se presentara alguna reticencia, cabría recurrir a la jurisdicción. Ahora bien, como apunta LÓPEZ FRAGOSO, si se tratara de practicar prueba respecto a peritos oficiales, entonces, quizás se tendría que acudir a la ayuda judicial para que proceda al nombramiento de los mismos[99].

En el caso de la necesidad de reconocer lugares, objetos o personas, cuando el mismo es rechazado por las partes o por terceros en el procedimiento arbitral, puede ser necesario acudir a la jurisdicción a través de la activación de la prueba de reconocimiento judicial dado su efecto conminatorio.

Por lo atañe a lo que hemos llamado asistencia accesoria, la adopción por el tribunal de las medidas concretas que resulten necesarias para que la prueba pueda ser practicada directamente ante los árbitros es una solicitud más acorde con el principio de intervención mínima (art. 7 LA) y con el ideal de mejor ilustración del órgano arbitral consagrado en el principio de inmediación.

En cuanto al tipo de medidas que se encuadran en esta asistencia accesoria, estas se han configurado de manera abierta. Véase la Exposición de Motivos de la LA, donde señala que, en ciertos casos, «bastará con otras medidas que permitan a los árbitros practicarlas por sí mismos, como, por ejemplo, medidas de aseguramiento o requerimientos de exhibición de documentos» (VI Exposición de Motivos LA). Por su parte, el articulado de la LA no regula expresamente ningún cauce dirigido a hacer posible la práctica probatoria cuando exista peligro de no contar con la fuente o no poder practicar el medio de prueba; la ley arbitral tan sólo menciona que las mismas sean concretas, necesarias y pertinentes (art. 33 LA). El requerimiento de concreción implica que la actividad de apoyo debe quedar debidamente identificada en la solicitud de ayuda, sin que quedan solicitudes genéricas tipo «que el

99 Tomás LÓPEZ FRAGOSO, «Comentario al art. 33 LA», AA. VV., *Comentarios a la Ley 60/2003 de 23 de diciembre de arbitraje*, obra colectiva, José GARBERÍ LLOBREGAT (dir.), Bosh, Barcelona, Tomo I, 2004, pág. 818.

tribunal adopte las medidas oportunas». Por su parte, el requerimiento de necesidad conlleva que el órgano arbitral con sus propios medios no pueda conseguir la medida pedida, bien por asuntos logísticos, bien por su falta de *autoritas*. Y, por último, la pertinencia hace mención a un requerimiento de orden procesal porque la medida sólo contará con la intervención jurisdiccional cuando dicha actividad no contravenga ley procesal, es decir, la Ley de Enjuiciamiento Civil y, además, resulte acorde a la finalidad perseguida. Esta interpretación se sustenta en la mención referente al Tribunal consistente en que este «se limitará a acordar las medidas pertinentes» (art. 33.2 LA).

El ámbito del instante procedimental en la que se solicitan tanto la ayuda completa como la accesoria es también amplio porque no sólo tienen cabida durante la fase de práctica probatoria, sino que pueden retrotraerse para constituirse en medidas de aseguramiento de la prueba (art. 297 y ss. LEC) o de exhibición de documentos (art. 328 y ss. LEC). Se trata, como advierte GONZÁLEZ-MONTES SÁNCHEZ[100], de procurar un acceso a las fuentes de prueba, que, por algún motivo, peligrará en un momento posterior. Tampoco vemos inconveniente para otorgar la práctica de prueba anticipada (art. 293 y ss. LEC), aunque estas medidas se fundan en la necesidad acreditada de urgencia y se dirigen a garantizar la práctica del medio probatorio en sí mismo antes del momento procesal ordinario. Por su parte, MUNNÉ CATALINA[101] y TÁVARA ZARIQUIEY[102] afirman que no cabe mediante la asistencia judicial promover lo de que se denomina una prueba anticipada de los arts. 293 y ss. LEC, porque la Ley de Arbitraje no lo contempla de forma expresa (art. 7 LA) y porque el art. 33.1 LA exige que la asistencia judicial sea aprobada por los árbitros antes de solicitársela al Juez competente y entiende que el sistema de nombramiento de árbitros no es compatible, aunque admite este tipo de peticiones una vez nombrados los árbitros como una alteración del orden convencional de los actos procesales, de forma que primero se acordaría la práctica de determinada prueba y luego se recogería la alegación. Esto cabe dentro del principio de flexibilidad procedimental que reina en el arbitraje.

Como ha subrayado MONTESINOS GARCÍA, dichos amplios márgenes de la práctica de estas diligencias se debe a que la fase probatoria se encuentra «presidida por la máxima libertad de las partes y de los árbitros —siempre que se respeten el derecho de defensa y el principio de igualdad— y por la máxima flexibilidad»[103]. Además, según GARBERÍ LLOBREGAT Y BUITRÓN RAMÍREZ, tanto el aseguramiento de la prueba como su anticipación, aunque

100 José Luis GONZÁLEZ-MONTES SÁNCHEZ, «Intervención judicial en el procedimiento arbitral de consumo», *Op. Cit.*, pág. 68.

101 Frederic MUNNÉ CATALINA, «Las pruebas personales en el arbitraje», *Op. Cit.*, pág. 293.

102 Juan Antonio TÁVARA ZARIQUIEY, «La prueba anticipada y el aseguramiento de la prueba para el arbitraje comercial», en *Economist&Iuris*, 8 de febrero de 2019.

103 Ana MONTESINOS GARCÍA, «La prueba en el arbitraje (las nuevas pruebas electrónicas)», *Revista General de Derecho Procesal,* núm. 13, 2007, pág. 2.

son instituciones basadas en presupuestos diferentes, cuentan con finalidad común de procurar el respeto al derecho a utilizar los medios de pruebas pertinentes[104]. Como ha advertido CARO CATALÁN, «antes del inicio del proceso arbitral y durante su tramitación, se pueden plantear situaciones donde una de las partes precise de una actuación, ya sea arbitral o judicial, destinada a garantizar la práctica de una prueba que esté en peligro de pérdida o deterioro»[105].

Como decimos, sin contar por parte de la Ley arbitral con un permiso manifiesto, sin embargo, el poder de dirección del procedimiento con el que cuenta el órgano arbitral (art. 25.2 LA) legitima que, cuando esté justificado, tras valorar las circunstancias del caso, podrá acordar tanto el aseguramiento como la anticipación de la prueba. Precisamente, según PEÑA ADASME, este mecanismo «es la forma más importante de conferir flexibilidad procedimental pues constituye una manifestación expresa de la voluntad del legislador de dotar al procedimiento de adaptabilidad a las diferentes circunstancias»[106].

Pero para acordar que dichas anticipaciones se lleven a cabo mediante asistencia judicial, obviamente, tendrá que tratarse de un caso que requiera de *potestas* o efectos conminadores. Además, como apunta CARO CATALÁN, para que el árbitro «pueda ordenar la anticipación de la prueba es imprescindible que previamente haya aceptado el encargo arbitral»[107]; una apreciación que, en realidad delata cual es el instante en el que se origina la *autoritas* del órgano arbitral y, por el mismo motivo, resulta aplicable a los supuestos de aseguramiento probatorio.

Por último, hay que reseñar el debate acerca de la posible inclusión de la potestad del órgano arbitral para adoptar las medidas de aseguramiento probatorio dentro de la potestad para acordar medidas cautelares del art. 23 LA. La redacción de la Ley Modelo de la CNUDMI sobre Arbitraje Comercial Internacional, inspiradora de nuestra Ley de Arbitraje, fomenta esta interpretación por cuanto el art. 17.2 LMU incluye entre la lista de medidas cautelares acordables por el órgano arbitral la que «preserve elementos de prueba que pudieran ser relevantes y pertinentes para resolver la controversia». Es decir, otorga el mismo tratamiento a esta medida de aseguramiento de la prueba que a las medidas cautelares (destinadas, en realidad, a preservar no la prueba sino lo que es objeto del procedimiento). Como advierte CARO CATALÁN, «la posición que se adopte a este respecto tiene importantes con-

---

104 José GARBERÍ LLOBREGAT y Guadalupe BUITRÓN RAMÍREZ, *La prueba civil,* Tirant lo Blanch, Valencia, 2003, pág. 230.

105 José CARO CATALÁN, *El aseguramiento de la prueba en el arbitraje*, *Op. Cit.,* pág. 171.

106 Andrés PEÑA ADASME, «La flexibilidad procesal del arbitraje en Ley 60/2003», en *Anuario de Justicia Alternativa*, núm. 14, 2017, pág. 71.

107 José CARO CATALÁN, *El aseguramiento de la prueba en el arbitraje*, *Op. Cit.*, pág. 173.

secuencias prácticas, ya que el art. 23.2 LA establece que a las decisiones arbitrales sobre medidas cautelares les será de aplicación las normas sobre «ejecución forzosa de laudos»[108]. Por tanto, dicha posición debería suponer un cauce distinto en la tramitación de la actividad judicial correspondiente, que, en este caso, vendría de la mano de la ejecución de decisiones arbitrales, y no la asistencia.

5. Tribunal competente

La solicitud de asistencia judicial para la práctica de pruebas deberá ir dirigida al tribunal competente (art. 33.1 LA) y este será el Juzgado de Primera Instancia, con competencia territorial correspondiente al lugar del arbitraje o bien al lugar donde hubiere de prestarse la asistencia (art. 8.2 LA)[109]. A tenor de la reforma introducida por LOSPJ 2025[110] dicho órgano unipersonal pasa a ser Tribunal de Instancia, Sección Civil o, en su caso, Sección Única.

Como advertía en su momento Barona Vilar, antes de 2011, para determinar la competencia objetiva, esta norma se conectaba con el art. 86 ter.2 f) LOPJ, que otorgaba competencia objetiva a los Juzgados de lo Mercantil para asistir a los árbitros en el proceso arbitral en la práctica de pruebas, siempre y cuando el arbitraje versara sobre materias que estuvieran consideradas como «mercantiles» a los efectos de atribución de competencia de los citados juzgados[111]. Sin embargo, como recuerda Caro Catalán, con la reforma de la Ley de Arbitraje y de la Ley Orgánica del Poder Judicial (Disposición Derogatoria de la LO 5/2011, de 20 de mayo), se suprimió por completo la competencia de los Juzgados de lo Mercantil en materia arbitral[112]. Por ello, hoy día no cabe duda alguna sobre qué órgano es objetivamente competente.

---

108 José Caro Catalán, *El aseguramiento de la prueba en el arbitraje*, *Op. Cit.*, pág. 174.

109 Carmen Samanes Ara, «La intervención judicial», en *El Sistema Arbitral de Consumo. Comentarios al Real Decreto 636/1993, de 3 de mayo*, obra colectiva, Ignacio Quintana Carlos, y Ángel Bonet Navarro (dirs.), Aranzadi, Elcano (Navarra), 1997, pág. 218. En esta obra se pone de manifiesto la confusión que creaba la antigua LA, en cuyos arts. 27 y 43 se hacía referencia indistinta, de modo no alternativo, al «lugar donde se desarrolló el arbitraje» y al «lugar donde se deba efectuar la citación judicial u ordenarse la diligencia probatoria».

110 *Ley Orgánica 1/2025, de 2 de enero, de medidas en materia de eficiencia del Servicio Público de Justicia.*

111 Silvia Barona Vilar, «Tribunales competentes para las funciones de apoyo y control del arbitraje», *Comentarios a la Ley de Arbitraje,* Silvia Barona Vilar (Coord.), Civitas, Madrid, 2004, pág. 276.

112 José Caro Catalán, *El aseguramiento de la prueba en el arbitraje*, *Op. Cit.*, pág. 190.

Se presenta aquí uno de los efectos paradójicos de la institución de la asistencia judicial al arbitraje. Por un lado, se promueve el sistema arbitral como un método de desalojar asuntos de los tribunales; y, por otro lado, la intervención de estos para prestar ayuda al arbitraje les puede sobrecargar. De hecho, MERINO MERCHÁN echó en falta la ampliación de los órganos judiciales que pudieran asistir al arbitraje en todos los casos previstos, concretamente, a través de juzgados específicos —que no especiales—, de manera que sólo se les asignaran por reparto dichos asuntos[113].

Dado el acotamiento de la competencia objetiva al Juzgado de Primera Instancia (ahora Tribunal de Instancia, Sección Civil), esta facultad se atribuye a la jurisdicción ordinaria y, por tanto, no abarca la solicitud directa fuera de los límites de la jurisdicción nacional. Ello no obsta para que, una vez interesada la asistencia al órgano judicial nacional, este pueda acceder al recabo de la prueba pedida originariamente por los árbitros, vía cooperación internacional o europea, como veremos en capítulos siguientes.

El fundamento de la atribución de competencia se corresponde con la prescripción del art. 9.2 LOPJ, por cuanto los Tribunales y Juzgados del orden civil conocerán de las «materias que les son propias», ya que se trata de aquellas relacionadas con el derecho privado, entre las que se incluye el arbitraje.

Por último, respecto a la competencia territorial, como hemos señalado esta corresponde al lugar del arbitraje o bien al lugar donde hubiere de prestarse la asistencia (art. 8.2 LA). Con la utilización de medios tecnológicos actuales como la videoconferencia para recabar la declaración de testigos o peritos, la institución legisladora podría comenzar a revisar la necesidad y bondad de imponer estas circunscripciones, pues, como señala NIEVA FENOLL, «las normas de competencia territorial, al menos en el proceso civil, deberían haber pasado ya a la historia hace muchísimo tiempo gracias a la tecnología»[114]. Y, añade este autor que estas normas «deberían pasar a mejor vida si realmente nos creemos el principio de "confianza mutua" que repiten una y otra vez las normas al respecto de la Unión Europea»[115].

113 José Fernando MERINO MERCHÁN, «Cuestiones de relevancia constitucional, parlamentaria y judicial en la nueva LA (Ley 60/2003, de 23 de diciembre)», *Revista Parlamentaria de la Asamblea de Madrid*, n.° 10, 10 junio 2004, pág. 167.

114 Jordi NIEVA FENOLL, *Derecho Procesal II, proceso civil*, Marcial Pons, Madrid, 2015, págs. 25 y ss.

115 Jordi NIEVA FENOLL, «Contra el elitismo y la posmodernidad en el arbitraje», en *Revista General de Derecho Procesal n.°* 62, 2024, pág. 11.

6. Procedimiento de prestación de asistencia judicial

6.1. Solicitud

La primera idea de la que debe partirse a la hora de determinar el inicio del procedimiento de asistencia judicial para la práctica de pruebas se refiere a que es precisa la solicitud por el órgano arbitral dirigida al tribunal. Por tanto, de ninguna manera cabe una intervención por propia iniciativa o de oficio por parte del tribunal. Esta aseveración se funda en la lectura relacionada del art. 33.1 LA -que señala que los árbitros o las partes con su aprobación podrán solicitar la asistencia y, asimismo, del art. 7 LA, donde se proclama el principio de intervención mínima de la jurisdicción y circunscribe su actividad a los casos expresamente regulados en dicha norma.

Desde luego, reconocer la intervención jurisdiccional de oficio consistente en el acuerdo de medidas de asistencia al arbitraje sería contravenir frontalmente la concepción misma del arbitraje como un medio heterogéneo de arreglo de disputas basado en la libertad —reconocida en el art. 1.1 CE— en tanto la autonomía de la voluntad de los sujetos privados la proclama el artículo 1255 CC. Así ha sido concebido el arbitraje por la doctrina constitucional[116]. Y en dicha concepción no tiene cabida el intervencionismo judicial más allá de los casos en los que la institución legisladora ha previsto de forma expresa.

En cuanto a la forma de dicha solicitud nada establece la Ley arbitral. Tan sólo refleja una mera remisión para cuando se practiquen, al establecer el art. 33 LA que será «de conformidad con las normas que le sean de aplicables sobre medios de prueba». Con independencia de la normativa que puedan prever los distintos reglamentos arbitrales, lo esencial es que contengan los requerimientos conforme a las nociones básicas de la Ley arbitral. Como una propuesta que atienda las mismas establecemos las siguientes menciones de la solicitud. Así, en esencia, serán por escrito —aunque nada se ha impuesto— habrá de identificar al órgano arbitral solicitante, a las partes, con indicación de si es una medida de oficio o a petición de alguna de las partes —que se identificará—. Cabe la solicitud directa por la parte interesada, pero en tal caso, deberán constar la información anterior y el visto bueno del órgano arbitral.

Es conveniente que se indique brevemente el tipo de procedimiento arbitral en cuanto a su objeto y clase. Y, finalmente, ha de aparecer del modo más preciso posible la solicitud de medidas demandadas. Es importante catalogar el tipo de medida que se pide según la distinción que efectúa el art. 33 LA, es decir, si se trata de una práctica de prueba por el tribunal o si versa sobre una o unas medidas de apoyo del tribunal para que él órgano arbitral pueda practicarlas por sí. En ambos casos, hay que concretar del

116 STC 176/1996, de 11 de noviembre, FD IV, ECLI: ES:TC:1996:176.

modo más claro posible en qué consisten exactamente dichas actividades. MUNNÉ CATALINA advierte que la Ley exige que se especifique por parte del árbitro cuales deben ser esas «concretas medidas necesarias»[117].

En cuanto a las personas que han de firmar la solicitud, deberán suscribir el escrito los solicitantes y, según GONZÁLEZ-MONTES SÁNCHEZ, por aplicación de los art. 23 y 31 LEC deberá ir firmado por abogado y procurador, al no encontrarse este caso entre las exclusiones de dichos preceptos[118].

Cuando se trata de requerir al tribunal competente en virtud del art. 8.2 LA, una cooperación jurídica internacional, las solicitudes procedentes del órgano arbitral o de sus partes deberán facilitar la información y atender, dependiendo el ámbito de alcance de la cooperación, a los requerimientos del *Reglamento (UE) 2020/1783 del Parlamento Europeo y del Consejo de 25 de noviembre de 2020 relativo a la cooperación entre los órganos jurisdiccionales de los Estados miembros en el ámbito de la obtención de pruebas en materia civil o mercantil (obtención de pruebas),* o los tratados que sean de aplicación, como el *Convenio de la Haya de 18 de marzo de 1970 relativo a la obtención de pruebas en el extranjero en materia civil y mercantil*. Y, de forma residual, a falta de normas comunitarias o plasmadas en tratados, serán de aplicación los arts. 276 a 278 LOPJ y la *Ley 29/2015, de 30 de julio, de cooperación jurídica internacional*. Y ello, porque dichas solicitudes arbitrales servirán de base para que el Juzgado competente pueda cumplimentar, a su vez, la petición de cooperación dirigida a un órgano judicial extranjero.

En cuanto a la admisión por parte del órgano jurisdiccional de la solicitud de asistencia derivada de un arbitraje, será el propio tribunal el que examinará su propia competencia y, en caso de ser favorable, revisará si los solicitantes se encuentran legitimados activamente. En el supuesto de tratarse de una petición de alguna de las partes en el arbitraje, comprobará que cuenta con la aprobación del órgano arbitral; finalmente el tribunal examinará si el escrito de ayuda se adecua a las tipologías legales habilitadas en la Ley Arbitral y si particulariza convenientemente la prueba a practicar o, en su caso, las medidas de apoyo. En tal caso, deberá atender la solicitud de asistencia judicial conforme a los términos requeridos.

6.2. Principios y derechos que rigen

Cuando la solicitud de ayuda llega al órgano judicial comienzan al entrar en juego las normas de la LEC que regulan la práctica de prueba en virtud de la particular petición formulada desde el arbitraje. Estos son los más relevantes.

117 Frederic MUNNÉ CATALINA, «Las pruebas personales en el arbitraje», *Op. Cit.,* pág. 293.

118 José Luis, GONZÁLEZ-MONTES SÁNCHEZ, *La intervención de abogado y procurador en el proceso civil*, Tecnos, Madrid, 2005, págs. 93-112.

6.2.1. *Principio de oralidad*

Se trata de un principio consagrado constitucionalmente a través del art. 120.2 CE que exige que los procesos sean predominantemente orales, especialmente en el orden penal. Un principio recogido de semejante manera en el art. 229.1 LOPJ. Pero en el proceso civil, constituye un requisito indispensable la oralidad de las actuaciones de prueba (art. 138.1 LEC) además, expresamente se impone que las preguntas del interrogatorio de testigos se formulen de manera oral (368.1 LEC).

Aunque debe exceptuarse la plena oralidad como forma de práctica del interrogatorio a testigos en ciertos casos cuando se recurre al auxilio judicial o ante determinadas circunstancias cuando se realiza un interrogatorio domiciliario. Por ello, aunque en principio dichos actos habrán de ser plenamente orales, sin embargo, determinadas circunstancias pueden implicar la ausencia de la parte proponente en la ejecución de la prueba. Ante tal eventualidad, la LEC prevé facilitar su intervención remota en el acto mediante la aportación de listas de preguntas por las partes proponentes que son remitidas junto al exhorto cuando se trate de auxilio y que irán unidas al acto del interrogatorio domiciliario, para su lectura al interrogable. Tras el RDL 6/2023, el interrogatorio domiciliario también cabe realizarlo mediante videoconferencia, como veremos en su capítulo correspondiente[119].

En todo caso, lo que nunca podría admitirse es la mera declaración del testigo mediante escrito que se aporta al litigio pues dicha manifestación no cumpliría el requerimiento de legalidad de la prueba, por no haber seguido el trámite procesalmente previsto y debe ser inadmitido por el tribunal ex arts. 1 y 283.3 LEC.

6.2.2. *Derecho de defensa, el principio de contradicción y el derecho a la prueba*

El derecho de defensa se encuentra amparado por el artículo 24.2 CE. Como advierte PICÓ I JUNOY, este derecho «asegura a las partes la posibilidad de sostener argumentalmente sus respectivas pretensiones y rebatir los fundamentos que la parte contraria haya podido formular en apoyo de las suyas, pero sin que sea necesario que de facto tenga lugar una efectiva controversia argumental entre los litigantes, que, por unas u otras razones, puede no producirse»[120].

---

119 Real Decreto-ley 6/2023, de 19 de diciembre, por el que se aprueban medidas urgentes para la ejecución del Plan de Recuperación, Transformación y Resiliencia en materia de servicio público de justicia, función pública, régimen local y mecenazgo (en adelante, RDL 6/2023).

120 Joan PICÓ I JUNOY, «Derecho a la defensa», *Las garantías constitucionales del proceso*, Boch, Barcelona, 2012, págs. 121 y 122, respectivamente.

Para que pueda presentarse la indefensión, deben concurrir una serie de requisitos, que son los siguientes: a) Ha de existir una privación o limitación sustancial del derecho de defensa del recurrente cifrado en la imposibilidad de efectuar alegaciones o de probar lo alegado; b) Debe tratarse de una privación real, efectiva y actual, no potencial, abstracta o hipotética, de los medios de alegación o prueba; c) Tiene que ser total y absoluta, esto es, que suponga una reducción a la nada de las posibilidades de defensa de quien sufre la indefensión; d) Ha de ser definitiva, sin que puedan los interesados promover la defensa de sus derechos o intereses legítimos en un ulterior juicio declarativo; y e) Debe ser imputable exclusivamente, de modo inmediato y directo, al órgano jurisdiccional[121]. Además, en el proceso civil, se impone expresamente que la práctica de la prueba habrá de ser contradictoria (art. 289.1 LEC, en correspondencia con el art. 137.1 LEC). De ahí la necesidad de que las partes —del arbitraje— resulten debidamente citadas, conforme tratamos en un apartado posterior.

Por su parte, el denominado derecho a la prueba, derivado del derecho al proceso justo, conlleva el derecho a utilizar los medios de prueba pertinentes que hayan sido oportunamente solicitados por las partes. Comporta este derecho tanto un compromiso para el órgano judicial como para las partes, tal y como ha destacado Picó i Junoy, al asegurar que «el derecho a la prueba, al reconocerse en una norma de rango constitucional, resulta de aplicación directa e inmediata, por lo que vincula a todos los poderes públicos —y muy especialmente a los jueces y magistrados— así como también a las partes (arts. 91.1 y 53.1 CE)».

La irrupción de la videoconferencia como medio destinado a recoger la prueba personal suscita, hoy día, interrogantes acerca de si, la calidad técnica de este medio de comunicación en unos casos, su configuración en otros o la falta de control sobre su ejecución por parte de la persona destinataria, pueden hacer peligrar estas garantías procesales.

6.2.3. *Principio de inmediación*

La presencia judicial será necesaria ante el interrogatorio de las partes y de testigos, en el reconocimiento de lugares, objetos o personas, en la reproducción de palabras, sonidos, imágenes y, en su caso, cifras y datos, así como en las explicaciones impugnaciones, rectificaciones o ampliaciones de los dictámenes periciales (art. 289.2 LEC). Por su parte, se recoge el requerimiento de presencia judicial en el art. 229.2 LOPJ, cuando dispone: «Las declaraciones, interrogatorios, testimonios, careos, exploraciones, informes, ratificación de los periciales y vistas, se llevarán a efecto ante juez o tribunal (...)».

121 Joan Picó i Junoy, «Derecho a la no indefensión», *Las garantías constitucionales del proceso*, Boch, Barcelona, 2012, págs. 111 y ss. Son requisitos que, respectivamente, recogen las SSTC 5/2004, de 16 de enero (F.J. 7), 25/2011, de 14 de marzo (F.J. 7), 121/1996, de 8 de julio (F.J. 2), 77/1997, de 21 de abril (F.J. 3), 128/2011, de 18 de julio (F.J. 3).

En este caso pierde su sentido la intencionalidad de obtención de la fuente de primera mano por el juzgador que conlleva en general el principio de inmediación cuando no es el propio órgano quien debe emitir juicio declarativo. Es el árbitro el que deberá pronunciarse, tras recoger las pruebas. Por tanto, en este caso de asistencia, el sentido de la inmediación judicial cobra razón exclusiva en la garantía de control sobre el acto que ejerce el tribunal durante el desarrollo de la prueba, lo que implica mayor seguridad jurídica. La cuestión que se plantea es en qué medida la denominada «presencia telemática» como sustitutiva de la «presencia física» instaurada de forma estable por RDL 6/2023, que contiene medidas en materia del servicio público de la justicia, entre otras, concilia bien con el principio de inmediación y, sobre todo, en qué medida la primera debe permitirse bajo ciertas medidas garantes. Lo veremos en los capítulos siguientes.

No obstante, se exceptúa de la presencia judicial ante determinadas actividades atinentes a la acreditación documental porque es el LAJ quien se encarga de recoger la presentación de documentos originales o copias auténticas, la aportación de otros medios o instrumentos probatorios, el reconocimiento de la autenticidad de un documento privado, la formación de cuerpos de escritura para el cotejo de letras y la mera ratificación de la autoría del dictamen pericial cuando se desarrollen fuera de la vista pública o simplemente, el LAJ estuviera presente en dichos actos (art. 289.3 LEC)[122].

6.2.4. *Principio de publicidad*

El principio de publicidad encuentra su reconocimiento constitucional en el artículo 24.2 CE, que menciona el derecho a un proceso público y también en el artículo 120.1 CE, que determina que «Las actuaciones judiciales serán públicas, con las excepciones que prevean las leyes de procedimiento». Con un tenor semejante lo acoge el artículo 6.1 del Convenio Europeo de Derechos Humanos, el artículo 14 del Pacto Internacional de Nueva York y en el artículo 11 de la Declaración Universal de Derechos del Hombre. Como subraya Picó i Junoy, conforme a dichos preceptos, «la publicidad del proceso ocupa una posición institucional en el Estado de Derecho que la convierte en una de las condiciones de la legalidad constitucional de la Administración de justicia»[123].

En este sentido, las pruebas se practicarán —además de contradictoriamente— en vista pública con carácter general. Aunque también cabe la publicidad y documentación similares cuando no se lleven a cabo en la sede del

122 María José Fernández-Fígares Morales, *Alcance y límites del interrogatorio de testigos en el proceso civil (con revisión de las tecnologías aplicadas)*, Dykinson, Madrid, 2022, pág. 103.

123 Joan Picó i Junoy, «Derecho a un proceso público», en *Las garantías constitucionales del proceso*, Boch, Barcelona, 2012, pág. 139.

tribunal (art. 289.1 LEC). Esta última alternativa se hace necesaria cuando, por ejemplo, lo requerido sea un reconocimiento judicial, un interrogatorio domiciliario u cuando se valga de la videoconferencia, de la que nos ocupamos en capítulos subsiguientes.

La publicidad de la práctica de pruebas instadas como consecuencia de un procedimiento arbitral puede entrar en colisión con la confidencialidad propia del procedimiento arbitral. En este sentido hay que considerar que las actuaciones de prueba —además de las vistas y comparecencias que requieren audiencia de las partes— podrán, no obstante, celebrarse a puerta cerrada en supuestos excepcionales que se consideran justificados. Así lo permite el artículo 120.1 CE, pero dicha limitación a la publicidad habrá de estar prevista en las leyes. Por su parte, el artículo 232.3 LOPJ recoge la potestad judicial de limitar el ámbito de la publicidad por razones de orden público y de protección de los derechos y libertades. En todo caso, dichas resoluciones habrán adoptadas en resolución motivada.

En la regulación procesal civil, se dispone que podrá acordarse a puerta cerrada cuando: a) Ello sea necesario para la protección del orden público o de la seguridad nacional en una sociedad democrática, b) o cuando los intereses de los menores o la protección de la vida privada de las partes y de otros derechos y libertades lo exijan; o c), en la medida en la que el tribunal lo considere estrictamente necesario, cuando por la concurrencia de circunstancias especiales la publicidad pudiera perjudicar a los intereses de la justicia (art. 138.2 LEC). En todo caso será preciso otorgar audiencia a las partes antes de acordarla mediante auto. Frente a dicho auto no se admitirá recurso alguno, sin perjuicio de formular protesta y suscitar la cuestión, si fuere admisible, en el recurso procedente contra la sentencia definitiva (art. 138.3 LEC). Cuando la confidencialidad haya de ser preservada debido al tipo de intereses contrapuestos en el arbitraje o a preservar sus propios principios, la solicitud de asistencia deberá pedirlo expresamente y mencionar el fundamento fáctico y jurídico que sustenta dicha petición.

6.2.5. *Intangibilidad del medio de prueba testifical*

El artículo 366 LEC determina en cuanto al modo en el que los testigos han de declarar que lo harán «separada y sucesivamente, por el orden en que vinieran consignados en las propuestas, salvo que el tribunal encuentre motivo para alterarlo». Y añade que «los testigos no se comunicarán entre sí ni podrán unos asistir a las declaraciones de otros». Este precepto, además, impone al juez la carga de adoptar las medidas necesarias.

El fundamento de tal prevención radica en que las personas que acceden a declarar tras escuchar lo dicho previamente durante el plenario pueden «contaminarse», es decir, desterrar el testimonio espontáneo que hubieran ofrecido sin dicha escucha y, en su lugar, ofrecer una declaración condicionada o de algún modo alterada por lo que, previamente, ha visto o escuchado en otra parte del juicio. Y dicha desviación podría, a su vez, adulterar la adecuada formación de la convicción arbitral a la hora de dictar el laudo desde donde se requirió la asistencia jurisdiccional, dado que el material probatorio que entra en consideración se desnaturaliza. Por su parte, JIMÉNEZ CONDE apuntó que «quizá, para conseguir que la incomunicación cumpla verdaderamente su objetivo, mejor habría sido extenderla a otras personas; si no, a través de un tercero es fácil poner en conocimiento del testigo lo que han declarado otros»[124].

Como veremos en los capítulos siguientes, precisamente este principio se puede poner en tela de juicio cuando la prueba se recaba mediante videoconferencia, donde el ámbito de control del juez puede ser harto limitado si no se incorporan ciertas cautelas en esta práctica.

6.2.6. *Principio de concentración, de celeridad y de economía procesal*

El principio de concentración promueve la celebración del acto del juicio de manera unificada. Asimismo, según PESQUEIRA ZAMORA, el principio de celeridad alude a la reunión en la menor cantidad posible de tratamiento todo el contenido del proceso[125]. Por su parte, en este sentido, JIMÉNEZ ASENJO la concibe como «aquella razón o ciencia que procura ahorrar el mayor esfuerzo o gasto posible en la actuación procesal para conseguir el fin propio del proceso»[126]. Constituyen principios que han servido de fundamento a la incorporación de medios digitales y tecnológicos, como la videoconferencia, a los actos jurisdiccionales y han dado lugar a la promoción de las últimas reformas procesales, como RDL 6/2023, que contiene medidas en materia del servicio público de la justicia, entre otras.

124 Fernando JIMÉNEZ CONDE, «Interrogatorio de testigos en el proceso civil», en *La aplicación práctica de la Ley de Enjuiciamiento Civil de 2000*, GÓMEZ COLOMER, Juan Luis (Dir.), Tirant Lo Blanch, Valencia, 2002, acceso en https://www.tirantonline.com/tol/documento/show/238536.

125 María Jesús PESQUEIRA ZAMORA, *La suspensión de los juicios orales especial atención a sus causas y tratamiento procesal,* Bosch, Barcelona, 2015, pág. 52.

126 Enrique JIMÉNEZ ASENJO, «Economía Procesal», en *NEJ Seix* (Nueva Enciclopedia Jurídica Seix), T. VII, pág. 897 y ss.

6.3. Trámites previos a la práctica

6.3.1. *Señalamiento y citación a las partes*

La facultad para señalar se la reparten el tribunal y el LAJ y depende si se realiza en el mismo acto de la audiencia previa o no (art. 430.2 LEC), de forma que, en caso de ser así, se hará por el Juez, quien habrá de tener en cuenta las necesidades de la agenda programada de señalamientos y las demás circunstancias contenidas en el artículo 182.4 LEC, es decir: 1.º El orden en que los procedimientos lleguen a estado en que deba celebrarse vista o juicio, salvo las excepciones legalmente establecidas o los casos en que el órgano jurisdiccional excepcionalmente establezca que deben tener preferencia. En tales casos serán antepuestos a los demás cuyo señalamiento no se haya hecho; 2.º La disponibilidad de sala prevista para cada órgano judicial; 3.º La organización de los recursos humanos de la Oficina judicial; 4.º El tiempo que fuera preciso para las citaciones y comparecencias de los peritos y testigos; 5.º La coordinación con el Ministerio Fiscal en los procedimientos en que las leyes prevean su intervención. En los restantes casos se fijará la fecha por el LAJ, conforme a las normas previstas para el señalamiento de vistas en el artículo 182 LEC.

Asimismo, en el juicio ordinario, también será de cargo del LAJ el señalamiento sucesivo de sesiones cuando sean precisas. Por ello, cuando, de manera excepcional y motivada, y por razón de las pruebas admitidas, fuese de prever que el juicio no podrá finalizar en una sola sesión dentro del día señalado, la citación lo expresará así e indicará si la sesión o sesiones ulteriores se llevarán a cabo en el día o días inmediatamente sucesivos o en otros, que se señalarán por el LAJ, con expresión en todo caso de la hora en que las sesiones del juicio hayan de dar comienzo (art. 429.7 LEC). En cuanto a la citación a las partes, en el juicio ordinario, cuando hayan asistido por sí o a través de su procurador, no será preciso proceder a su citación. En caso contrario, sí procederá la citación de las partes ausentes (art. 429.6 LEC).

En el juicio verbal, siempre que efectivamente haya que celebrar vista según el art. 438 LEC, entonces, el LAJ citará a las partes a tal fin dentro de los cinco días siguientes. El señalamiento de la vista se fijará para dentro del plazo máximo de un mes (art. 440.1 LEC). En la citación se fijará el día y hora en el que haya de celebrarse la vista (art. 440.2 LEC) así como otras advertencias y reclamos.

Como normas del juicio ordinario, pero aplicables al caso por el mecanismo de la subsidiaridad, encontramos, en primer lugar, que, excepcionalmente, cuando la parte lo interese y toda la prueba o gran parte de ella hubiera de realizarse fuera del lugar en que tenga su sede el Tribunal que conozca del pleito, el Tribunal podrá acordar que el juicio se señale por el LAJ para su celebración dentro del plazo de dos meses (art. 430.3 LEC).

La primera cuestión que se suscita es qué personas, además del interrogable, han de ser llamadas al acto de la práctica probatoria. Estamos en línea con MUNNÉ CATARINA en el sentido de aseverar que cuando la actividad que se solicite del Juez sea la propia práctica de la prueba ante el mismo Juez, entendemos que éste deberá citar a las partes, en especial en las pruebas personales, para poder efectuar los correspondientes interrogatorios (art. 289.1 LEC en relación al art. 138 LEC)[127].

6.3.2. *¿Citación al órgano arbitral?*

Hay una cuestión, a nuestro juicio trascendente desde el punto de vista de facilitar al árbitro la inmediación y consiste, precisamente, en que, como opción y previa petición por el árbitro, se otorgue oportunidad a este de estar presente en la diligencia practicada por el juez, previa citación al acto. En apoyo de esta posibilidad se ha mostrado ORDOÑO ARTÉS[128]. También GONZÁLEZ-MONTES SÁNCHEZ mantiene que «puede citar también a los árbitros para que juegue el instituto de la inmediación y puedan tener acceso no sólo al resultado final probatorio que sea trasladado a los árbitros sino también la forma en que se desarrolló el concreto medio de prueba». Aunque matiza «todo el desarrollo de la actividad probatoria se producirá bajo la exclusiva dirección del tribunal competente con independencia de que intervengan o no los árbitros o las partes del proceso arbitral (art. 33.2 LA)»[129].

MUNNÉ CATARINA sostiene que el tribunal «no debería citar al árbitro, puesto que en caso contrario estaríamos ante la otra alternativa de las medidas necesarias para que la prueba pueda practicarse los árbitros ante, en cuyo caso ya no interviene el Juez más que para adoptar las medidas pertinentes, pero no para dirigir la práctica de esa prueba bajo su exclusiva responsabilidad»[130]. VELEZ TORO mantiene que «la prueba de interrogatorio de partes, testifical, pericial o de reconocimiento judicial se efectuarán por el tribunal, con intervención de las partes y sus defensores, pero sin la participación de los árbitros en dichos medios de prueba» y añade que «su figura es completamente ajena a la LEC»[131].

---

127 Frederic MUNNÉ CATARINA, «Las pruebas personales en el arbitraje», *Op. Cit.*, pág. 292.

128 Carmen ORDOÑO ARTÉS, «Asistencia judicial para la práctica de la prueba en la Ley de Arbitraje», *Op. Cit.*, pág. 128.

129 José Luis GONZÁLEZ-MONTES SÁNCHEZ, *La asistencia Judicial al arbitraje (Ley 600/2003, de 23 de diciembre)*, *Op. Cit.*, pág. 72.

130 Frederic MUNNÉ CATARINA, «Las pruebas personales en el arbitraje», *Op. Cit.*, pág. 292.

131 Antonio José VELEZ TORO, «Procedimiento arbitral y su relación con el proceso», en Alternative *justice: arbitraje 5.0*, obra colectiva, Sonia CALAZA LÓPEZ y Leticia FONTESTAD PORTALÉS (Dirs), Dykinson, 2024, pág. 175.

A nuestro juicio, la flexibilidad que rige el procedimiento daría cobertura a la fórmula de presencia y control por el árbitro, pero con medios aportados por el tribunal. Debemos tener en cuenta que la recepción del suministro de resultados probatorios obtenidos de primera mano por el órgano arbitral mejora la eficiencia y la calidad del laudo —por haberse construido en base a fuentes apreciadas de forma directa—. No vemos inconveniente en enmarcar esta práctica principalmente dentro del amplio elenco de la solicitud de medidas concretas por el tribunal para que la prueba sea practicada por los árbitros. En este caso, la prueba se limitaría a facilitar los medios para que el árbitro controle el acto e intervenga activamente. La clave, en nuestra opinión, se encuentra en que quede perfectamente concretada en la solicitud dimensión y alcance de las medidas concretas a adoptar con ayuda del Tribunal. El principio de autonomía de la voluntad consagrado en el artículo 1255 CC, su correspondiente acuerdo por el árbitro y la falta de límites de la Ley arbitral respecto estas medidas de apoyo justifican su viabilidad.

Otra cosa es que lo pedido por el órgano arbitral sea la práctica directa por el tribunal ex art. 33 LA. En el este caso, la citación al árbitro como mero espectador ante una práctica bajo dominio y participación del Tribunal hoy por hoy debe ser rechazada, por no estar reconocida su figura en LEC. No obstante, causa cierto contraste que el árbitro que va a decidir sobre el asunto sea un sujeto sin acreditación en la prueba solicitada por este y practicada por la jurisdicción y que, sin embargo, esté prevista la concurrencia de las partes en el arbitraje. Desde luego, de la oportunidad de la presencia de estas últimas no se puede prescindir, por la virtualidad del derecho de defensa, pero ¿debería darse cabida a la intervención del órgano arbitral al menos como mero espectador cuando la prueba la dirija el tribunal —porque el propio árbitro lo configuró de este modo—? Creemos que sí, pero ello conlleva una reforma procesal que acoja tal posibilidad.

En todo caso, estas soluciones cobran más razón de ser ante la irrupción de la preferencia por la videoconferencia para la práctica de pruebas que se dispone en las últimas reformas procesales y serán tratadas en un capítulo posterior.

6.3.3. *Citación del testigo*

La citación del testigo consiste en la exhortación por el tribunal a fin de que un día, a una hora y en el lugar de celebración de la audiencia o a través videollamada comparezca, según el señalamiento, el interrogable a fin de declarar en virtud de las preguntas que se le formulen. No obstante, la ley procesal permite el acceso de los testigos a declarar que hayan resultado previamente admitidos a través del mero compromiso de las partes proponentes a traerlos conforme al señalamiento. La opción por una u otra vía corresponde a las partes que promuevan este medio. Por tanto, la solicitud arbitral deberá contener una expresa petición acerca de este particular.

Por su parte, tramitada la declaración conforme al juicio verbal, una vez recibida la solicitud de práctica de la prueba testifical desde el arbitraje a la jurisdicción, será el LAJ quien cite a las partes para la misma e indicará también a estas que, en el plazo de los cinco días siguientes a la recepción de la citación, deben indicar las personas que, por no poderlas presentar ellas mismas, han de ser citadas a la vista para que declaren en calidad de parte, testigos o peritos (art. 440.1.4.° Párrafo LEC). Aunque dichas menciones, en el caso de asistencia al arbitraje, deben estar en la solicitud de ayuda, nada impide que el LAJ efectúe este requerimiento a las partes en este momento procesal.

Es discutible el plazo de anticipación de la citación respecto al acto de la práctica. Nos dice la Ley procesal que la citación acordada se practicará con la antelación suficiente» (art. 429.5 LEC). El término «antelación suficiente» parece muy impreciso, por eso es criticable dicha falta de concreción, teniendo en cuenta que el juicio donde declaren los testigos ha de celebrarse dentro de un mes como regla general y dos meses como excepción, por lo que, como advierte RODRIGUEZ TIRADO, deberá concretarse su alcance temporal «si no se quiere privar a la parte de la declaración de los propuestos por ella»[132].

En todo caso, debe subrayarse que solo cuando la citación se ha efectuado en forma cabe exigir responsabilidad al testigo por su incomparecencia y, además, si esta inasistencia se produjera cabría plantearse, en su caso, la suspensión del juicio o la vista (art. 292.1.2 y 3 LEC).

En cuanto a la forma de practicarse la citación del testigo, a continuación, desglosamos cada uno de sus detalles. La primera cuestión planteada es si la misma será en papel o de forma electrónica. Como advierte ARIZA COLMENAREJO, «cuando la persona no esté obligada a ni legal ni contractualmente a relacionarse por vía electrónica con la administración de justicia tiene derecho a ser notificada en papel en su domicilio o en forma electrónica», pero añade que «en este segundo caso solo tiene eficacia si lo acepta voluntariamente»[133] y ello con independencia que la forma electrónica se va a terminar imponiendo en la práctica.

Ahora bien, otra cosa es el ámbito de la aceptación tecnológica del no obligado a relacionarse por este medio. ARIZA COLMENAREJO sostiene que, para proteger los derechos del destinatario de la comunicación, «el consentimiento y compromiso de relacionarse por medios electrónicos con la Admi-

---

132 Ana María RODRIGUEZ TIRADO, «Práctica del interrogatorio de testigos», en *El interrogatorio de testigos en la Ley 1/2000, de 7 enero, de Enjuiciamiento Civil,* Dykinson, Madrid, 2003, versión si paginar, acceso en https://app.vlex.com/#vid/181485

133 María Jesús ARIZA COLMENAREJO, «El deber o el derecho a las comunicaciones electrónicas en relación con el primer emplazamiento», en *Next Generation Justice: Digitalización e inteligencia artificial*, obra colectiva, Sonia CALAZA LÓPEZ y Ixusko ORDEÑANA GEZURAGA (dirs), La Ley, Madrid, 2024, pág. 230.

nistración de Justicia debe estar acotado a un proceso con todas sus fases», es decir, que no resulta extensible a otros procesos, salvo que se preste un consentimiento general y expreso[134].

Conforme dispone el art. 159.1 LEC, en cuanto al lugar al que se dirigirá la comunicación, esta tendrá por destino el domicilio que designe la parte interesada —al proponer o solicitar al testigo como prueba—; asimismo, cabe incluso la averiguación por el LAJ del domicilio del testigo, cuando la parte proponente manifestase su imposibilidad de especificar un domicilio o residencia del testigo —lo que deberán trasladar al tribunal cuando promuevan el medio de prueba de testigos— y no constara dicha información en registros públicos de acceso abierto; en tal caso, las averiguaciones se regirán por el mismo régimen que se aplica a la averiguación del domicilio del demandado en el artículo 156 LEC. La entrega efectiva de la documentación relativa a la citación puede efectuarse bien en la sede judicial o bien en el domicilio del declarante (art. 161.1 LEC). Dicha entrega realizada en la sede del tribunal sobreentiende algún método previo de aviso, como el correo ordinario, la llamada telefónica o, incluso, el correo electrónico.

Por lo que atañe a la tarea de traslado efectivo de estas citaciones tras ser emitidas por el LAJ, ello depende de la voluntad de la parte que proponga al testigo pues, cuando nada mencione sobre este particular, serán gestionadas por el órgano judicial, mientras que cuando la parte impulsora de la declaración lo interese expresamente —lo que habrá de poner de manifiesto en el instante de la proposición probatoria—. En el primer caso, se remitirá a los destinatarios copia de la resolución o de la cédula por correo certificado o telegrama con acuse de recibo, o por cualquier otro medio semejante que permita dejar en los autos constancia fehaciente de haberse recibido la notificación, de la fecha de la recepción y de su contenido. Aunque conforme al art. 161.1 LEC también cabe que la entrega efectiva se realice en la sede del tribunal. En el segundo supuesto, estas comunicaciones serán diligenciadas por el procurador de la parte que las haya propuesto (art. 159.1 LEC).

Por su parte, el LAJ cuenta aquí con la doble misión de, por un lado, dar fe en el expediente de la remisión y del contenido de lo remitido, y por otro, unirá a la carpeta judicial, en su caso, el acuse de recibo o el medio a través del cual quede constancia de la recepción o de la documentación aportada por el procurador que así lo acredite, de haber procedido éste a la comunicación (art. 159.1 en relación con el art. 160.1 LEC). Respecto a la documentación de la entrega domiciliaria de la citación, esta se efectuará por medio de diligencia que será firmada por el funcionario o Procurador que la efectúe y por la persona a quien se haga, cuyo nombre se hará constar (art. 161.1 LEC).

134 María Jesús Ariza Colmenarejo, «El deber o el derecho a las comunicaciones electrónicas en relación con el primer emplazamiento», *Op. Cit.*, pág. 222.

Para procurar el éxito de la citación, la ley procesal prevé una actuación ante el posible resultado infructuoso de la remisión o simplemente cuando se ponga en evidencia la necesidad de adopción de medidas adicionales (art. 159.2 LEC). Ante tales supuestos el LAJ, que habrá de tomar en consideración el objeto de la comunicación y la naturaleza de las actuaciones que de ella dependan, ordenará que se proceda respecto al diligenciado de la entrega de copia de la resolución o cédula según los casos del modo siguiente.

En primer lugar, cuando el destinatario de la comunicación sea hallado en el domicilio y se niegue a recibir la copia de la resolución o la cédula o no quiera firmar la diligencia acreditativa de la entrega, el funcionario o procurador que asuma su práctica le hará saber que la copia de la resolución o la cédula queda a su disposición en la oficina judicial; dicha medida producirá los efectos de la comunicación, asimismo, de todo ello quedará constancia en la diligencia (art. 161.2 LEC).

En segundo término, cuando no sea hallado en su domicilio el destinatario, la LEC permite la entrega en sobre cerrado, a cualquier empleado, familiar o persona con la que conviva, siempre mayor de catorce años, que se encuentre en el domicilio donde se pretende practicar la comunicación, o al conserje de la finca, si lo tuviere, lo que produce todos sus efectos. Pero para ello se requiere que el domicilio donde se pretende practicar la comunicación se trate del lugar en el que el destinatario tenga su domicilio según el padrón municipal, o a efectos fiscales, o según registro oficial o publicaciones de colegios profesionales, o bien sea la vivienda o local arrendado al demandado. Pero, si se realiza tal entrega a terceros, estos quedan comprometidos en un doble aspecto. Por un lado, el receptor que estará obligado a entregar la copia de la resolución o la cédula al destinatario de ésta, o a darle aviso, si sabe su paradero; y por otro, también le corresponde, desde el momento de la recepción, responsabilidad en relación a la protección de los datos del destinatario. La LEC señala que de ambos extremos ha de quedar advertido el tercero no destinatario (art. 161.3 LEC).

En tercer lugar, cuando no sea hallado en el lugar de trabajo que sea no ocasional del destinatario, la entrega se efectuará con plenos efectos a persona que manifieste conocer a aquél o, si existiere dependencia encargada de recibir documentos u objetos, a quien estuviere a cargo de ella. El receptor quedará comprometido entonces y se le efectuarán las mismas advertencias que hemos tratado en el punto anterior (art. 161.3 2.° Párrafo LEC).

En el supuesto de que se efectué la comunicación a terceros no destinatarios de esta medida —ante uno de estos dos últimos supuestos tratados en los dos anteriores supuestos— la diligencia documentará el nombre de la persona destinataria de la comunicación, la fecha y la hora en la que fue buscada y no encontrada en su domicilio, el nombre de la persona que recibe la copia de la resolución o la cédula, así como la relación de dicha persona con el destinatario (art. 161.3 3.° Párrafo LEC).

Junto a estos sistemas tradicionales, como advierte MIRA ROS, «las citaciones también se van a poder practicar a partir de ahora mediante medios electrónicos, pues la entrega al destinatario de la cédula de citación podrá realizarse en la sede electrónica del Tribunal conforme al art. 161.1 LEC, en su nueva redacción otorgada por el Real Decreto-Ley 6/2023»[135]. Y dice bien «se van a poder» porque los testigos no están obligados a enviar y recibir comunicaciones electrónicas, aunque pueden optar por estos medios (art. 162.1 LEC). Efectivamente, solo lo están las partes y los destinatarios que cuenten con dicha obligación legal o contractual. Así, cuando los intervinientes, sin estar obligados, opten por el uso de medios electrónicos, entonces, los actos de comunicación se practicarán a través los mismos (art. 152.2 c) LEC).

En el caso de los testigos —terceros en el proceso sin obligación legal ni contractual apriorística— según pone de manifiesto MARTÍN GONZALEZ, la eficacia de su comunicación electrónica queda condicionada a la respectiva aceptación voluntaria por el destinatario[136]. Esto supone una plasmación del reconocimiento genérico del derecho de todos los ciudadanos a optar libremente por la vía electrónica en su intervención ante la Administración de Justicia del art. 273.2 LEC

En todo caso, si el destinatario elige esta alternativa, ha de indicar los medios de los que pretende valerse, como un dispositivo electrónico o servicio de mensajería simple o una dirección de correo electrónico. Pero dichos cauces no servirán para la práctica de notificaciones sino tan sólo para informarle de la puesta a su disposición de un acto de comunicación. Se trata, por tanto, de designación de lugares electrónicos personales para la recepción de meros avisos. De hecho, la oficina judicial enviará el referido aviso, con independencia de la forma en que se realice el acto de comunicación (art. 152.2 LEC).

En cuanto a los efectos de la remisión de los citados avisos, al no tratarse de actos a demandados ni a las partes (art. 155.2 a y b) LEC), resulta de aplicación el artículo 155.2 c), en virtud del cual las comunicaciones efectuadas surtirán plenos efectos tras transcurrir tres días sin que el destinatario haya accedido a su contenido. Eso sí, para adquirir tal eficacia tiene que estar acreditada la correcta remisión de lo que haya de comunicarse a cualquiera de los lugares que se hayan designado como domicilio, o ante destinatarios

---

135 María Corazón MIRA ROS, «Sistemas electrónicos de comunicación procesal: nuevo régimen introducido en la LEC por el Real Decreto-Ley 6/2023, de 19 de diciembre», en *Next Generation Justice: Digitalización e inteligencia artificial*, obra colectiva, Sonia CALAZA LÓPEZ y Ixusko ORDEÑANA GEZURAGA (dirs), La Ley, Madrid, 2024, pág. 299.

136 Marina MARTÍN GONZALEZ, «La completa digitalización de las comunicaciones judiciales por el Real Decreto-Ley 6/2023, de 19 de diciembre», en *Next Generation Justice: Digitalización e inteligencia artificial*, obra colectiva, Sonia CALAZA LÓPEZ y Ixusko ORDEÑANA GEZURAGA (dirs), La Ley, Madrid, 2024, pág. 276.

no obligados, pero que hayan optado voluntariamente por utilizar medios electrónicos, como es el caso, que remite al régimen del art. 162 LEC. Precisamente dicho precepto tiene en cuenta la posible imposibilidad de acceso a la notificación durante dicho plazo. Incluso, en caso de persistencia de los errores técnicos, entonces el acto de comunicación se llevará a cabo mediante entrega de copia de la resolución. Si antes de realizar dicha entrega de la copia de la resolución se consiguiera reestablecer el sistema y se efectuara la comunicación electrónica, la fecha que conste en el resguardo electrónico acreditativo de la recepción será la tomada como válida a efectos de la notificación (art. 162.2 LEC).

En cuanto a las formas digitales de realización del acto de comunicación, en primer lugar, encontramos la posibilidad de comparecencia y recepción ante la sede judicial electrónica (arts. 8, 9 y 10 LEC). Previamente a dicha personación, la oficina judicial emite un aviso al destinario dirigido al lugar digital, en su caso, señalado precisamente por este. Este aviso proporciona una vía de acceso del destinatario, quien ha de entrar en la Sede, previa identificación electrónica, y, una vez allí, podrá obtener la cedula de citación, tras su firma electrónica.

Otra posibilidad consiste en el acceso remoto a la dirección electrónica habilitada Única, un servicio electrónico establecido como punto unificado de notificaciones emitidas por las administraciones adheridas. Este servicio fue regulado por el Real Decreto 1065/2015.

Y un último cauce lo constituye el correo electrónico, aunque hay que matizar su válida utilización. También está previsto dicho sistema en el art. 23 del Real Decreto 1065/2015. Sin embargo, su uso puede entrar en colisión con el vigente art. 152.2 LEC que, textualmente reza: «El destinatario deberá identificar un dispositivo electrónico, servicio de mensajería simple o una dirección de correo electrónico que servirán para informarle de la puesta a su disposición de un acto de comunicación, pero no para la práctica de notificaciones».

En todo caso, el permiso del art. 23 del Real Decreto 1065/2015 para usar el correo electrónico quedó circunscrito a que se realice a través de las direcciones elegidas por los ciudadanos y siempre que el momento del acceso al contenido de la comunicación se genere automáticamente y de forma independiente a la voluntad del ciudadano un acuse de recibo acreditativo del día y hora de la remisión del acto de comunicación y de la recepción íntegra de su contenido y de los documentos adjuntos. Pero, como decimos, este medio ha quedado disfuncional y entra en contradicción con las formas, mucho más seguras y fehacientes, establecidas en la LEC, como es la comparecencia ante la sede judicial electrónica o ante dirección electrónica habilitada Única, precedida o no de aviso en los lugares señalados por el destinatario. Efectivamente, el veto del art. 152.2 LEC, consistente en que el correo electrónico no servirá para la práctica de notificaciones sino tan sólo para informar al destinatario de la puesta a su disposición de un acto de comunicación (art. 152.2 LEC) entra en contradicción con la habilitación de este canal a través del citado art. 23 del Real Decreto 1065/2015. Al mismo tiempo, hay que destacar que el uso del correo electrónico como sistema de envío y recepción recogido en aquel Real Decreto ha caído en desuso. Como motivos de dicha decadencia se ha citado la inseguridad en la protección de los datos enviados, susceptibles de sustracción o hackeo, y dificultades para emitir fehacientemente el acuse de recibo de la recepción íntegra de su contenido y de los documentos adjuntos.

Finalmente, si el acto de comunicación a través de los medios citados se verifica correctamente, esta será considerada plenamente válida y ello con independencia de la falta de práctica de previo aviso (art. 152.2 LEC) o —añadimos por pura lógica— ante remisión de avisos erróneos o ineficaces.

6.3.4. *Obligatoriedad del testigo citado de comparecer ante el llamamiento. Consecuencias de la infracción*

El efecto coercitivo de la citación del testigo constituye, precisamente, el principal valor añadido de la prueba testifical realizada ante el tribunal respecto a la intentada ante el órgano arbitral, quien, como hemos ya subrayado, carece de *potestas* y, por tanto, de facultad coercitiva. En la jurisdicción, constituye un deber del testigo que haya sido debidamente citado el de comparecer al juicio o la vista señalada. De hecho, la infracción de esta obligación puede obtener un doble ámbito de consecuencias: en primer lugar, una posible incidencia en el desarrollo de la vista y, en segundo lugar, dos niveles de sanción para el propio testigo, que se aplican de forma progresiva.

Respecto a la posible incidencia de la incomparecencia del testigo citado en el desarrollo de la vista, se otorga la facultad al tribunal para decidir, mediante providencia, si la audiencia ha de suspenderse o debe continuar. Para que pueda resolver la continuación, además, de comprobarse la efectiva citación del testigo, deberá cerciorarse que no medie previa excusa por parte del interrogable (art. 292.3 LEC). Aunque este precepto no lo indique expresamente, el titular jurisdiccional habrá de aplicar un juicio de ponderación entre el nivel de pertinencia, utilidad y necesidad de su concreta declaración en el pleito y el principio de eficacia procesal. Pero cuando se trata de ejecutar la asistencia al arbitraje, la aplicación de dichos criterios no es competencia del tribunal por mor del art. 25.2 en relación con el art. 7 LA, ya que esta es una atribución del órgano arbitral solicitante o que aprobó la solicitud de ayuda de las partes. Por este mismo motivo, sostenemos que la primera incomparecencia debe traducirse en la suspensión del acto con audiencia a las partes, como se regula para el caso de que la testifical forme parte del proceso jurisdiccional.

Igualmente, en caso de que se plateara por el citado una excusa para su inasistencia, esta habrá de corresponder a causa de fuerza mayor u otro motivo similar, ser debidamente justificada y tramitarse conforme al art. 183.1, 5 y 6 LEC). En su virtud, será el LAJ quien otorgará audiencia bilateral a las partes donde planteará una pregunta en la que ofrecerá dos posibles alternativas: a) Dejar sin efecto el señalamiento y fijar uno nuevo, b) citar al interrogable para la práctica de la actuación probatoria fuera de la vista señalada. Transcurrido el plazo, el Tribunal decidirá lo que estime conveniente. En el supuesto de no considerar atendible o acreditada la excusa del testigo o del perito, entonces mantendrá el señalamiento de la vista inicial. En tal caso, el LAJ tendrá que notificar al testigo con excusa injustificada y le requerirá para que comparezca bajo apercibimiento de proceder en su contra por desobediencia judicial. Pero, además, si el LAJ considerara que el testigo ha presentado la excusa a fin de provocar una dilación injustificada y sin fundamento alguno, de dicha conducta podrá el tribunal deducir una multa de hasta seiscientos euros. Sostenemos que esto resulta aplicable en el caso de ejecución de una ayuda al arbitraje.

En lo referente a las consecuencias de la mera incomparecencia para el propio testigo, dicha conducta se sancionará, como primera medida impuesta por el Tribunal que conoce la causa, con multa de ciento ochenta a seiscientos euros. Dicha imposición requerirá, no obstante, la previa audiencia por cinco días (art. 292.1 LEC). El segundo nivel de sanción al testigo puede consistir en que se abra un proceso penal en su contra por desobediencia judicial; a tal fin, cuando se le notifique la multa impuesta, también se le volverá a requerir a dicho testigo, previo acuerdo por providencia, a fin de que comparezca cuando se le cite de nuevo por el LAJ, bajo apercibimiento de proceder contra él por desobediencia a la autoridad (art. 292.2 LEC).

No obstante, advertimos una cierta conexión entre el art. 292.3 LEC y el precedente art. 292.1 y 2 LEC, de tal manera que, parece que solo si efectivamente se acuerda la suspensión del acto de enjuiciamiento por la incomparecencia del testigo —punto 3 de dicho precepto—, entonces, cabrá sancionar con multa al testigo y, asimismo, perseguir al interrogable por delito de desobediencia a la autoridad —puntos 1 y 2 del precepto—. En este sentido se ha de significar que, en cuanto a la regulación de este asunto, la persistencia en la citación del testigo a que se refiere en el art. 292.2 LEC, que, tras ser multado por no presentarse al juicio, se le vuelve —necesariamente— a requerir para su comparecencia a juicio o a su acto de interrogatorio, presupone que, previamente se ha determinado la suspensión del señalamiento. Por tanto, y aunque el precepto no lo indique de manera expresa, deducimos dicha dependencia del previo acuerdo de suspensión para multar y, posteriormente, proceder penalmente en contra del testigo ausente. Abundando en ese argumento, si lo que se acuerda es la continuación del juicio, normalmente será porque la declaración no era imprescindible y, por tanto, a pesar del incumplimiento, este no conllevaría un menoscabo a la administración de justicia[137], aunque esto no resulta aplicable en los casos de asistencia judicial al arbitraje.

6.3.5. *La admisión*

Tal y cómo hemos destacado anteriormente, constituye una potestad propia de los árbitros la decisión sobre la admisibilidad, la pertinencia y la utilidad de las pruebas (art. 25.2 LA). Algo completamente lógico por cuanto es a ellos a los que les corresponde decidir sobre la controversia ante ellos entablada (art 34 y ss. LA). Esta consideración junto al principio de intervención mínima consagrado en el art. 7 LA, da lugar a la exclusión de la jurisdicción en cuanto a esta potestad. Ante este caso de asistencia judicial tendrán, por tanto, los tribunales que abstenerse de cualquier pronunciamiento sobre tales presupuestos probatorios.

Por idéntico motivo, tampoco las partes del procedimiento arbitral cuentan con la facultad de la impugnación por la admisión o inadmisión acordada por el órgano arbitral ante el órgano judicial, pues esta facultad, reconocida en el art. 285.2 LEC, es propia de las partes procesales *stricto sensu*. Ello, con independencia del régimen que al respecto hayan podido gozar durante el procedimiento arbitral. Igual tratamiento ha de obtener la posible manifestación de tachas en los distintos instantes procesales que la ley permite cuando el proceso se sigue completo ante la jurisdicción (arts. 378 y 367.2 LEC). Las mismas razones justifican la inoperancia de la potestad judicial de declarar la insuficiencia probatoria previsto en el art. 429.1, párrafo 3.º LEC.

Cuestión distinta es, a nuestro juicio, la facultad de las partes arbitrales de promover el incidente de prueba ilícita o, incluso, que esta sea acordada por el tribunal de oficio (art. 287 LEC). Lo que aquí se está cuestionado es la posible vulneración de derechos fundamentales en la obtención o en el origen de la prueba ya admitida. Además de la incongruencia que sería impedir que el órgano judicial utilizara esta potestad por el mero hecho de provenir de una solicitud de asistencia desde el arbitraje, en el tenor del mentado art. 25.2 LA no se menciona la detección de este vicio como una potestad excluida en la jurisdicción. Y no podemos olvidar la sujeción de los órganos jurisdiccionales a la Constitución y a las leyes (Arts. 9 y 117.1 y 2 CE y el art. 1 LEC). Como señala HERRERA PETRUS, «ningún Juez debería colaborar en la práctica de una prueba si le consta que, por su origen o por sus efectos, dicha prueba violenta derechos o libertades fundamentales reconocidos en la Constitución Española». Argumenta este autor que esa «reserva competencial para la protección del orden público se desprende de los artículos 5, 7 y 11 de la

137 María José FERNÁNDEZ-FÍGARES MORALES, *Alcance y límites del interrogatorio de testigos en el proceso civil (con revisión de las tecnologías aplicadas)*, *Op. Cit.*, pág. 101.

Ley Orgánica del Poder Judicial». Particularmente cita que, conforme al artículo 11.1 LOPJ, se determina: «*En todo tipo de procedimiento se respetarán las reglas de la buena fe. No surtirán efecto las pruebas obtenidas, directa o indirectamente, violentando los derechos o libertades fundamentales*»[138]. Por tanto, sostenemos que, en la asistencia judicial en materia probatoria, cabe tanto el incidente por prueba ilícita como su acuerdo de oficio por el tribunal.

6.4. La práctica

6.4.1. *Cauce e instante*

Cuando se trata de asistencia judicial, la práctica de la prueba personal se llevará a efecto a través de la vista propia del juicio verbal (art. 443.3 LEC). Si se solicitara conjuntamente la prueba de interrogatorio de testigos y el dictamen de peritos (poco probable), el orden general establece que primero declararán los testigos y luego los peritos, aunque el tribunal puede acorar otro orden distinto tanto de oficio como a instancia de parte (art. 300.1 LEC).

6.4.2. *Cautelas ante interrogatorios a varios testigos*

Cuando la solicitud de asistencia conlleve el interrogatorio de varios testigos, la ley procesal impone que estos declaren de forma separada —unos respecto de otros—, sucesivamente[139], y conforme al orden en que vinieran consignados en las propuestas probatorias de las partes. Pero, de nuevo, en este caso, el tribunal cuenta con la facultad para alterarlo cuando, según la ley, «encuentre motivo» (art. 366.1. LEC), sin que se especifique, en este caso, si dicha resolución puede ser por propia iniciativa y/o a instancia de parte.

Además, la ley procesal prohíbe que los testigos se comuniquen entre sí y, asimismo que asistan unos a las declaraciones de otros (art. 366.2. LEC). Una prohibición, que, como comentamos en el capítulo sobre el ámbito subjetivo del interrogatorio, tiene por finalidad procurar la denominada «indemnidad de la prueba», es decir, que el interrogable no altere o vicie su propia deposición dada la distorsión que le pueda ocasionar conocer la deposición de otro testigo. En cualquier caso, respecto a la posible comunicación entre

---

138 Christian HERRERA PETRUS, «Reflexiones sobre el auxilio judicial al arbitraje internacional en materia de prueba», *Arbitraje comercial: Nuevas tendencias y oportunidades,* obra colectiva, Christian Herrera Petrus y Miquel Montañá Mora (Coord.), Bosh, 2024, pág. 189.

139 Nótese la curiosidad de que, por ejemplo, en el CPCN Argentina, en su artículo 439, establece que los testigos serán llamados alternativamente, en lo posible, «los del actor con los del demandado».

testigos, creemos que la norma debería precisar que el veto de comunicación se refiere, precisamente, al ámbito del objeto de su respectivo testimonio y no a cualquier otro tipo de contenido.

6.4.3. *Régimen regulador de la práctica probatoria*

Cuando nos hallamos ante una solicitud del panel arbitral o de las partes sobre la práctica de prueba por el órgano judicial entran en juego las normas jurisdiccionales. Así se infiere de la reconducción que establece el art. 33.1 LA al regular que los árbitros o cualquiera de las partes con su aprobación podrán solicitar del tribunal competente asistencia para la práctica de pruebas, «de conformidad con las normas que le sean aplicables sobre medios de prueba». Cuando la ayuda que se interesa es la práctica de prueba completa bajo la dirección judicial y dentro de un proceso civil, dado el sometimiento que estos presentan a la ley, ex art. 9 y 117.3 CE, el régimen de dichas prácticas se aparta de sistema probatorio recogido en la LA y resulta de aplicación la LEC y la LOPJ.

De este modo, a la hora de practicar la prueba en el seno del tribunal resultarán de aplicación para el interrogatorio de testigos, los arts. 365-375 LEC, para el dictamen de peritos, los artículos 346-347 LEC, para el reconocimiento judicial, los arts. 354-359 LEC. Igualmente, cuando dichas prácticas se lleven a cabo mediante videoconferencia, resultarán de aplicables las normas recogidas en la LEC y la LOPJ que estudiamos en los dos capítulos siguientes.

Sin embargo, hay que advertir que dicha regulación está ideada para atender la práctica de los medios de prueba dentro de la ordenación del proceso civil y no se indica expresamente su imperatividad respecto a la asistencia judicial; de hecho, el artículo 1 LEC determina que, precisamente, «en los procesos civiles, los tribunales y quienes ante ellos acudan e *intervengan deberán actuar con arreglo a lo dispuesto en esta Ley»*. Pero la consideración del arbitraje como «equivalente jurisdiccional» ha permitido extender el régimen aplicable a estas prácticas que proceden del arbitraje. A este argumento se une la función supletoria de la LEC recogida en su art. 4, que resulta aplicable ante la ausencia de normas precisas en la LA.

Indubitada la aplicabilidad de la LEC a estos supuestos, sin embargo, determinadas situaciones del arbitraje de origen pueden demandar la toma en consideración de determinados factores que no están previstos en las tipologías probatorias preestablecidas en la LEC, pero, para eso, la propia LEC aporta de solución del descarte del sistema de lista cerrada de los medios de prueba tradicionales, de modo que contamos con el «cajón de sastre» que supone el art. 299.3 LEC, cuando establece que se podrá hacer uso, además del interrogatorio de parte, documental, dictamen de peritos, reconocimiento judicial, interrogatorio de testigos, medios audiovisuales o informáticos, cualquier otro medio no expresamente previsto, siempre que «pudiera obtenerse certeza sobre hechos relevantes». Ante este último tipo de medios el tribunal, a instancia de parte, lo admitirá como prueba, y adoptará las medidas que en cada caso resulten necesarias.

En opinión de HERRERA PETRUS es posible avalar una actuación probatoria acordada por un juez en apoyo de un arbitraje que se desvíe de los trámites previstos en la LEC para los medios de prueba regulados específicamente en la misma, siempre y cuando respete las garantías constitucionales (fundamentalmente la igualdad procesal y el derecho de defensa y de audiencia y contradicción). Añade este autor lo siguiente: «¿qué bien jurídico constitucional lesiona un Juez español si, por ejemplo, acuerda y practica una declaración testifical que siga el formato de la *cross-examination* solicitada por el tribunal arbitral anglosajón? En la medida en que la práctica respete las garantías constitucionales relevantes, entendemos que ninguno, a pesar de que no esté prevista este tipo de intervención en la prueba testifical seguida en un procedimiento judicial conforme a la LEC (artículo 360 y siguientes)». El autor superpone el argumento de la utilidad para el laudo del panel arbitral que este tipo de prácticas no clásicas pueden aportar al arbitraje[140]. Por su parte, PEÑA ADASME cita una serie de límites que han de imponerse a la flexibilidad del arbitraje y estimamos de consideración al caso, que son, fundamentalmente siete: el derecho de defensa, la igualdad de las partes, la independencia e imparcialidad del árbitro, el orden público, el principio de intervención judicial restringida del art. 7 LA, los costos del arbitraje y los límites derivados de la invalidez procesal[141].

6.4.4. *Facultades del órgano judicial respecto a la admisión de preguntas*

Tras ser admitido el medio de prueba por el árbitro y llegado el instante de llevar a cabo la práctica probatoria atribuida al órgano judicial, según el tenor literal del art. 33.2 LA, cuando se solicitara la asistencia en la práctica de prueba ante el tribunal competente, este «practicará la prueba bajo su exclusiva dirección». Sin embargo, como pone de manifiesto HERRERA PETRUS, se pueden presentar situaciones como «la decisión sobre la impertinencia de una pregunta, la suficiencia de una respuesta o la impugnación de algún aspecto planteado por el letrado de una de las partes». Ante dichas hipótesis, dice el autor, «resulta a veces dudoso —al menos si se analizan las cosas con la finalidad de optimizar la cooperación— quién conviene que haga qué». Dicho autor mantiene la potestas judicial en estos casos, pero plantea como

140 Christian HERRERA PETRUS, «Reflexiones sobre el auxilio judicial al arbitraje internacional en materia de prueba», *Op. Cit.*, pág. 196.

141 Andrés PEÑA ADASME, «La flexibilidad procesal del arbitraje en Ley 60/2003», *Op. Cit*, págs. 78-79.

«solución óptima» que los árbitros «proporcionen a la judicatura, generalmente de forma anticipada, información suficientemente detallada sobre el caso y pautas claras sobre los hechos controvertidos cuya realidad se trata de esclarecer, de modo que el Juez que auxilia pueda tomar *motu proprio* decisiones acertadas durante la práctica de los medios de prueba[142].

7. La documentación de la práctica

Según determina el artículo 147.1 LEC, las actuaciones orales en vistas, audiencias y comparecencias celebradas ante los jueces o magistrados o, en su caso, ante los letrados de la Administración de Justicia, se registrarán en soporte apto para la grabación y reproducción del sonido y la imagen. La doctrina ya había puesto de manifiesto la mayor idoneidad de esta forma de recoger los resultados probatorios, como MUNNÉ CATALINA, quien mantuvo que «en aras de preservar la inmediación de los árbitros y la más adecuada valoración de la prueba por parte de los mismos (art. 25.2 LA) es aconsejable hacerlo mediante sistemas de grabación y reproducción de la imagen y el sonido»[143].

Como medidas de seguridad, siempre que se cuente con los medios tecnológicos necesarios, estos garantizarán la autenticidad, integridad e inalterabilidad de lo grabado o reproducido. A tal efecto, el letrado o letrada de la Administración de Justicia hará uso de la firma electrónica u otro sistema de seguridad que conforme a la ley ofrezca tales garantías. El documento electrónico así generado constituirá el acta a todos los efectos (art. 146 LEC).

Durante estas actuaciones, sin perjuicio de cualesquiera otras medidas de identificación de los intervinientes, estos deberán expresar, bajo su responsabilidad, ante la autoridad que presida el acto su nombre y apellidos de forma que quede constancia en la grabación (art. 146 LEC). En cuanto a la ubicación y guardado de estas filmaciones, la oficina judicial habrá de asegurar la correcta incorporación de la grabación al expediente judicial electrónico y en caso de que los sistemas no provean el expediente judicial electrónico; asimismo, como fedatario público, el LAJ deberá custodiar el documento electrónico que sirva de soporte a la grabación (art. 147 LEC). Finalmente, como garantía para las partes, en su derecho de acceso a las actuaciones y, en su caso, para poder estudiar cualquier impugnación, las partes podrán pedir, a su costa, copia o acceso electrónico de las grabaciones originales (art. 147 LEC).

Coincidimos con lo que afirma BONET NAVARRO, quien manifiesta que «en el contexto de un procedimiento caracterizado por la oralidad, la documen-

---

142 Christian HERRERA PETRUS, «Reflexiones sobre el auxilio judicial al arbitraje internacional en materia de prueba», *Op. Cit.*, pág. 190.

143 Frederic MUNNÉ CATALINA, «Las pruebas personales en el arbitraje», *Op. Cit.*, pág. 292.

tación de los correspondientes actos procesales, especialmente en aquellos donde vaya a practicarse la prueba mediante el registro en soporte apto para la grabación y reproducción de sonido e imagen, supone una mayor calidad respecto a la tradicional documentación escrita en el acta, permite una mejor valoración judicial y, para las partes, potencia el ejercicio del derecho de defensa, sobre todo en cuando facilita la preparación de los correspondientes recursos»[144].

Se ha planteado si se podría deducir la nulidad del acto en los casos en los que se ocasione una falta de grabación. Es claro que solamente cuando tal omisión suponga la indefensión de alguna de las partes, entonces, procederá su nulidad conforme al art. 238. 3.° LOPJ y art. 24.2 CE. La doctrina constitucional afirma que «la documentación de las actuaciones no constituye un requisito de validez de los actos procesales, sino la prueba auténtica que permite constatar la realidad material de lo actuado. Ello podría afectar el ejercicio de algunos derechos fundamentales. Esta doctrina ya se dejó sentada en la STC 4/2004, de 14 de enero, FJ 5, que declaró que la pérdida de la documentación de las actuaciones no comporta en sí misma la vulneración de ninguna de las garantías esenciales del proceso»[145]. Además, este es el argumento esgrimido por la SAP de Pontevedra de 2015 para llegar a la solución que rechaza, en el caso concreto, la nulidad por dicha falta en lo que se refiere a la filmación de la declaración de las partes y los testigos[146]. Pero, en el caso de que se trate de un acto probatoria de asistencia al arbitraje, la falta de documentación equivale a falta de cumplimentación y, por tanto, a la inasistencia, en contra del art. 33.2 LA y del derecho a la tutela efectiva del art. 24 CE. Por tanto, ante dicha eventualidad, habrá que repetir la práctica y asegurar su registro y remisión al solicitante.

En cuanto a la asistencia del LAJ a estos actos, en principio, no es necesaria cuando se recoge en grabación. En este caso, la celebración del acto no requerirá la presencia en la sala del letrado o letrada de la Administración de Justicia. Otra cosa será, la conveniencia de que el LAJ se cerciore de que, efectivamente, el sistema de grabación funcione respecto a los actos

144 José Bonet Navarro, *Litigación y teoría de la prueba*, Tecnos, Madrid, 2019, pág. 353.

145 STC, Sala 1.ª, 16 de marzo de 2015, F.J. 2.c.

146 SAP de Pontevedra, Sala de lo Civil, Sección 6.°, 554/2015, 16 de noviembre de 2015, en su F.D. Segundo dice: «el defecto o error en la grabación que ha hecho imposible obtener copia del visionado y audición del CD de la sesión de la vista celebrada el 20/1/2014 no acarrea en este supuesto la sanción de nulidad de actuaciones, ya que no consta que se haya producido indefensión o perjuicio grave a la parte recurrente», cuando, previamente, había manifestado: «El recurso de apelación no se basa en las declaraciones prestadas por las partes y por los testigos, ya que la cuantía de la pensión de alimentos se centra en la documentación obrante en autos y el régimen de visitas en los informes de los especialistas con sus aclaraciones en juicio, que se encuentran documentados en el CD de grabación de la reanudación de la vista celebrada el 13/5/2014, así como en la exploración de la menor. Existe acta sucinta de ambas vistas».

en particular y la integridad de lo captado[147]. Pero, como prevé el art. 147 LEC, también es admisible la asistencia concurrente con la grabación cuando lo hubieran solicitado las partes, pero dicha solicitud tendrá que librarse al menos dos días antes de la celebración de la vista. Además, cabe dicha concurrencia paralela a la filmación cuando excepcionalmente lo considere necesario el propio LAJ en atención a una serie de factores como: a la complejidad del asunto, al número y naturaleza de las pruebas a practicar, al número de intervinientes, a la posibilidad de que se produzcan incidencias que no pudieran registrarse o a la concurrencia de otras circunstancias igualmente excepcionales que lo justifiquen. En estos casos, el letrado o letrada de la Administración de Justicia extenderá un acta sucinta en los términos previstos en el artículo 146 LEC.

La legislación procesal tiene en cuenta la circunstancia —cada vez menos probable hoy en día— de imposibilidad de utilizar los medios de grabación (art. 146.2 LEC). En tal caso será necesaria la asistencia activa del LAJ, quien habrá de levantar acta donde consignará los siguientes extremos: número y clase de procedimiento; lugar y fecha de celebración; tiempo de duración; asistentes al acto; peticiones y propuestas de las partes; en caso de proposición de pruebas, declaración de pertinencia y orden en la práctica de las mismas; resoluciones que adopte el juez o Tribunal, así como las circunstancias e incidencias que no pudieran constar en aquel soporte. Además, el acta se extenderá por procedimientos informáticos, de manera que se prohíbe que pueda ser manuscrita salvo en las ocasiones en que la sala en que se esté celebrando la actuación careciera de medios informáticos. Este mandato solucionó los problemas de legibilidad que generaban las actas obsoletas manuscritas.

8. Remisión de los resultados al órgano arbitral

A tenor de lo determinado en el art. 33.2 LA, tanto en el caso de práctica de medidas de apoyo accesorias a la prueba practicada por el órgano arbitral como en el supuesto de una solicitud de práctica de prueba completa por el tribunal, el Secretario judicial —actual Letrado de la Administración de Justicia— entregará al solicitante de la medida o práctica en cuestión testimonio de las actuaciones. Quiere ello decir que, si la solicitud al tribunal la formuló el órgano arbitral, a este habrá que entregarle las diligencias cumplimentadas a su tenor. Si la solicitud partió de alguna de las partes, entonces, será a esta a la que habrá de entregar los resultados recogidos.

Ahora bien, existe un riesgo derivado de esta regulación; se trata de la situación en que sólo lo haya pedido la parte, pero no el órgano arbitral. En este caso, cabe que el resultado probatorio no arribe al procedimiento

147 Acuerdo AP Madrid, de 25 de mayo de 2007.

arbitral, bien por pérdida por la parte, bien por dejación o bien porque el resultado no sea favorable a sus propios intereses en juego. Coincidimos con ORDOÑO ARTÉS en que «puede resultar más conveniente que el tribunal entregue tal testimonio directamente a los árbitros, independientemente de que hayan o no solicitado la asistencia»[148].

En cuanto a la forma en la que se entregarán esos resultados, previo acuerdo por el LAJ, se testimoniarán según la manera en la que se hayan documentado. Según hemos visto en el anterior apartado, la grabación audiovisual será la forma más común, aunque el tenor literal del art. 147 LEC refiere que el acceso a las grabaciones originales requiere previa solicitud de las partes y la copia o el acceso será «a su costa». Esta prescripción, en realidad, está ideada para cuando se trate de una práctica probatoria de un proceso seguido ante el mismo tribunal, pero cuando se trate de un acto para prestar asistencia al arbitraje, se supone que la mera solicitud de tal apoyo presupone que el tribunal habrá de entregar los resultados en este caso mediante la copia o acceso electrónico a la grabación original, como decimos en virtud del art. 33.2 LA.

Igualmente, en caso de ausencia de grabación, por imposibilidad, deberá ser entregada por el LAJ el acta correspondiente, a falta de una prescripción concreta respecto a este documento, por aplicación de la regla general del art. 33.2 LA que hace mención a la remisión del testimonio de las actuaciones.

9. Incidencia de la asistencia en el plazo para dictar el laudo

En aras a la agilidad y a la pronta resolución del litigio, aunque sin efectos en cuanto a la eficacia final del laudo, el procedimiento arbitral cuenta con un periodo máximo de tramitación. Los árbitros deberán decidir la controversia dentro de los seis meses siguientes a la fecha de presentación de la contestación o de expiración del plazo para presentarla. Cabe su prolongación hasta por otros dos meses más, pero, en su caso, ha de ser acordada por los árbitros de forma motivada. Todo ello salvando cualquier acuerdo en contra de las partes (art. 37.2 LA).

Con este régimen imperante en el expediente arbitral resulta que la petición y tramitación de asistencia en medidas y en prácticas probatorias por parte de la judicatura requiere tal lapso temporal que ello implica el casi seguro correspondiente incumplimiento del plazo para dictar el laudo. Se ha echado de menos por la doctrina y la jurisprudencia una previsión acerca de

148 Carmen ORDOÑO ARTÉS, «Asistencia judicial para la práctica de la prueba en la Ley de Arbitraje», *Op.* Cit., pág. 129.

que esta incidencia represente una causa de suspensión de la tramitación del arbitraje y se propone. Así lo ha puesto de manifiesto ORDOÑO ARTÉS, quien sugiere que el árbitro acuerde la suspensión del plazo de dictado del laudo mientras dure la asistencia a través de una decisión motivada que cuente con el acuerdo de las partes; ello a fin de evitar precipitar el dictado del laudo sin que el resultado de la asistencia se haya incorporado al expediente[149].

149 Carmen ORDOÑO ARTÉS, «Asistencia judicial para la práctica de la prueba en la Ley de Arbitraje», *Op.* Cit., págs. 129-130. La autora, en su cita 153 recoge la SAP Castellón (Sección 2.ª) de 27 de marzo de 1998.

CAPÍTULO 3

EVOLUCIÓN DEL RECABO DE PRUEBAS A TRAVÉS DE VIDEOCONFERENCIA POR ÓRGANOS JUDICIALES

1. El régimen pre-pandémico de la videoconferencia

1.1. La videoconferencia en la LOPJ y otras normas procesales españolas

El art. 229.2 LOPJ constituye un punto de partida sobre el modo en el que la institución legisladora diseñó la utilización de la videoconferencia que alcanza a todos los órdenes jurisdiccionales. Este precepto determina un expreso reconocimiento del principio de inmediación, con una configuración del mismo como supuesto general a cumplir. Y ello dado que este precepto sanciona que las declaraciones, interrogatorios, testimonios, careos, exploraciones, informes, ratificación de los periciales y vistas, «se llevarán a efecto ante el juez o tribunal con presencia o intervención, en su caso, de las partes y en audiencia pública, salvo lo dispuesto en la Ley» —más adelante profundizaremos en este principio—.

Pero, en lo que en este punto nos incumbe, el mismo precepto sienta a continuación la pauta del artículo 229.3 LOPJ, donde dispone que las declaraciones, interrogatorios, testimonios, careos, exploraciones, informes, ratificación de los informes periciales y vistas «podrán realizarse a través de videoconferencia u otro sistema similar que permita la comunicación bidireccional y simultánea de la imagen y el sonido y la interacción visual, auditiva y verbal entre dos personas o grupos de personas geográficamente distantes, asegurando en todo caso la posibilidad de contradicción de las partes y la salvaguarda del derecho de defensa, cuando así lo acuerde el juez o tribunal»[150]. Inicialmente se desenvolvió como una excepción a la norma de presencialidad física, aunque esta concepción ha evolucionado, como veremos.

Añadió el mencionado precepto una concreta medida para asegurar la identificación de la persona que declare mediante este procedimiento al asignar al secretario judicial —actual Letrado de la Administración de Justicia o LAJ— del juzgado o tribunal que haya acordado la medida la función de acreditar, desde la propia sede judicial, dicha identidad mediante la previa remisión o la exhibición directa de documentación, bien sea por conocimiento personal o bien por cualquier otro medio procesal idóneo.

Además de este permiso general existían previsiones en otras leyes procesales. De esta forma, la Ley de Enjuiciamiento Criminal (LECrim) se refirió al uso de

150 Ley Orgánica 13/2003, de 24 de octubre, de reforma de la Ley de Enjuiciamiento Criminal en materia de prisión provisional, en su Disposición Adicional Única añadió este párrafo tercero incorporado a través del artículo 229.3 LOPJ, donde se introdujo esta práctica de forma expresa. También adiciona la medida al proceso penal, puesto que ofrece un nuevo contenido al artículo 731 bis LECRIM relativo a su uso en el juicio oral y el artículo 325 LECrim su posible utilización en la fase de instrucción para las declaraciones de los imputados, testigos o peritos.

tales procedimientos y lo reguló tanto para el juicio oral como para la fase sumarial o de investigación. Así, el artículo 731 bis LECrim respaldó el uso de esta tecnología como facultad del juez *durante el juicio oral penal*, ya que dispuso que el Tribunal, de oficio o a instancia de parte, «por razones de utilidad, seguridad o de orden público, así como en aquellos supuestos en que la comparecencia de quien haya de intervenir en cualquier tipo de procedimiento penal como imputado, testigo, perito, o en otra condición, resulte gravosa o perjudicial, y, especialmente, cuando se trate de un menor, podrá acordar que su actuación se realice a través de videoconferencia u otro sistema similar que permita la comunicación bidireccional y simultánea de la imagen y el sonido, de acuerdo con lo dispuesto en el apartado 3 del artículo 229 de la Ley Orgánica del Poder Judicial».

Se sumó a ello que la declaración en juicio oral de los testigos que sean menores de edad o con discapacidad necesitada de protección ha gozado de una especial atención cuando la inmediación directa pueda suponer la confrontación con el inculpado; por eso, la consideración de su adopción se descarta como facultad y pasa a ser una auténtica obligación para la judicatura. Así, el art. 707, segundo párrafo LECrim determinó que su declaración se llevará a cabo de modo que se evite la confrontación visual de los menores con el inculpado, para lo que se utilizará para ello «cualquier medio técnico que haga posible la práctica de esta prueba», lo que incluye la utilización de las tecnologías de la comunicación[151]. Según el último párrafo de dicho precepto, resultó, además, extensible a las víctimas en general «cuando de su evaluación inicial o posterior derive la necesidad de estas medidas de protección»[152]. Y, en particular, pudo aplicarse a las víctimas de violencia de género, por eso el Poder Judicial recomendó dicha determinación como buena práctica ante los casos citados y ciertas circunstancias[153].

---

151 Ley Orgánica 8/2006, de 4 de diciembre, por la que se modifica la Ley Orgánica 5/2000, de 12 de enero, reguladora de la responsabilidad penal de los menores, en su Disposición Adicional Primera. 3, reformó dicho artículo de la Ley de Enjuiciamiento Criminal. Con ello se supera la regulación precedente que requería que dicha medida fuera acordada por el órgano judicial a través de una resolución motivada y previo informe pericial favorable.

152 La Ley 4/2015, de 27 de abril, del Estatuto de la víctima del delito, introduce esta previsión en dicho artículo y le otorga la redacción que conserva hasta nuestros días.

153 AA. VV., *Guía de buenas prácticas para la toma de declaración de víctimas de violencia de género*, Consejo General del Poder Judicial (España). Grupo de Expertos en Violencia Doméstica y de Género, 2019, (consulta en base de datos Tirant on line); refleja que es una buena práctica que en las citaciones al acto del juicio a las víctimas de hechos de violencia de género se les ofrezca la posibilidad de que declaren por videoconferencia, para lo que se les explicaría en qué consiste este sistema y a dónde debería dirigirse para llevar a cabo la declaración evitando con ello el contacto físico con el acusado, lo que en caso contrario puede ser causa de «victimización» lógica al tener que enfrentarse a quien ella señala que le victimizó. Pero debe ser decisión de ella, previo ofrecimiento por el órgano judicial usar esta tecnología, o no, porque, aunque el sistema exista las víctimas lo desconocen, de ahí que sea necesario ofrecérselo previamente. (art. 25.2 a) Ley 4/2015 del estatuto de la víctima del delito).

Por otro lado, para *la fase de investigación* del delito, el artículo 325 LECrim facultó al juez en idénticos términos que lo comentado respecto al juicio oral, pero en este caso con la finalidad de acordar que la comparecencia realizada por videoconferencia de la declaración del investigado o encausado, testigo, perito, o en otra condición, cuando resulte especialmente gravosa. Igualmente, el art. 448 último párrafo LECrim se pronuncia. con idéntica protección que lo antes señalado para el juicio oral, hacia los menores y de las personas con capacidad judicialmente modificada, al imponerse como medida de apartamiento de la confrontación del menor con el inculpado, para lo que podrá utilizar «cualquier medio técnico que haga posible la práctica de esta prueba»[154].

Por último, el legislador quiso otorgar al uso de la videoconferencia por el Ministerio Fiscal una habilitación expresa, de manera que supeditó su utilización a la efectiva disponibilidad de los medios. Así, el artículo 306 LECrim se refirió al posible uso de dicha herramienta como facultad del Fiscal para las actuaciones de cualquier procedimiento penal, incluida la comparecencia que tiene por objeto acordar sobre la situación personal del detenido del art. 505 LECrim.

Respecto a la asunción en la LEC de esta práctica antes de la entrada en vigor del Real Decreto-Ley 16/2020 (que trataremos más adelante), se puede decir que hay que distinguir entre dos tipos de usos telemáticos. En primer lugar, la celebración presencial física, pero con uso de la videoconferencia para llevar a cabo determinadas declaraciones de forma remota. En segundo lugar, la celebración integra de la vista o juicio en modo virtual.

Pues bien, el primer caso encontró cobijo, no solo en la LOPJ tal y cómo hemos señalado, sino de manera específica en la LEC, a través del artículo 299.3. Este precepto relaciona los medios de prueba admisibles y este apartado en particular abre la posibilidad de admitir cualquier medio de prueba, además de los relacionados, con el único condicionamiento que reúna los requerimientos generales de admisibilidad, como la relevancia, pertinencia, utilidad y licitud, conforme a los artículos 281 y 283 LEC, respectivamente. El artículo 299.3 LEC supone, por tanto, una admisibilidad sometida al criterio *numerus apertus*, que convalidaría la práctica virtual de cualquier medio de prueba. Tan solo cabría cuestionar, según GARCÍA SANZ Y GONZÁLEZ GUIMARAES-DA SILVA, la práctica del interrogatorio domiciliario[155].

---

154 Ley Orgánica 8/2006, de 4 de diciembre, por la que se modifica la Ley Orgánica 5/2000, de 12 de enero, reguladora de la responsabilidad penal de los menores, reformó dicho artículo de la Ley de Enjuiciamiento Criminal.

155 Javier GARCÍA SANZ, y Javier GONZÁLEZ GUIMARAES-DA SILVA, «Las "vistas telemáticas" en el proceso civil español: visión comparada, regulación y cuestiones prácticas que suscita su celebración», Diario La Ley, N.º 9659, Sección Plan de Choque de la Justicia / Tribuna, 23 de junio de 2020, pág. 12. Los autores argumentan lo siguiente: «la celebración de una vista telemática para la práctica de un interrogatorio domiciliario no tendría encaje claro en la actual regulación del interrogatorio domiciliario de partes o testigos (artículos 311

Frente a la admisibilidad general del uso telemático de forma parcial, sin embargo, el segundo escenario, la celebración integra del acto antes de la entrada en vigor del Real Decreto-Ley 16/2020 no cabía pues la LEC vigente no la contempla expresamente.

1.2. La videoconferencia en los convenios internacionales

El *Estatuto de Roma de la Corte Penal Internacional*, hecho en Roma el 17 de julio de 1998 mantiene la posibilidad de uso de las tecnologías de la comunicación respecto al acusado cuando víctimas y los testigos o a un acusado mantenga conductas perturbadoras durante su propio enjuiciamiento (artículo 63) y también respecto a las víctimas, testigos o el propio acusado a fin de proteger la seguridad, el bienestar físico y psicológico de estos (artículo 68). Esta medida será obligatoria cuando se trate de víctimas de violencia sexual o de un menor de edad que sea víctima o testigo salvo decisión en contra de la Corte en virtud de todas las circunstancias, especialmente la propia opinión al respecto de la víctima o testigo.

Por su parte, la *Convención de las Naciones Unidas contra la Delincuencia Organizada Transnacional*, hecho en Nueva York el 15 de noviembre de 2000 contempla la posibilidad de la videoconferencia para los actos de cooperación judicial internacional cuando no sea posible la asistencia personal (art. 18.18). Y también lo acoge como un mecanismo de protección a los testigos en actuaciones penales frente a posibles represalias (art. 24.1 y 2). Dicha función de protección frente a ataques también concurre en *Convención de las Naciones Unidas contra la corrupción*, hecha en Nueva York el 31 de octubre de 2003 (art. 32.2), donde, además, también prevé como sistema de apoyo para la asistencia judicial internacional.

---

y 364 de la LEC). Estos solo permiten este tipo de interrogatorios cuando por causa de "enfermedad o por otras circunstancias especiales de la persona no pudiera comparecer en la sede de este juzgado". En caso de que este interrogatorio tuviera que realizarse fuera del partido judicial del juzgado o tribunal actuante, tan solo se admitiría cuando "por razón de la distancia, dificultad del desplazamiento, circunstancias personales de la parte, del testigo o del perito, o por cualquier otra causa de análogas características resulte imposible o muy gravosa la comparecencia de las personas citadas en la sede del Juzgado o tribunal". En tal caso, según el artículo 313 de la LEC (LA LEY 58/2000), se deberá enviar al juzgado exhortado "una relación de preguntas formuladas por la parte proponente del interrogatorio, si ésta así lo hubiera solicitado por no poder concurrir al acto del interrogatorio". Aunque más delante matizan los autores que el «artículo 229.3 de la LOPJ posibilita la realización de este tipo de actuaciones procesales por videoconferencia o formato telemático».

A nivel europeo esta práctica fue acogida en el *Convenio relativo a la asistencia judicial en materia penal entre los Estados miembros de la Unión Europea de 2000*, donde recoge en su artículo 10.1 la posibilidad de uso de la videoconferencia como medio para resolver situaciones de inconveniencia o imposibilidad de acudir personalmente testigo o peritos ubicados en estado miembros respecto a la autoridad judicial de otro estado[156], es decir, que cuenta con un carácter excepcional —al señalar que solo cuando sea inconveniente o imposible la presencia personal o física— y como medio sustitutivo la presencia física. Además, dicho precepto también contempla la audición del acusado en una causa penal en su artículo 10.9, pero en este caso habrá de recabarse el previo consentimiento del acusado y la decisión de mantener la videoconferencia y la forma en que ésta se lleve a cabo estarán supeditadas al acuerdo de los Estados miembros de que se trate de conformidad con su Derecho interno y con los correspondientes instrumentos internacionales, incluido el Convenio europeo de 1950 para la protección de los derechos humanos y de las libertades fundamentales.

También el art. 11 de la *Decisión Marco del Consejo de la UE* de 15 de marzo de 2001 que reguló el estatuto de la víctima en el proceso penal, establece el posible el uso de la videoconferencia respecto a víctimas residentes en otros Estados miembros. Se sumó el *Reglamento (CE) n.º 1206/2001 del Consejo, de 28 de mayo de 2001, relativo a la cooperación entre los órganos jurisdiccionales de los Estados miembros en el ámbito de la obtención de pruebas en materia civil o mercantil*, en su artículo 10.4. donde faculta al órgano jurisdiccional requirente para solicitar al requerido la utilización de medios tecnológicos de comunicación para la obtención de pruebas, «en particular la videoconferencia y la teleconferencia». Como contrapartida, atribuye al órgano jurisdiccional requerido la obligación de cumplir dicha petición salvo que ello sea incompatible con el Derecho del estado miembro del órgano jurisdiccional requirente o bien que se presenten graves dificultades de hecho.

Otro instrumento a este nivel más reciente lo constituye la *Directiva 2012/29/UE del Parlamento Europeo y del Consejo, de 25 de octubre, por la que se establecen normas mínimas sobre los derechos, el apoyo y la protección de las víctimas de delitos*, y por la que se sustituye la Decisión marco 2001/220/JAI del Consejo; esta norma fijó la videoconferencia como sistema técnico que hiciera posible oír a la víctima residente en el extranjero. Por su parte, *Directiva 2013/48/UE del Parlamento Europeo y del Consejo de 22 de octubre de 2013, sobre el derecho a la asistencia de letrado en los procesos*

156 Convenio relativo a la asistencia judicial en materia penal entre los Estados miembros de la Unión Europea de 29 de mayo de 2000, recoge en su artículo 10.1 lo siguiente: «Cuando una persona que se halle en el territorio de un Estado miembro deba ser oída como testigo o perito por las autoridades judiciales de otro Estado miembro, este último, en caso de que no sea oportuno o posible que la persona a la que se deba oír comparezca personalmente en su territorio, podrá solicitar que la audición se realice por videoconferencia»

penales y en los procedimientos relativos a la orden de detención europea, y sobre el derecho a que se informe a un tercero en el momento de la privación de libertad y a comunicarse con terceros y con autoridades consulares durante la privación de libertad, la recogió como herramienta virtual destinada a la asistencia de letrado.

Y, por último, la *Directiva 2014/41/CE del Parlamento Europeo y del Consejo, de 3 de abril de 2014, relativa a la orden europea de investigación en materia penal* cuyo artículo 24 reguló la atribución para emitir por las autoridades competentes en el Estado de emisión de una Orden Europea de investigación para conseguir la comparecencia del testigo o perito del Estado de ejecución, que se extiende también a un investigado o acusado. Establece dicho precepto los motivos específicos para denegar la ejecución de dicha orden, que son: a) que el investigado o acusado no facilite su consentimiento; y b) que la ejecución de dicha medida en el caso concreto resulte contraria a los principios fundamentales del Derecho del Estado de ejecución.

1.3. Parámetros que definieron el uso de la videoconferencia destinada a actos orales procesales en la etapa pre-pandémica[157]

A continuación, recogemos sintéticamente los principales parámetros que identificaban la configuración del uso de la videoconferencia en la etapa anterior a la pandemia COVID-19.

a) Voluntariedad como criterio general y obligatoriedad en algún caso. La redacción del artículo 229.3 LOPJ dejó claro que, con carácter general, esta utilidad no se impone, sino que es facultad del juez o tribunal acordarla en función de que concurran una serie de circunstancias. También las leyes procesales que prevén su uso se inclinaron por recoger su adopción como una facultad del juez una vez revisadas las circunstancias que cada precepto fija. No obstante, existe algún caso en el que el legislador no ha querido otorgar dicho margen de decisión y la impone como de obligado cumplimiento. Es el caso del artículo 707, segundo párrafo LECrim mandó que ante la declaración en juicio oral de los testigos que sean menores de edad o con discapacidad necesitada de protección y cuando la inmediación directa pueda suponer la confrontación con el inculpado, entonces, su declaración se llevará a cabo de modo que se evite la confrontación visual de estos colectivos con el inculpado. Esta previsión es extensible a las víctimas en general cuando así se deduzca de su evaluación inicial o posterior. Sobre el colectivo de las víctimas de violencia se ha fomentado el uso de este dispositivo.

157 María José Fernández-Fígares Morales, *Audiencias telemáticas en la Justicia. Presente y futuro*, Tirant Lo Blanch, 2021, págs. 54 y ss.

b) Medida condicionada. El hecho de estar sometida la decisión de utilización de este recurso a la concurrencia de una serie de circunstancias determinadas convierte a esta medida en condicionada. De forma que el juzgador no es plenamente libre para acordarla, solo podrá adoptarla cuando se presenten una serie de circunstancias.

c) Ámbito temporal: la estabilidad. En este caso, al haber sido incorporada la posibilidad del uso de la videoconferencia en una norma de vigencia extensiva en el tiempo, como es la LOPJ o la LECrim, el régimen que estamos estudiando también cuenta con la nota de estabilidad. Por tanto, permanecerá vigente mientras no se apruebe una modificación legal, que, desde nuestra perspectiva y según planteamos más adelante, en aquellos momentos se echó en falta una reforma que armonice las bondades de la eficiencia que procura esta herramienta con el debido respeto a todos los principios, derechos y garantías procesales. Como veremos, la pandemia Covid-19 provocó un apogeo de uso de esta herramienta, que posteriormente, ha dejado allanado el campo para promover su utilización, a través de distintas reformas procesales que estudiaremos; aunque entendemos que, quizás, no se haya conseguido aún dicha armonización con tales intervenciones legislativas.

d) Ámbito objetivo. El artículo 229.3 LOPJ, dispone que entran dentro del posible uso de la retransmisión audiovisual simultánea las siguientes actividades: las declaraciones, los interrogatorios, los testimonios, los careos, las exploraciones, los informes, la ratificación de los informes periciales y las vistas. Por su parte, no plantean duda alguna todas las actividades señaladas, excepto las vistas, de tal modo que indica, en realidad, que la actividad probatoria personal es la que entra dentro de su ámbito objetivo.

Cuestión distinta es lo que el precepto denomina *vista*, aquí sí que parece dejar la puerta abierta para desarrollar la totalidad del enjuiciamiento oral por vía virtual. Y ello porque la voz *vista* alude a la audiencia oral, para distinguirla de lo que se desarrolla por escrito. Y, como tal, podrían tener cabida todas las audiencias, juicios orales, o vistas que la ley determina para cada momento en el proceso. En consecuencia, desde nuestra perspectiva, no habría obstáculo para poder celebrar cualquiera de ellos por vía telemática con base en el citado art. 229.3, lo que incluye toda la actividad que se integra en cada uno de estos actos orales, es decir, no solo la práctica probatoria, sino la actividad alegatoria de inicio y conclusión de las respectivas partes y la proposición y admisión de la prueba.

En el orden penal no hay duda de que cabía la posibilidad de utilización del modo virtual tanto en fase de instrucción como en la fase de juicio oral, dado que de este modo se la recogido legalmente. Por su parte, en el orden civil García Sanz y Gonzalez Guimaraes-Da Silva efectuaron una distinción en función de si se trata un acto con presencia física del juez y los profesionales en la sede judicial con declaración remotas, que se realizarían mediante videoconferencia, y aquellas otras que consistirían en vistas telemáticas en su integridad. Según estos autores, respecto a actos puntuales audiovisuales dentro del acto presencial «no debería existir ninguna limitación para solicitar el interrogatorio de una persona en su condición de parte, testigo o perito con arreglo a la LEC». Lo fundan en que el «artículo 299.3 de la LEC establece una cláusula de *numerus apertus* para admitir la realización de prácticamente cualquier medio de prueba para obtener certeza sobre hechos relevantes, siempre y cuando sea pertinente, útil y lícita *ex* artículos 281 y 283 de la LEC». Por lo que se refiere a la realización de audiencias virtuales en su integridad (un juicio verbal completo o una audiencia previa, por ejemplo), los autores mantienen que es «innegable que la regulación vigente en la LEC no la contempla en ninguno de sus preceptos (...). Sin embargo, en una interpretación integradora a la luz de los artículos 229.2 y 3 y 230 de la LOPJ no sería descartable que pudiera ser celebrada, siempre y cuando se garanticen todos los derechos y garantías procesales reconocidos en nuestra legislación»[158].

e) Ámbito subjetivo y localización. El artículo 229 LOPJ no define exactamente quienes serán los interlocutores y desde donde habrán de realizar la conexión, sin embargo, se sobreentiende que el tribunal deberá estar constituido en su sede correspondiente y las personas que intervengan en modo remoto habrán de estar en lugares geográficamente distantes.

No exigió la norma, por tanto, ningún enclave en particular por parte del sujeto o sujetos que intervengan desde el exterior de la sede del tribunal. No obstante, la previsión de que incumbe al Letrado de la Administración de Justicia acreditar desde la propia sede del tribunal la identidad de las personas que intervengan a través, entre otros —como la exhibición o remisión de documentación o por conocimiento personal—, de «cualquier otro medio procesal idóneo» sugiere que también cabría recurrir a la cooperación o auxilio, de forma que la intervención remota se produjera desde la sede de otro órgano jurisdiccional.

En este último caso, nada podría objetarse mientras la actuación se desenvolviera efectivamente según todos los cánones de la oralidad a la que ya nos hemos referido. Sin embargo, si la conexión se realiza desde el propio domicilio de las personas que actúen o desde cualquier otro lugar no seguro, consideramos que habría que tomar en consideración las anotaciones que al respecto vertimos en el siguiente capítulo.

Por otro lado, la jurisdicción penal cuenta, como hemos subrayado ya, su propia admisión de la práctica, pero estableció matices en función de los sujetos que en ella intervienen y las circunstancias concurrentes. Así, en la fase de investigación, el artículo 325 LECrim facultó al juez para acordar la

158 Javier García Sanz, y Javier González Guimaraes-Da Silva, «Las "vistas telemáticas" en el proceso civil español: visión comparada, regulación y cuestiones prácticas que suscita su celebración», *Op. Cit.*, pág. 12 y 13.

realización por videoconferencia de la declaración del investigado o encausado, testigo, perito, o en otra condición para comparecencias que resulten especialmente gravosas. También, el artículo 448, último párrafo, LECrim se configura como medida de apartamiento de la confrontación del menor con el inculpado, para lo que el juez podrá utilizar «cualquier medio técnico que haga posible la práctica de esta prueba».

Por su parte, en la fase de juicio oral también se admitió esta práctica, por eso, el artículo 731 bis LECrim dispone que el Tribunal, de oficio o a instancia de parte, «por razones de utilidad, seguridad o de orden público, así como en aquellos supuestos en que la comparecencia de quien haya de intervenir en cualquier tipo de procedimiento penal como imputado, testigo, perito, o en otra condición, resulte gravosa o perjudicial, y, especialmente, cuando se trate de un menor, podrá acordar que su actuación se realice a través de videoconferencia u otro sistema similar que permita la comunicación bidireccional y simultánea de la imagen y el sonido, de acuerdo con lo dispuesto en el apartado 3 del artículo 229 de la Ley Orgánica del Poder Judicial». Cuando la inmediación directa suponga la confrontación de colectivos vulnerables (menores, capacidad modificada) con el inculpado, el juez deberá acordar cualquier medio técnico. Esto es extensible a las víctimas del delito.

Por último, el actual artículo 306 LECrim se refirió al posible uso de dicha herramienta como facultad del Fiscal para las actuaciones de cualquier procedimiento penal, incluida la comparecencia que tiene por objeto acordar sobre la situación personal del detenido del art. 505 LECrim, pero dicha actividad queda supeditada a la efectiva disponibilidad de medios.

f) Requerimientos previos a acordar su práctica. Podemos destacar los siguientes. En primer lugar, era preciso que se verificara entre puntos geográficamente distantes. Dado el tenor literal del artículo 229.3 LOPJ, parece que no sería admisible el uso de este dispositivo como sustitutivo de la utilización del biombo o mampara de protección de la identidad del testigo, salvo los casos señalados en el punto siguiente.

En segundo lugar, cabía obviar la citada distancia geográfica cuando se tratara solamente del orden penal, donde se distinguen una serie de supuestos. Así, dentro de la utilización de la audiencia telemática en fase de investigación, encontramos los casos de comparecencias que resulten especialmente gravosas respecto a la declaración del investigado o encausado, testigo, perito, o en otra condición (artículo 325 LECrim). En este punto entra en juego el principio de economía procesal por cuanto una posible causa de esa gravosidad puede consistir en la enorme dificultad para llevar a cabo esas declaraciones mediante la presencia física. También apunta a cumplir el principio de concentración en la medida en que dichas diligencias se pueden realizar dentro del mismo acto de juicio; además, procura la celeridad por cuanto que evita recurrir a la suspensión debida a la inasistencia de los declarantes llamados al juicio. También se incluyen es este apartado las declaraciones donde se deba apartar de la confrontación del menor con el inculpado (artículo 448, último párrafo, LECrim).

Por lo que se refiere a la utilización de la audiencia telemática en fase de juicio oral, el régimen anterior al Covid-19 determinaba que cuando se presente alguna de una serie de circunstancias cabía recurrir a ella; así, estaba justificada por razones de utilidad, seguridad o de orden público (artículo 731 bis LECrim). Por eso, ante impugnaciones que se han suscitado sobre el uso de la videoconferencia con objeto de tomar declaraciones de testigos fundamentales en la causa que se encuentre en situación de peligro para su propia seguridad, los tribunales permiten que declaren incluso desde dependencias policiales; esta actividad constituye una práctica que se admite con base en el artículo 731 bis LECrim[159]. Por ello, ante dichos supuestos, el Alto Tribunal ha sentado que no hay base para rechazar su uso si se comprueba la concurrencia de las circunstancias a las que hace referencia el citado precepto y que se cumplen los requerimientos del artículo 229.3 LOPJ, asimismo, que la mera decisión de utilizar este medio ha sido sometida a contradicción[160].

También se admitía su uso cuando la comparecencia de quien haya de intervenir en cualquier tipo de procedimiento penal como imputado, testigo, perito, o en otra condición, resulte gravosa o perjudicial, y, especialmente, cuando se trate de un menor (artículo 731 bis LECrim). Y, además, se admitía el uso telemático en juicio cuando la inmediación directa suponga la confrontación de colectivos vulnerables (menores, capacidad modificada) con el

159 Ley de Enjuiciamiento Criminal aprobada por Real Decreto de 14 de septiembre de 1882; en el artículo 731 bis dispone: «El Tribunal, de oficio o a instancia de parte, por razones de utilidad, seguridad o de orden público, así como en aquellos supuestos en que la comparecencia de quien haya de intervenir en cualquier tipo de procedimiento penal como imputado, testigo, perito, o en otra condición resulte gravosa o perjudicial, y, especialmente, cuando se trate de un menor, podrá acordar que su actuación se realice a través de videoconferencia u otro sistema similar que permita la comunicación bidireccional y simultánea de la imagen y el sonido, de acuerdo con lo dispuesto en el apartado 3 del artículo 229 de la Ley Orgánica del Poder Judicial».

160 STS 837/2009 de 22 julio, Fundamento Jurídico 4.°, declara que si se comprueba que la testigo había estado seriamente amenazada de muerte por el acusado y el exacerbado temor de aquélla le obligó a guardar silencio del crimen durante más de un año y que un cuartel de la Guardia Civil, es el lugar que más seguridad y libertad en la evacuación de su testimonio; si se comprueba que la decisión de usar dicho mecanismo fue sometida a la debida contradicción de las partes; si el acto en sí se desarrolló con todos los requisitos legales, tanto de carácter técnico (comunicación bidireccional y simultánea de la imagen y sonido e interacción visual, auditiva y verbal), como procesales, asegurando la posibilidad de contradicción de las partes con la salvaguarda del derecho de defensa. Si, además, la defensa pudo ver a la testigo, oírle e interrogarla sobre cuanto consideró oportuno; si todos estos elementos concurren no hay base según la jurisprudencia para rechazar la prueba resultante la aplicación del medio técnico; y más recientemente la STS 161/2015 de 17 de marzo, Fundamento de Derecho 2, añade que no es arbitraria ni verifica un caprichoso sacrificio de alguno de los principios y valores que convergen en la práctica, mediante una comunicación telemática, de una prueba de esa naturaleza.

inculpado, el juez deberá acordar cualquier medio técnico. Esto es extensible a las víctimas del delito (artículo 731 bis LECrim).

Una regulación especial se refiere a la posibilidad de uso audiovisual en el caso del Ministerio Fiscal. En cualquier procedimiento penal y si se trata del Ministerio Fiscal, podrá realizarse mediante videoconferencia si se cuenta con medios técnicos para ello (artículo 306 LECrim). Se incluye la comparecencia para acordar la situación personal del detenido del artículo 505 LECrim.

En tercer lugar, es preciso que se acuerde por el juez de oficio o a instancia de parte, pero a través de una resolución motivada. Dado el carácter condicionado que conlleva esta medida, es necesario que el juez justifique la necesidad de la misma y la concurrencia al caso de las circunstancias que sean aplicables, por ello, se requiere el dictado de un auto por cuanto supone su correspondiente motivación. No obstante, repárese en que mientras no ocasione indefensión este requerimiento no supone una vulneración del derecho de defensa y es considerado una mera irregularidad formal[161].

g) Requerimientos durante su práctica. Donde podemos identificar los siguientes. En primer término, la inexcusable presencia judicial como manifestación de la operatividad del principio de inmediación en los actos procesales orales dirigidos por él. El tenor literal del art. 229.2 LOPJ, que menciona «*se llevarán a efecto* ante juez o tribunal» es tajante al respecto y no admite delegación o sustitución por ninguna otra figura, como podría ser el Letrado de la Administración de Justicia o un funcionario del Cuerpo de Gestión o auxilio judicial. Entendemos que dicho precepto es aplicable con carácter general a las actuaciones judiciales que dicho artículo determina, con independencia de que se utilice la presencia física o la virtual. De esta manera, el artículo 229.3 LOPJ no operaría como una excepción a la regla general del artículo 229.2 LOPJ, sino que el artículo 229.3 LOPJ sería un mero complemento del principio general del artículo 229.2 LOPJ.

También se ha planteado si debe ser, precisamente, el mismo juez o tribunal que posteriormente dicte la correspondiente sentencia. En principio habría que responder afirmativamente, puesto que solo en este caso, el sentenciador habría contado con suficiente oportunidad, no solo para percibir el resultado de la prueba personal sino para interactuar debidamente, unas facultades que derivan, precisamente, del principio de inmediación que hemos estudiado y que además exige el artículo 229.3 LOPJ a través de la exigencia de comunicación bilateral y simultánea, la necesaria sincronía de imagen y sonido, y la posibilidad real de interacción tanto visual como audi-

161 STS (Sala 2.ª) de 5 de enero de 2007, rec. 264/2006. Argumenta que el recurrente conocía que la prueba había sido propuesta y aceptada pudiendo por tanto desplegar al respecto toda su estrategia defensiva, máxime cuando vio, oyó, interrogó y obtuvo respuesta a sus cuestiones.

tiva y verbal, tal y como recogemos a continuación. Lo dicho no es obstáculo para que aquellos actos procesales orales cuya moderación atribuye la Ley al Letrado Judicial, deban, en este caso, ser presenciados por este.

En segundo término, constituyó otro requerimiento la identificación de los intervinientes. En aquel momento, se dio por satisfecho este requerimiento mediante la atribución al Letrado de la Administración de Justicia del juzgado o tribunal que haya acordado la medida dicha función de manera que acreditará «desde la propia sede judicial la identidad de las personas que intervengan a través de la videoconferencia mediante la previa remisión o la exhibición directa de documentación, por conocimiento personal o por cualquier otro medio procesal idóneo».

En tercer lugar, el acto audiovisual debía ser realizado mediante la oralidad. Pues, aunque no se menciona expresamente, las actuaciones a las que se refiere el artículo 229.2 LOPJ: «Las declaraciones, interrogatorios, testimonios, careos, exploraciones, informes, ratificación de los periciales y vistas» constituyen actos que se desarrollan de manera oral y son, precisamente, las que pueden desarrollarse mediante videoconferencia según el artículo 229.3 LOPJ.

Se excluye, por tanto, el uso de la videollamada para realizar manifestaciones o alegaciones de forma escrita, por más que la aplicación utilizada permita realizar una entrega o exhibición de documentos o aportar la denominada «nota de prueba» requerida en el proceso civil de forma simultánea a la verbalización de la petición probatoria por las partes. Dichas actividades, en realidad, serían idénticas a las llevadas a cabo en cualquier acto oral realizado mediante presencia física.

En cuanto lugar, es necesaria la conexión continua y sin interrupciones. Entendemos que este requerimiento se deriva de la expresión «Estas actuaciones podrán realizarse a través de videoconferencia u otro sistema similar que permita...» del artículo 229.3 LOPJ ya que da por cierto que cada uno se desarrollará de forma completa si ese usa este sistema. Por ello, deberían paliarse ciertos fallos en el funcionamiento de las aplicaciones utilizadas por los órganos jurisdiccionales, cuando, en un momento dado, se produce un error desconocido y «expulsan» a los asistentes de las Salas, los cuales, normalmente, pueden volver a entrar, pero, entretanto, han podido perder la presencia necesaria en lo acontecido en su ausencia. Esto impide que sean efectivos todos los principios, garantías y derechos propios del desarrollo de los actos orales del proceso y, en particular, que se cumplan el resto de requerimientos que el citado artículo 229.3 LOPJ impone.

En quinto término, es indispensable la existencia de una comunicación bidireccional y simultánea. Este requisito constituye la condición necesaria para conseguir el escenario adecuado inherente a la intermediación judicial en virtud del artículo 229.3 LOPJ. Es decir, no sólo que el juez esté presente en el acto, sino que cuente con un despliegue suficiente como para percibir por sus propios sentidos la actividad llevada a cabo.

En cuanto a la comunicación bidireccional, entendemos por tal la establecida entre ambos sentidos desde la dependencia del Juzgado o Tribunal competente en la causa y las instalaciones del lugar desde donde se ubica el interrogado. En virtud de esta pauta deben excluirse resultados donde solo una de las partes pueda hablar y la otra no. Además, se debe asegurar la simultaneidad completa, es decir, que no se presente desfase alguno entre el momento en el que se emite el mensaje y la recepción por el destinatario de la comunicación. Los sistemas cada vez se sincronizan mejor, pero es un elemento que, si no se asegura técnicamente, se está dificultando, sin duda, la comunicación exigible.

En sexto lugar, la norma procesal señala la necesidad de cobertura de imagen y sonido a la vez. El sistema de videoconferencia actualmente parece haberse mejorado de manera que se consigan ambos componentes de la comunicación de forma sincronizada; sin embargo, cabe señalar que, en puridad legal, no sería admisible una retransmisión sólo de imagen o sólo de sonido. Esta última sólo sería válida si razones de seguridad justificaran la privación de imagen a la declaración prestada, siempre que se ofrecieran las debidas garantías en cuanto a la identificación ante el Juzgado de la persona declarante. Ha de resaltarse que esta cobertura habrá de procurarse no solo para el tribunal sino para todas las partes. En caso contrario, se vulneraría el derecho al debido proceso de la parte, protegido por el artículo 24.2 CE.

En séptimo lugar, la posibilidad de interacción visual, auditiva y verbal entre dos personas o grupos de personas constituye otra condición. De este modo, esta condición no se cumpliría si el soporte no permitiera el seguimiento a tiempo real y, asimismo, la espontánea interrupción de los interlocutores, como sucede en los interrogatorios en los juicios orales, bien sea para aclarar algún punto o incidir sobre él o usar las facultades de moderación del debate por parte de juez o presidente del tribunal, o para que cualquiera de las partes pueda objetar o alegar lo que a su derecho convenga.

En octavo lugar, se requiere que sea posible la contradicción de las partes y la salvaguarda del derecho de defensa. Si las facultades de las partes de alegar, probar e intervenir en la prueba propia y en la ajena para controlar su correcta práctica y contradecirla no se ofrecen o se impiden debido a un deficiente soporte tecnológico, podría plantearse una objeción seria al respecto; también si no se distribuyen equitativamente las oportunidades, se vulneraría la igualdad de armas. El juez debe evitar manifestaciones que otorguen favores o privilegios injustificados a una parte respecto a la otra, pues, en caso contrario, incurriría en parcialidad subjetiva. Tampoco la tecnología puede ser excusa para rechazar la admisión o la práctica de pruebas, por más que la práctica de la misma pueda resultar larga o tediosa.

De igual modo, si el sistema se erige de tal modo que el abogado defensor no puede mantener comunicación reservada con el acusado en cualquier momento, de tal manera que pueda interesar una determinada diligencia o prueba o la suspensión, también se estaría impidiendo el requerimiento legal.

También ha de garantizarse el derecho a la última palabra del inculpado en una causa penal.

Una condición adicional configura al acto público como norma general, pero debe preservar la intangibilidad de los medios de prueba y el derecho a la intimidad, dignidad y la protección de los datos personales. Desde luego, la utilización de la videoconferencia no debe ser obstáculo para la publicidad del acto oral, siempre que no se haya acordado su celebración a puerta cerrada en los casos y la forma prevista legalmente. El acceso de público ha de estar garantizado, tal y como hemos advertido en el apartado correspondiente. Pero, tal y como allí planteamos, el acceso indiscriminado a la Sala virtual de público no permite que el juez ejerza un control dirigido a evitar que a ella accedan personas que, posteriormente, van a ser interrogadas como testigos o peritos y que su declaración no se contamine o vicie por tal motivo.

Una primera medida posible destinada a disminuir este riesgo consiste en que el sistema requiera identificación para acceder a la Sala y si hay coincidencia, según su registro previo, con una persona que debe declarar en ese mismo litigio, dicho sistema debería impedir su acceso, transmitiéndole la causa de la prohibición en ese caso. Además, dado que cabe que materialmente el testigo visione el juicio a través del acceso y dispositivo de otra persona, dicha medida debería completarse mediante la activación de un mensaje emergente en el dispositivo de la persona que quiere acceder que le advirtiera de que no se permite acceder como público si se va a declarar en ese mismo proceso y que, caso de presenciar dicho acto si se es testigo o perito, su declaración puede ser anulada y puede incurrir en determinadas responsabilidades. Dicha advertencia debe constar como recibida por el usuario antes de incorporarse a la sala. Esta última previsión debe ir aparejada a una reforma procesal que asuma tanto la advertencia como las consecuencias de su incumplimiento.

Y, por otro lado, en momentos en los que la salud pública no esté en peligro, otra solución sería permitir el acceso en presencia física de público a la sede desde donde se ubique el tribunal, desde allí este podría aplicar el control correspondiente. No obstante, no estaría de más que el tribunal manifestara la advertencia a las que nos hemos referido en el párrafo anterior, como mecanismo de garantía de la intangibilidad de prueba.

En segundo lugar, la garantía de publicidad debe armonizarse con la protección del derecho a la intimidad, dignidad y la protección de los datos personales. La posibilidad de grabar la vista y posteriormente difundir total o parcialmente el video obtenido puede suponer sacar a relucir los detalles personales de las personas implicadas en el proceso mucho más allá del ámbito forense tanto desde el punto de vista de su alcance cuantitativo, ya que miles o millones de personal podrían revisar lo actuado en función de su relevancia social, como de su alcance temporal, ya que la inserción de los archivos en ciertas plataformas lo haría perdurable en el tiempo.

Sostenemos que no debe permitirse que tanto el derecho a la intimidad, como a la dignidad personal se vulneren y que se infrinja la protección de datos que es exigible a la administración de justicia. Por tanto, esta cuestión debería abordarse con medidas como que, si se permite el acceso virtual de público, entonces, al entrar a la sala virtual debidamente identificada cada persona, automáticamente se le advierta —y conste su recepción— de que no está permitido grabar la vista o juicio y que está prohibida su difusión sin preservar el derecho a la intimidad, a la dignidad y la protección de datos personales que intervienen y que puede ser sancionado por ello e incurrir en las correspondientes responsabilidades. Dicha propuesta también debería seguirse de la adecuación del sistema técnico y la reforma legislativa correspondiente.

Un décimo punto a preservar es el efectivo uso de las facultades de ordenación del acto y moderación del debate asignadas al juez o presidente del Tribunal, a fin de garantizar la legalidad y todos los derechos y garantías del proceso. El soporte virtual debe procurar que el juez pueda ejercer todas las facultades que las leyes procesales le otorgan respecto a la ordenación del acto procesal y a la moderación del debate de manera que este es un garante de todos los principios y derechos procesales. El sistema técnico ha de procurar que la ordenación de la sucesión de fases e intervención de las partes y los terceros en las vistas, la evacuación de las resoluciones orales que puede disponer sobre la suspensión del acto o sobre su continuación, sobre la admisibilidad de los medios de prueba, sobre la procedencia de las preguntas durante los interrogatorios, sobre los recursos que puedan caber respecto a estas decisiones y, por supuesto, el uso de sus facultades disciplinarias o de corrección los intervinientes en el debate. En este sentido, sería deseable un ámbito de control audiovisual del juzgador realmente amplio y efectivo, de forma que se le facilite planos más allá de solo el frontal del interlocutor, y que, incluso, la comunicación en doble sentido (bidireccional según la LOPJ) se lleve a cabo de forma desenvuelta.

h) Documentación del acto. En virtud del artículo 455 LOPJ, se dispuso que se grabarán o se extenderá acta de las diligencias que se practiquen por medio de videoconferencia. Corresponde al Letrado de la Administración de Justicia velar por la autenticidad e integridad de dicha grabación. Si interviniera un órgano exhortado y estuviera presente un Letrado Judicial, se extenderá igualmente acta y se remitirá al órgano exhortado.

1.4. Doctrina jurisprudencial

La STEDH en el caso Marcelo Viola contra Italia en 2006, sentó la admisión del uso de la videoconferencia mientras se persigan fines legítimos —entre los que se encuentra la exigencia de plazo razonable— y que su desarrollo respete el derecho de defensa[162]. Pero la cuestión clave es cuales fines son legítimos y comprobar el respecto de todos los derechos que engloba el derecho de defensa en cada caso en particular.

En España, el Tribunal Supremo ya desde 2006 encontraban el uso de la videoconferencia no sólo como un peligro para las garantías de oralidad, inmediación sino «todo lo contrario»[163]. A nuestro juicio, esta afirmación fue demasiado lejos, toda vez que habrá de ser en cada caso concreto donde se examine si la configuración y calidad de esta tecnología ha permitido —o no— la realidad de estos principios procesales en la práctica probatoria en particular. En todo caso, esta herramienta permitirá el mejor cumplimiento de los plazos de resolución y que los actos procesales previstos para desarrollarse de forma oral así lo sean, pero de ahí a decir que la mera herramienta era garante de la inmediación, esto es afirmar demasiado.

Con el paso de los años se sumaron razones de equiparación de medios dentro del espacio único europeo en vía de cooperación judicial internacional para avalar la utilización de la videoconferencia probatoria, así lo encontramos en sentencias de 2017[164]. Posteriormente, ya en 2019 se produce una sentencia que depura el método de contemplar la utilización de la videoconferencia pues sienta determina que «no es más que un instrumento técnico que permite que la prueba acceda al proceso, una modalidad de práctica de prueba, de modo que será el medio de prueba de que se trate, y de acuerdo con sus propias reglas el que deberá ser analizado en cuanto a las garantías que deben concurrir a su práctica». Además, dicha resolución judicial interpreta la expresión «cuando así lo acuerde el juez o tribunal» contenida en el art. 229.3 LOPJ en el sentido de la utilización de la videoconferencia del art. 230 LOPJ no es una posibilidad facultativa o discrecional del juez o tribunal, sino un medio exigible ante el tribunal y constitucionalmente digno de protección»[165]. En tal línea PÉREZ-CRUZ MARTÍN resalta que el uso de la videoconferencia está ya tan extendido, que el Tribunal Supremo no solo ha validado el sistema de videoconferencia, sino que ha entendido que estamos ante un medio exigible ante el tribunal[166].

En cuanto a los motivos o finalidades con efecto convalidador del acto se encuentra la gran distancia territorial entre la persona interrogada y la sede

162 STEDH, caso *Marcelo Viola contra Italia,* de 5 de octubre de 2006.

163 ATS, Sala 2.ª, 957/2006, de 5 de octubre de 2006.

164 STS, Sala 2.ª, 200/2017, de 27 de marzo de 2017.

165 STS, Sala 2.ª, 331/2019, de 27 de junio de 2019.

166 Agustín-Jesús PÉREZ-CRUZ MARTÍN, «Juicios telemáticos. Especial consideración de la videoconferencia: ¿principios procesales y garantías en peligro?», en *Next Generation Justice: Digitalización e inteligencia artificial*, obra colectiva, Sonia CALAZA LÓPEZ y Ixusko ORDEÑANA GEZURAGA (dirs), La Ley, Madrid, 2024, pág. 583.

del tribunal[167], la convalecencia prolongada del interrogable[168], razones de orden público o de seguridad[169], incluso el excesivo coste que, en su caso, conlleve la competencia personal. En la jurisdicción civil se encuentran también sentencias que recogen como motivos válidos para acordar el uso de la herramienta la larga distancia y la complejidad de los traslados siempre y cuando se verifiquen asuntos como «la identidad de los participantes en la declaración y que las misma se desarrolló con normalidad en todos los casos, con la suficiente comunicación bilateral y sin que haya apreciado problema alguno en la audición de las declaraciones prestadas»[170].

2. El régimen sobrevenido con motivo de la pandemia COVID-19

2.1. Régimen jurídico

Pone en evidencia ZAFRA ESPINOSA DE LOS MONTEROS que la «introducción progresiva de las nuevas tecnologías en el ámbito de la justicia tuvo un revulsivo en forma de crisis provocada por la pandemia del COVID-19»[171]. De hecho, el Real Decreto-ley 16/2020, de 28 de abril, *de medidas procesales y organizativas para hacer frente al COVID-19 en el ámbito de la Administración de Justicia*, responde a esta necesidad y encuadra en el capítulo III las denominadas «Medidas organizativas y tecnológicas», el artículo 19 bajo la rúbrica de «*Celebración de actos procesales mediante presencia telemática*» el siguiente texto literal:

> «Artículo 19. Celebración de actos procesales mediante presencia telemática.
>
> 1. Durante la vigencia del estado de alarma y hasta tres meses después de su finalización, constituido el Juzgado o Tribunal en su sede, los actos de juicio, comparecencias, declaraciones y vistas y, en general, todos los actos procesales, se realizarán preferentemente mediante presencia telemática, siempre que los Juzgados, Tribunales y Fiscalías tengan a su disposición los medios técnicos necesarios para ello.

---

167 ATS, Sala 2.ª, 2171/2006, de 26 de octubre de 2006; y SAN, Sala de lo Penal, 44/2003, de 30 de octubre de 2003; SAP Barcelona, Sección 19.ª, 6936/2019 de 14 de junio de 2019.

168 STS, Sala 2.ª, 971/2004, de 23 de julio de 2004.

169 ATS, Sala 2.ª, 1301/2006, de 4 de mayo de 2006.

170 SAP Barcelona, Sección 19.ª, 6936/2019 de 14 de junio de 2019.

171 Rocío ZAFRA ESPINOSA DE LOS MONTEROS, «Vistas telemáticas, punto de inflexión para la ansiada agilización de la justicia», en *Next Generation Justice: Digitalización e inteligencia artificial*, obra colectiva, Sonia CALAZA LÓPEZ y Ixusko ORDEÑANA GEZURAGA (dirs), La Ley, Madrid, 2024, pág. 640.

2. No obstante lo dispuesto en el apartado anterior, en el orden jurisdiccional penal será necesaria la presencia física del acusado en los juicios por delito grave.

3. Las deliberaciones de los tribunales tendrán lugar en régimen de presencia telemática cuando se cuente con los medios técnicos necesarios para ello.

4. Lo dispuesto en el apartado primero será también aplicable a los actos que se practiquen en las fiscalías».

Dicha disposición ha sido objeto de diversidad de reacciones, muchas de ellas aplauden su instauración y otras se muestran abiertamente reacias, como el caso de Torres Rosell, quien discrepó sobre la auténtica naturaleza organizativa y también tecnológica y cuestiona el mecanismo normativo utilizado, por cuanto plantea que debería haberse realizado a través de una ley orgánica[172].

El citado precepto ha de ser puesto en contacto con otras normas anteriores y con vigencia coetánea al mismo. Estas normas son de rango tanto constitucional como legal. Por ello, al analizar dicho artículo debe considerarse lo estudiado en el apartado anterior respecto a la etapa pre-pandémica pues sigue siendo de aplicación lo allí expuesto con las modificaciones que vamos a exponer.

Hay que tener en cuenta también el Acuerdo adoptado por la Comisión Permanente del CGPJ de 11 de mayo de 2020[173] y, en cumplimiento de este, las recomendaciones de la *Guía de Juicios Telemáticos CGPJ*[174]. Desde luego, hay que descartar a las susodichas guías y a los acuerdos en desarrollo de los cuales se emiten como auténtica fuente del Derecho Procesal. No son fuente del Derecho procesal puesto que la Constitución española, con independencia del valor de complemento que asigna a la jurisprudencia[175], tan solo

172 Nuria Torres Rosell, «Medidas ¿organizativas y tecnológicas? aprobadas en el RD-L 16/2020», *Diario La Ley*, N.º 9641, Sección Tribuna, 27 de mayo de 2020, pág. 3.

173 Acuerdo adoptado por la Comisión Permanente del CGPJ en la sesión extraordinaria celebrada el 11 de mayo de 2020. Señala en lo siguiente en 11-1- Primero.- «Aprobar los siguientes criterios generales para la elaboración de los planes de reanudación de la actividad judicial que han de elaborar las Salas de Gobierno de los Tribunales Superiores de Justicia y Audiencia Nacional: (...) II. - actuaciones judiciales una vez se levante la suspensión de plazos y términos procesales y antes de la plena restauración de la normalidad de funcionamiento de la administración de justicia» Y en el apartado B.- Celebración de juicios y vistas, y punto 1.- Forma de celebración, señala: «el procedimiento a seguir para la celebración de actos de forma telemática se ajustará a las pautas establecidas en la guía de celebración de actos procesales telemáticos que apruebe la Comisión Permanente del CGPJ».

174 AA. VV., *Guía para la celebración de actuaciones judiciales telemáticas* 25-05-2020, aprobada por la Comisión Permanente del CGPJ 27-05-2020 (en adelante, *Guía de Juicios Telemáticos CGPJ).*

175 CC, artículo 1, respecto a la jurisprudencia del Tribunal Supremo; y LOPJ, artículo 5, respecto a la jurisprudencia del Tribunal Constitucional; y LOPJ, 4 bis, respecto a la jurisprudencia del Tribunal de Justicia de la Unión Europea.

admite a las normas procesales contenidas en su propio texto, a lo establecido en los tratados y convenios internacionales en los que España sea parte, en las normas de la Unión Europea, y a los actos normativos con carácter de ley promulgados por las Cortes Generales[176]. En este sentido y como señalan MORENO CATENA Y CORTES DOMÍNGUEZ, «la única fuente del Derecho procesal es el órgano legislativo estatal, es decir, las Cortes Generales»[177]. Ello, no obstante, aunque el Estado ostenta competencia exclusiva sobre legislación procesal, ello se observará sin perjuicio de las necesarias especialidades que en este orden se deriven de las particularidades del derecho sustantivo de las comunidades autónomas, conforme advierte el artículo 149.1.6.ª CE. Por su parte y en todo caso, CALAZA LÓPEZ ha señalado que la Ley «es la fuente, por excelencia, del Derecho procesal, como lo es, en general, del Derecho público, por imperiosas razones de predictibilidad, previsibilidad, fijeza y seguridad jurídica»[178].

Procede ahora plantearse el posible grado de vinculación que las guías emitidas por el CGPJ dispensarían, en su caso, sobre los jueces y magistrados en el ejercicio de su potestad jurisdiccional. Ello nos lleva a revisar el alcance de dicha potestad, lo que nos conduce de forma ineludible al contenido del artículo 117.1 y 3 CE. En primer lugar, ha de considerarse que la potestad jurisdiccional consiste, esencialmente, en juzgar y hacer ejecutar lo juzgado, una potestad que la CE atribuye de forma exclusiva a los jueces y tribunales determinados por las leyes. En segundo lugar, la jurisdicción se ejerce a través de jueces y magistrados que forman el poder judicial y que son independientes, inamovibles, responsables y sometidos únicamente al imperio de la ley (art. 117 CE). En este contexto, no puede derivarse de las señaladas guías grado alguno de vinculación a los jueces y tribunales en lo que se refiere a su potestad jurisdiccional. Por tanto, su función sería más bien orientadora.

En consonancia con la anterior deducción, parece que las propias guías se autodefinen en la línea de establecer pautas a los jueces y tribunales,

---

176 CE, el artículo 9.1 señala: «Los ciudadanos y los poderes públicos están sujetos a la Constitución y al resto del ordenamiento jurídico»; LOPJ, el artículo 5.1 dispone: «La Constitución es la norma suprema del ordenamiento jurídico, y vincula a todos los Jueces y Tribunales»; LOPJ, el artículo 21.1 determina: «Los Tribunales civiles españoles conocerán de las pretensiones que se susciten en territorio español con arreglo a lo establecido en los tratados y convenios internacionales en los que España sea parte, en las normas de la Unión Europea y en las leyes españolas»: CE, el artículo 117.1. dita que los jueces y tribunales están sometidos «únicamente al imperio de la ley»; y CE, el artículo 117.3 impone que la potestad jurisdiccional se ejercerá por jueces y tribunales según las normas de competencia y procedimiento que las leyes establezcan.

177 Víctor MORENO CATENA y Valentín CORTES DOMINGUEZ, *Introducción al Derecho Procesal*, Tirant Lo Blanch, Valencia, 2019, p. 27.

178 Sonia CALAZA LÓPEZ, «Derecho procesal: concepto, fuentes y regulación», *Introducción al Derecho Procesal*, Tirant Lo Blanch, Valencia, 2020, p. 21.

pero sin que las mismas resulten de obligado cumplimiento. Así, encontramos, por ejemplo, la *Guía de Juicios Telemáticos CGPJ*, donde expresamente refleja que «este documento se presenta como una guía, en definitiva, de un conjunto de pautas y recomendaciones para conciliar la práctica de las actuaciones judiciales telemáticas y los principios y garantías procesales». Y, de forma también palmaria reconoce que, en realidad, «corresponde al juez o tribunal asegurar la aplicación del conjunto de previsiones legales que integran tanto el marco procesal como las disposiciones en materia de celebración telemática de actuaciones procesales»[179].

Una vez definido el esencial marco constitucional y legal que opera en virtud del tratamiento que hemos dispensado en el capítulo anterior, y tomada la visión que aporta la *Guía de Juicios Telemáticos CGPJ*, nos centramos seguidamente en la delimitación del alcance del artículo 19 del Real Decreto-ley 16/2020, de 28 de abril, en cuanto a los parámetros que definen los denominados juicios telemáticos, que cuentan con una duración provisional; igualmente, procedemos a su examen.

2.2. Parámetros de los juicios telemáticos provisionales del Real Decreto-ley 16/2020, de 28 de abril[180]

Se procede a exponer una síntesis de los parámetros introducidos a través del Real Decreto-ley 16/2020, de 28 de abril.

a) Voluntariedad para el tribunal como criterio general. A pesar de configurar el uso de este sistema con carácter preferente como veremos en el apartado siguiente, lo cierto es que el texto del artículo 19 no impone la obligación de llevar a cabo los actos procesales orales mediante esta medida, sino que permite ejercer la facultad de acordarla, lo que implica que la voluntariedad se atribuya el juez o tribunal. En tal sentido se ha manifestado RICHARD GONZÁLEZ, quien afirma que ciertamente, «la norma legal no establece una obligación de celebrar juicios por videoconferencia, aunque sí que prevé que ese sea el modo preferente de sustanciación»[181].

b) Preferencia o supremacía de esta medida. Según el mentado artículo 19 del Real Decreto-ley 16/2020, los actos procesales que constituyen el ámbito

179 AA. VV., *Guía para la celebración de actuaciones judiciales telemáticas* 25-05-2020, aprobada por la Comisión Permanente del CGPJ 27-05-2020 (en adelante, *Guía de Juicios Telemáticos CGPJ);* así manifiesta su alcance en el §8.

180 María José FERNÁNDEZ-FÍGARES MORALES, *Audiencias telemáticas en la Justicia. Presente y futuro*, *Op. Cit.*, págs. 76 y ss.

181 Manuel RICHARD GONZÁLEZ, «Elogio del juicio oral (presencial) escrito por un profesor partidario del uso de la tecnología en el sistema judicial», *Diario La Ley*, N.° 9654, Sección Plan de Choque de la Justicia / Tribuna, 16 de junio de 2020, pág. 5.

objetivo se realizarán preferentemente mediante presencia telemática. Con esta disposición, prácticamente, se invierte el orden de preferencia al que nos hemos referido en el apartado anterior determinado por el artículo 229 LOPJ, que, no obstante, continúa vigente. Así, según dicho precepto de la LOPJ, es la norma general que las actuaciones judiciales se lleven a cabo ante el juez o tribunal y solo podrá acordar la celebración telemática respecto a determinados actos procesales y bajo una serie de condicionantes.

Resulta censurable que la norma no haya fijado cuales son las condiciones que, en su caso, determinarían dicha preferencia. Por otro lado, la convivencia de la vigencia de ambas normas (el citado artículo 19 del Real Decreto-ley 16/2020 junto al artículo 229 LOPJ) que sobre este punto aportan un tratamiento inverso de la cuestión, plantea múltiples problemas de interpretación y de aplicación. Sostenemos que dicho precepto, si no pudo entrar en el detalle del asunto regulado, debería, al menos, haber fijado una mera remisión a la normativa vigente, en concreto al citado artículo 229.3 LOPJ, que regula los criterios a utilizar para las videoconferencias para ciertos supuestos, de forma que dichos efectos pudieran hacerse efectivos para todos los juicios telemáticos.

c) Ámbito temporal: la provisionalidad. Desde el 30 de abril de 2020 hasta tres meses más tras el estado de alarma, en principio. La provisionalidad es la característica fundamental de esta medida de juicios telemáticos de forma preferente, sustentada en la situación excepcional de los efectos de la pandemia. En virtud de lo dispuesto en la Disposición final séptima del Real Decreto-ley 16/2020, este Real Decreto-ley entrará en vigor el día siguiente al de su publicación en el «Boletín Oficial del Estado»; dado que la efectiva publicación se produjo el 29 de abril de 2020, entonces, la fecha de vigencia de esta medida arranca desde el 30 de abril de 2020. Y, según el artículo 19 estudiado, el ámbito temporal de la vigencia, en principio, fue previsto que se circunscribía a la duración del estado de alarma y hasta tres meses después de su finalización. No obstante, esta extensión no se ha culminado en virtud de Ley 3/2020, de 18 de septiembre, que deroga dicho Real Decreto-ley, si bien mantiene la preferencia de las audiencias telemáticas con un ámbito temporal más largo, lo que trataremos con detalle más adelante.

En todo caso, la prescripción de extender esta utilidad mientras dure la declaración del estado de alarma decretado no es cuestionable desde el punto de vista de su temporalidad. Sin embargo, la prescripción de extender su alcance temporal más allá de la duración del estado de alarma genera, a nuestro modo de ver, serias dudas en cuanto al posible exceso en las competencias propias del régimen aplicable a este estado. Ello nos lleva a aplicar previamente un examen del alcance al respecto del estado de alarma y resolver si, una vez finalizado su periodo de vigencia, puede extender sus efectos a situaciones posteriores al tiempo de finalización del estado de alarma.

Los diferentes estados excepcionales se prevén en el artículo 116 CE y la suspensión de derechos y libertades derivadas de algunos de estos estados los define el art. 55 CE. Por su parte, la Ley Orgánica 4/1981, de 1 de junio, de los estados de alarma, excepción y sitio regula tales estados, sus competencias y limitaciones. Lo estipulado en el artículo primero, Dos y Tres, de dicho texto legal parece no tener mucho juego. Así, por un lado, equipara en la duración el régimen de los estados de alarma, excepción y sitio a la de sus medidas, de forma que ambos están supeditados a ser «las estrictamente indispensables para asegurar el restablecimiento de la normalidad» (Artículo primero, Dos). Es decir, apreciada la normalidad, debe decaer el estado de alarma y, consecuentemente, han de cancelarse sus medidas.

Y, además, dicho precepto concreta expresamente que una vez finalizada la vigencia de los estados de alarma, excepción y sitio «decaerán en su eficacia cuantas competencias en materia sancionadora y en orden a actuaciones preventivas correspondan a las Autoridades competentes, así como las concretas medidas adoptadas en base a éstas, salvo las que consistiesen en sanciones firmes» (Artículo primero, Tres). Por tanto, al no constituir estas medidas «sanciones firmes», las mismas decaerán una vez finalizada la vigencia de dicha declaración excepcional.

En consecuencia, si conforme a la Ley Orgánica 4/1981, una vez finalizada la vigencia de los estos estados excepcionales decaen las medidas adoptadas en base a estas, entonces, no cabe extender su vida más allá de la duración efectiva del estado de alarma en este caso, al menos, a través de este soporte legal. Por supuesto, sí tendría cabida aprobar dicha extensión o incluso otra de mayor alcance, si la ley que la acordara siguiera los cauces propios de un estado normalizado.

d) Ámbito objetivo. Alude el mencionado artículo 19 del Real Decreto-ley 16/2020, de 28 de abril que la celebración de actos procesales mediante la denominada presencia telemática se refiere a los actos de juicio, las comparecencias, las declaraciones y las vistas y, en general, a todos los actos procesales. Con esta disposición se abre de forma absoluta la posibilidad de utilización del medio telemático para todos los actos procesales y se señalan expresamente de los actos de juicio, hecho que hasta ahora se contemplaba en el artículo 229 LOPJ de forma más restringida y también más ambigua en lo que se refiere a los actos de enjuiciamiento oral ya que, como hemos señalado, la LOPJ lo restringe a la denominada prueba personal, es decir: «las declaraciones, interrogatorios, testimonios, careos, exploraciones, informes, ratificación de los periciales» y de forma más genérica alude a las «vistas».

Y dicha previsión alcanzó a todos los órdenes jurisdiccionales, incluido el orden civil, que, como hemos señalado anteriormente, hasta la entrada en vigor del Real Decreto-Ley 16/2020 y su artículo 19.1, la posibilidad de celebración integra de las audiencias telemáticas no estaba del todo clara.

Para el CGPJ y según su *Guía de juicios telemáticos* «la celebración de juicios que tengan lugar de manera íntegra por vía telemática determina un escenario diferente, de mayor complejidad, en cuanto que el juicio completo —con interrogatorios de parte, testigos, peritos, aportación de documentación...y público— obliga a considerar diversos aspectos y situaciones que han de tener un componente común: se han de garantizar los derechos de defensa, la integridad, validez y calidad epistémica de la prueba y la publicidad de la vista o juicio» (§15). Por tanto, el artículo 19 del Real Decreto-ley 16/2020 impone una situación de gran envergadura procesal que habría necesitado del correspondiente desarrollo a fin de evitar cualquier indefinición o inseguridad jurídica.

e) El Juzgado o tribunal. Según el precepto estudiado, incumbe la constitución al Juzgado o tribunal y en su propia sede (art. 19.1). En este sentido, la *Guía de juicios telemáticos CGPJ* aconseja que, para lo que dicho documento denomina «actuaciones externas» —referidas a aquellas que cuentan con la intervención exclusiva de los operadores jurídicos o con la intervención de los ciudadanos— el juez o los miembros del tribunal se constituirán en la sede del Juzgado o Tribunal.

Cuando se trate de órganos colegiados, la *Guía de juicios telemáticos CGPJ* prevé que cuando las medidas sanitarias así lo impongan o aconsejen, sus miembros podrán conectarse telemáticamente desde distintas dependencias de la misma sede (§48). Pero, según sigue anticipando, si resultara imposible trasladarse a la sede o así lo aconsejen razones justificadas para la mejor administración de justicia, en este caso los jueces y miembros de los tribunales podrán acceder a las sesiones telemáticas desde lugares que reúnan las condiciones adecuadas para evitar interrupciones, sin que los miembros del colegio tengan que encontrarse en la misma estancia, especificación que dicho documento funda en el contenido del vigente art. 268.2 LOPJ.

Esta última directriz del CGPJ no parece acorde a dicha remisión normativa, ya que el precepto mencionado lo que regula es la excepcional constitución del Juzgado o tribunal en lugar distinto al de su sede para la práctica de las actuaciones judiciales, que constituye la regla general[182]; por tanto, se refiere a la constitución del tribunal, no de los miembros de este; y, además, se trata de un cambio de lugar para la práctica de las diligencias judiciales, no para participar de forma remota. Lo que motiva que concluyamos que dicha orientación carece de aval legal suficiente.

A esto se añade que la remisión a otros «lugares» cuyo único requerimiento es que cuenten con condiciones para evitar interrupciones es de tal indefinición que deja en el aire la regulación de la protección de otros muchos principios procesales, como la confidencialidad o la publicidad. Y, por supuesto, ante semejante mención no se nos escapa la posible entrada en juego de un derecho constitucionalmente reconocido: el derecho a la

182 Ley Orgánica 6/1985, de 1 de julio, del Poder Judicial; prescribe su artículo 268: «1. Las actuaciones judiciales deberán practicarse en la sede del órgano jurisdiccional. 2. No obstante lo dispuesto en el apartado anterior, los Juzgados y Tribunales podrán constituirse en cualquier lugar del territorio de su jurisdicción para la práctica de aquéllas, cuando fuere necesario o conveniente para la buena administración de justicia».

intimidad personal y familiar. Un derecho que puede verse comprometido cuando la retransmisión se haya de emprender precisamente desde el propio domicilio, una circunstancia del todo habitual durante el estado de alarma, dada la imposición del confinamiento o de las medidas contra la propagación de la pandemia.

f) Ministerio fiscal y resto de operadores jurídicos. Parece que el artículo 19 del Real Decreto-ley 16/2020 da por hecha la habilitación para intervenir en estos actos por parte de las Fiscalías desde sus propias dependencias. De este modo, al menos, se infiere de la mención expresa de esta institución al fijar el requerimiento de que no solo los Juzgados y Tribunales sino también las Fiscalías tengan a su disposición los medios técnicos necesarios para ello. Sin embargo, este precepto no efectúa ninguna alusión ni mención en relación con el resto de posibles interlocutores, como pueden ser los abogados, los procuradores, las partes, los testigos, los peritos, etc. Tampoco se menciona cual debe ser su respectivo enclave. Únicamente se limita a disponer la necesaria presencia física del acusado en los juicios por delito grave (art. 19.2).

Una vez más la mencionada *Guía* sale «al quite» y alude a que los miembros del Ministerio Fiscal, los abogados, los procuradores y los graduados sociales podrían intervenir desde sus dependencias oficiales o despachos profesionales cuando no sea requerida su presencia física por el órgano judicial (§49). Mientras la mención a la Fiscalía sí contaba con suficiente cobertura por parte del art. 19 que estamos estudiando, como ya hemos destacado, sin embargo, la alusión a los otros operadores jurídicos representa una incorporación que carece de convalidación legal. Por tanto, dicha previsión debía haberse sumado al precepto que cuenta con tal trascendencia que sienta esta práctica procesal como preferente y un ámbito universal.

En este punto, volvemos a encontrar posibles problemas que derivaran de si, por razones de salud pública, no fuera posible el desplazamiento a dichas dependencias, tanto de la fiscalía como del resto de operadores, o, como pudiera pasar en algunos casos, el despacho profesional esté ubicado, precisamente, en el domicilio del interlocutor.

g) Las partes cuando no intervengan como destinatarios de la práctica de prueba. Otra categoría subjetiva que establece la *Guía* es la de las «partes que no hayan de intervenir en el acto o cuya intervención se limite a prestar un consentimiento o cualquier otro acto personalísimo diferente a su participación en la práctica de la prueba»; en estos casos, se establece que tanto el Ministerio Fiscal como los juristas profesionales «podrán hacerse acompañar de estas». Sostenemos que esta previsión debe ir necesariamente aparejada a sistemas seguros de identificación. Además, no se concibe que, si la intencionalidad de la medida es la separación física, que se promueva esta reunión en la sala en la que deberán compartir estancia con las personas con rol de operadores jurídicos.

h) Las partes, testigos y peritos que intervengan en el acto y la salvaguarda de la intangibilidad de los medios de prueba. Ante la ausencia de previsión por el citado artículo 19, de nuevo la *Guía de juicios telemáticos CGPJ* suple esta omisión y otorga su propio tratamiento a «las personas diferentes de los profesionales que tengan intervención en el acto —partes, testigos, peritos—». Dentro de las medidas destinadas a procurar la intangibilidad de los medios de prueba, el citado texto pauta que dichas personas deben actuar desde una dependencia judicial, si bien puede ser la propia del órgano en el que se desarrolle el acto u otra más cercana al lugar de residencia de quien intervenga en él.

Se sugiere, asimismo, que, en caso de que las medidas de alerta sanitaria sean más extremas y sin perjuicio de la disponibilidad de las salas de vistas correspondientes, «podrían habilitarse dependencias en las sedes judiciales destinadas a ser ocupadas exclusivamente por quienes hayan de prestar declaración telemática para facilitar la racionalización de la distribución de espacios y su rápida higienización después de su uso» (§43).

A favor de la intangibilidad de los medios de prueba y con objeto de evitar la denominada contaminación del testigo o perito, prevé la *Guía* que es conveniente la adopción de medidas, ya sean técnicas como «salas de espera virtuales», o físicas, como las que impidan que testigos y peritos tengan conocimiento del desarrollo de la sesión en tanto se produce su intervención.

Dichas previsiones merecen la siguiente reflexión: según las pautas del CGPJ, la organización del juicio debería contar con una dotación consistente en, en primer lugar, una sala física donde se constituya el juez o tribunal y presten declaración las partes, los testigos y los peritos, en segundo término, otra sala física desde donde presten declaración dichas personas cuando las medidas de alerta sanitaria sean extremas, y, por último, otra sala física (o virtual) que haga las veces de sala de espera. Cuesta, razonablemente, visualizar la posibilidad de aplicación práctica de esta ideada distribución, dada la limitación de espacios por parte de los órganos judiciales. De hecho, una mera observación de las zonas exteriores de acceso a los juzgados durante el estado de alarma y cuando ya se estaban celebrado juicios muestra que la Sala de Espera real ha sido mayoritariamente la calle, un espacio desde donde han ido siendo llamados los respectivos intervinientes. Un enclave que, sin duda, es más precario pero que ofrece más seguridad sanitaria que cualquier zona cerrada. En cuanto a la Sala de espera virtual a la que alude la *Guía*, se desconoce a qué se refiere, cuando se trataría en todo caso de un espacio previo para acceder a una sala física, tal y como se ha redactado.

i) El acusado en el orden jurisdiccional penal. Según el tenor del artículo 19 del Real Decreto-ley 16/2020 las declaraciones y la presencia de este en el acto de juicio se llevará a cabo de forma telemática. Solamente cuando se trate de acusados en juicios por delitos graves se requerirá la presencia física. Sobreentendemos que lo será en la sede donde se constituya el juzgado o tribunal. En este caso y si nos hallamos ante un tribunal colegiado cuyos miembros se conectan desde distintos lugares ¿cuál será el lugar donde debe comparecer el acusado? Es otra cuestión que queda en el aire o sin definir.

En este punto y dada la rotundidad con la que se expresa el citado Real Decreto, no cabrían excepciones, pero la *Guía de juicios telemáticos CGPJ* se despacha mediante la pauta consistente en que «sólo en situaciones de manifiesta imposibilidad de celebración presencial, y siempre que no resulte indicada la suspensión y aplazamiento, se considera aconsejable llevar a cabo la celebración telemática, para lo que se procurará cumplir con las exigencias de defensa y garantías procesales consideradas por la jurisprudencia».

A nuestro modo de ver dicha orientación no cabía, dada la claridad con la que se redactó el artículo 19 del Real Decreto-ley 16/2020, al menos, mientras este siguió vigente y mientras no se sustituyó por una nueva regulación de la materia, como era deseable. Además, persistió la indefinición de lo que se considera «celebración telemática», de tal modo que no se concretó desde qué dependencia se realizaría, cuáles serían las medidas de identificación, de ordenación y control judicial y qué tipo de prevenciones se articularían para «cumplir las exigencias de defensa y garantías procesales».

A este respecto debe recordarse el contenido y fundamentación de la Sentencia del Tribunal Supremo de 2005 que declaró la nulidad del juicio que se había celebrado sin la presencia física de los acusados. Entre las razones esgrimidas, se encuentra que mientras que «otros elementos probatorios, como los testimonios y las pericias, tan sólo ofrecen una posición pasiva, que permite la posibilidad de su correcta percepción a pesar de la distancia, el acusado no sólo puede ser "objeto" de prueba, a través del contenido de sus manifestaciones, sino que también representa un papel de "sujeto" activo en la práctica de las actuaciones que se desarrollan en el acto de su propio Juicio». También constituye un fundamento la necesidad de comunicación directa y continuada del acusado con su abogado durante el juicio. Alude, asimismo, a la exigencia de guardar, en la decisión, la debida proporcionalidad y excepcionalidad de apartar físicamente al acusado del juicio[183].

j) Requerimientos. Las únicas menciones a los requerimientos por parte del artículo 19 del Real Decreto-ley 16/2020 consisten en que el acto se constituya en la sede del órgano jurisdiccional y que los Juzgados, Tribunales y Fiscalías tengan a su disposición los medios técnicos necesarios para ello. Dada la trascendencia de la medida es evidente que dicha previsión resultó absolutamente pobre, parca y escasa. De hecho, la *Guía de Juicios Telemáticos CGPJ,* se autodefinió «como una guía, en definitiva, de un conjunto de pautas y recomendaciones para conciliar la práctica de las actuaciones judiciales telemáticas y los principios y garantías procesales» (§8). El problema, a

183 STS, Sala 2.ª, de 16-5-2005.

nuestro juicio, reside no tanto en que haya abordado efectivamente la materia —lo que puede haber efectuado con mayor o menor acierto— sino, precisamente, en el hecho de la falta de una norma de rango legal que defina el régimen procesal a aplicar. En cualquier caso, y dada su trascendencia, van a ser analizadas sus orientaciones que se refieren a la publicidad, la confidencialidad, a la comunicación del abogado con el acusado o detenido, a la intangibilidad de los medios probatorios.

k) Publicidad. El artículo 20 del Real Decreto-ley 16/2020 señala lo siguiente: «Con el fin de garantizar la protección de la salud de las personas, durante la vigencia del estado de alarma y hasta tres meses después de su finalización, el órgano judicial ordenará, en atención a las características de las salas de vistas, el acceso del público a todas las actuaciones orales»[184]. Ante la ausencia de directrices de este texto respecto a la forma concreta en la que ordenará el acceso del público, más que a que se atienda las características de las Sala, comienza la *Guía de Juicios Telemáticos CGPJ* por asignar al juez la función de procurar las medidas necesarias para garantizar la publicidad ante actos procesales celebrados en régimen de audiencia pública (§39). A continuación, sienta la presencia física del público como sistema preferido, bien a la Sala de vistas donde se celebre el acto o bien a través de otra Sala habilitada al efecto. Así la *Guía* sienta: «Con carácter general, cabe considerar que la forma más idónea de asegurar este principio es mediante la asistencia del público a la sala de vistas del órgano que celebre el acto u otra dependencia judicial diferenciada donde pueda observarlo en circuito cerrado, procurando adoptar las medidas necesarias para evitar grabaciones clandestinas de lo que se aprecie en los monitores».

Indica la propia *Guía* que mediante estos sistemas «se facilita técnicamente el principio de audiencia y se evita el uso indebido de la imagen de los testigos y demás intervinientes». Sin embargo, debe cuestionarse la utilidad del sistema consistente en que el público observe el acto desde una sala ajena al lugar donde se ubica el juez o tribunal, pues, aunque es cierto que se evita la grabación desde la misma aplicación, la posibilidad de filmar el acto mediante otro dispositivo se presenta y el juez o tribunal carece, en realidad, de medios para ejercer un control remoto sobre dicho particular. Una posible solución la constituye tratar esta última medida como se concibe un acceso desde los dispositivos respectivos, de forma que se le apliquen las correspondientes medidas que salven la confidencialidad. Algunas de estas medidas se prevén por la Guía en el §41.

---

184 Entre las resoluciones revisadas, se encuentran resoluciones judiciales como la Providencia de 09-11-2020 del Juzgado de Lo Social, donde tras razonar sobre la protección de la salud, dispone: «...en relación con la vista que estaba acordada en este procedimiento, se comunica que la misma se va a celebrar, en audiencia reservada, mediante videoconferencia...». (Datos de identidad del órgano judicial omitidos a fin de preservar determinados derechos y porque esta referencia solo pretende fomentar la reflexión).

Sí resulta justificada la previsión siguiente de la *Guía* cuando ordena lo siguiente: «Se procurará adoptar las medidas necesarias para la limitación de aforos cuando así lo exigiese la situación sanitaria y acceso de medios de comunicación acreditados con arreglo a las pautas aprobadas por el CGPJ en el Protocolo de Comunicación de la Justicia (§40)».

La *Guía*, en su §41, pauta que solamente ante la imposibilidad de asistencia física a la Salas del tribunal, entonces, se habilitará un acceso virtual del público, de forma que habrá de habilitarse un «tablón de anuncios virtual» en la sede electrónica que habrá de contar con las menciones del art. 232.2 LOPJ sobre la fecha y hora de celebración, tipo de actuación y número de procedimiento.

l) Confidencialidad. Circunscribe la *Guía de Juicios Telemáticos CGPJ* que dicho principio queda salvado o «se asegura» mediante los requerimientos técnicos de los medios que se utilicen, de tal forma que son, precisamente, los programas y dispositivos que se emplean los que deberán impedir que puedan realizarse grabaciones de los actos diferentes de las que corresponda para su documentación oficial (§36, primer inciso). Indudablemente, esta primera pauta era necesaria, aunque parece escasa pues la confidencialidad también puede peligrar ante posibles ataques informáticos o hackers[185]. No se establece previsión alguna al respecto, lo que debería anticiparse.

La *Guía* también señala que deberá permitir, en la medida de lo posible, el rastreo o trazabilidad de grabaciones diferentes a la autorizada para dejar constancia de la autenticidad e integridad de los actos (§36, segundo inciso). Es una medida que se acoge favorablemente, pero, igualmente, se olvida el Consejo de que una grabación se puede realizar, incluso, desde cualquier otro dispositivo distinto a aquel en el que se esté realizando la conexión. Por tanto, en este caso, no son bastantes meras medidas técnicas, sino que han de incorporarse medidas de orden personal, como, por ejemplo, requerir una cierta advertencia del Juez o Tribunal al usuario para que se abstenga de realizar cualquier tipo de grabación y que, por supuesto, se le informe de que no puede difundirla.

Por idéntica razón, creemos que resulta del todo insuficiente la prevención consistente en atribuir a los profesionales que intervengan en dichos actos la obligación de asegurar que las dependencias desde donde actúen constituyan estancias reservadas y dotadas de medios técnicos bastantes (§ 37, primer inciso). Igualmente, el alcance de la labor de vigilancia que se le

185 El temor frente a este tipo de ataques se puso en evidencia. Así, con fecha 16-05-2020 el diario El País, entre otros, publicó la noticia «El Constitucional alega temor a un 'hackeo' y decide paralizar los plenos»; consta en la noticia que Fuentes del tribunal «alegan que sus técnicos informáticos les han advertido de que las reuniones telemáticas —que en las últimas semanas se han hecho habituales en otras instituciones— no son seguras y podrían ser objeto de ataques informáticos». Accesible en https://elpais.com/espana/2020-05-15/el-constitucional-alega-temor-a-un-hackeo-y-decide-paralizar-los-plenos.html

imputa al juez o tribunal (§ 37, segundo inciso) cuenta con serias limitaciones respecto a sus facultades efectivas para ejercer un auténtico control sobre la confidencialidad, insistimos, a la vista de la existencia de variables que no se dominan exclusivamente mediante el cumplimiento de unos requisitos técnicos, tal y como se ha dibujado el diseño de la *Guía*.

Otras medidas destinadas a preservar la confidencialidad son las siguientes. Según el §41 de la *Guía*, el programa que se utilice para la sesión telemática deberá permitir el acceso de terceros mediante clave o invitación, que se facilitará una vez que la persona interesada se acredite, física o virtualmente, ante el juzgado o tribunal. Se aplaude esta disposición por preservar la confidencialidad y el derecho a la intimidad y la protección de datos. Establece también §41 de la *Guía* que estas personas que accedan en calidad de público serán informadas de la prohibición de obtener copias de la sesión o de realizar grabaciones con dispositivos externos de la pantalla en la que visualicen la sesión telemática. Es una medida que se acoge satisfactoriamente. No obstante, no estaría de más que el propio programa recabara la aceptación de dicha pauta por el usuario correspondiente.

También prevé §41 de la *Guía* que el programa informático correspondiente «incorporará, hasta donde sea técnicamente posible, las medidas para impedir la grabación por los usuarios invitados o que puedan compartir video, audio o cualquier otro tipo de archivo. Cuando la asistencia de público pueda producirse de manera telemática, se considera aconsejable informar a las partes del hecho de si efectivamente existe público asistiendo a la sesión».

Una última previsión de la *Guía de Juicios Telemáticos CGPJ, en su §42,* se refiere a los casos que se celebren de manera telemática y alcancen una especial relevancia social o mediática y que se disponga su retransmisión. En estos casos, «el juez o tribunal que autorice su retrasmisión íntegra o la captación puntual de imágenes y sonido por parte de los medios de comunicación, el material gráfico y/o audiovisual que se facilite a estos para su uso informativo se procurará que se atenga a la legislación de protección de datos de carácter personal y lo establecido en el Protocolo de Comunicación de la Justicia».

2.3. Declaración de personas que se encuentren fuera de España

El mencionado artículo 19 no contiene previsión alguna al respecto mientras que la *Guía de juicios telemáticos CGPJ* señala lo siguiente: «Para la intervención telemática de personas que se encuentren fuera de España, es aconsejable recabar el auxilio judicial internacional». En este punto la citada *Guía* no aporta ninguna novedad ya que la LOPJ regula esta figura en los artículos 273 a 278, en particular en los artículos 276, 277 y 278. En este sentido, el art. 276 determina: «Las peticiones de cooperación internacional se tramitarán de conformidad con lo previsto en los tratados internacionales, las normas de la Unión Europea y las leyes españolas que resulten de aplicación».

Por ello, en este caso, parece justificado el silencio del artículo 19, ya que ha dejado este particular inalterado. Sin embargo, cabía preguntarse si determinadas diligencias que fueran objeto de cooperación judicial internacional se podrían verificar mediante el uso de la videoconferencia retransmitida desde la sede del órgano judicial destinatario del auxilio hasta la sede o localización del juzgado o tribunal que solicite la cooperación. Sin duda, el detonante de estas medidas, la pandemia, afectó a nivel mundial y una medida de este calibre obtendría una elevada justificación. Además, en este punto, la posibilidad de contacto directo —aunque mediatizado por la tecnología audiovisual— entre el tribunal y el interrogado favorecería la inmediación judicial. Es decir, que es aquí donde, especialmente, cobraría sentido proveer medios de comunicación audiovisual y su correspondiente utilización y, sin embargo, nada se estableció al respecto. Posiblemente, tras la pasividad de la norma sobre este particular, se encontraba la consciencia de que una medida así debería consensuarse a nivel internacional, a través de los respectivos tratados, también respecto a la Unión Europea y contar con la concurrencia de voluntades de los distintos países, algo que la propia idiosincrasia de los estados excepcionales no podía razonablemente abarcar.

2.4. Especial mención a la posible práctica de intervención en el juicio desde el propio domicilio en retransmisión audiovisual remota

En la medida en que el uso de la videoconferencia impone en ciertos casos a los miembros colegiados del tribunal, a los operadores jurídicos la utilización de este medio, resulta que cabe la posibilidad de que la retransmisión se verifique, precisamente, desde su respectivo propio domicilio, se puede producir una injerencia en un derecho constitucional de carácter sustantivo que no debería obviarse; se trata del derecho a la intimidad personal y familiar que protege el artículo 18 CE. Efectivamente, dicho precepto consagra este derecho, sienta la inviolabilidad del domicilio y expresamente determina que la «ley limitará el uso de la informática para garantizar el honor y la intimidad personal y familiar de los ciudadanos y el pleno ejercicio de sus derechos».

A esta previsión constitucional hay que adicionar, como texto legal de desarrollo del derecho a la intimidad personal y familiar, la Ley Orgánica 1/1982, de 5 de mayo, de protección civil del derecho al honor, a la intimidad personal y familiar y a la propia imagen. Desde luego, podría pensarse que el uso de sistemas audiovisuales en los que hayan de participar en el juicio telemático, tal y como parece permitir la *Guía de juicios telemáticos CGPJ,* ante el silencio por parte del artículo 19 del Real Decreto-ley 16/2020, si lo hacen desde su propio domicilio, podrían incurrir en alguna de las intromisiones a las que se refiere el artículo séptimo de dicha ley[186]. Es preciso, no obstante, subrayar que, conforme al artículo segundo Dos, no se apreciará la existencia de intromisión ilegítima en el ámbito protegido cuando estuviere expresamente autorizada por Ley o cuando el titular del derecho hubiere otorgado al efecto su consentimiento expreso. Dado que el primero de los requisitos no concurre, debería incorporarse una prescripción legal que, caso de ser necesario este uso, imponga que se recabe el consentimiento del usuario que se encuentre en su propio domicilio.

2.5. Tratamiento de la aportación de documentos

El principio de legalidad procesal resulta vinculante tanto para el órgano jurisdiccional como para las partes; ambos han de sujetar sus actos a los procedimientos y plazos fijados por la ley. Por eso, las normas procesales son de orden público y obligado cumplimiento, tal y como determina el artículo 1 LEC, y el artículo 9.1 y 117.1 y 3 CE. Como se ha apuntado, «las normas procesales son, por tanto, de orden público y constituyen una garantía para los litigantes, de lo que se desprende que son preceptivas en su observancia salvo en aquellos supuestos excepcionales en los que las propias palabras de la ley o del sentido y finalidad de las normas se infiera que las partes o el propio juez quedan autorizados para alterar convencionalmente un acto procesal concreto (AP Málaga 19-2-04, EDJ 11824). En otro caso no admiten opción de parte (AP Valencia 12-2-18, EDJ 42798; AP Huelva 30-7-18, EDJ 610732)»[187].

186 Ley Orgánica 1/1982, de 5 de mayo, de protección civil del derecho al honor, a la intimidad personal y familiar y a la propia imagen; el artículo séptimo estipula: «Tendrán la consideración de intromisiones ilegítimas en el ámbito de protección delimitado por el artículo segundo de esta Ley: 1. El emplazamiento en cualquier lugar de aparatos de escucha, de filmación, de dispositivos ópticos o de cualquier otro medio apto para grabar o reproducir la vida íntima de las personas. /2. La utilización de aparatos de escucha, dispositivos ópticos, o de cualquier otro medio para el conocimiento de la vida íntima de las personas o de manifestaciones o cartas privadas no destinadas a quien haga uso de tales medios, así como su grabación, registro o reproducción. /3. La divulgación de hechos relativos a la vida privada de una persona o familia que afecten a su reputación y buen nombre, así como la revelación o publicación del contenido de cartas, memorias u otros escritos personales de carácter íntimo. /4. La revelación de datos privados de una persona o familia conocidos a través de la actividad profesional u oficial de quien los revela. /5. La captación, reproducción o publicación por fotografía, filme, o cualquier otro procedimiento, de la imagen de una persona en lugares o momentos de su vida privada o fuera de ellos, salvo los casos previstos en el artículo octavo, dos. /6. La utilización del nombre, de la voz o de la imagen de una persona para fines publicitarios, comerciales o de naturaleza análoga. /7. La imputación de hechos o la manifestación de juicios de valor a través de acciones o expresiones que de cualquier modo lesionen la dignidad de otra persona, menoscabando su fama o atentando contra su propia estimación. (...).

187 AA. VV., *Memento Procesal*, Alfonso Melón Muñoz (dir.), Ediciones Francis Lefebvre, Madrid, 2020, §1804.

Partiendo de tal premisa, nos preguntamos ahora qué tratamiento habría que dispensar en caso de conflicto entre una pauta integrada en una guía del CGPJ y la ley procesal. Este es el caso de ciertos asuntos de las recomendaciones de la *Guía de Juicios Telemáticos CGPJ*[188] hecha pública en cumplimiento del Acuerdo adoptado por la Comisión Permanente del CGPJ de 11 de mayo de 2020[189]. Pues bien, aunque, como hemos señalado, este instrumento no cuenta con fuerza normativa, sin embargo, ha definido la marcha de esta práctica judicial mientras no se apruebe un texto legal integrador sobre esta práctica procesal.

Antes de entrar en las pautas cuestionadas que establece dicha *Guía*, resulta preciso señalar que la misma parte de la admisión de la carencia legal de la definición de «los criterios a seguir para la aplicación preferente de los medios telemáticos ni la forma ni los requerimientos técnicos para esa aplicación» (§3) ya que, efectivamente, los mismos no se especifican en el artículo 19 del Real Decreto-ley 16/2020 ni en los preceptos vigentes hasta tal texto, como el art. 229 LOPJ. A esto se une que aún no había sido cumplido el compromiso obrante en la Disposición Final 3.ª de la Ley 18/2011[190]. Ante dicha falta de cobertura de los criterios a seguir, la citada *Guía de Juicios Telemáticos CGPJ,* se autodefine «como una guía, en definitiva, de un conjunto de pautas y recomendaciones para conciliar la práctica de las actuaciones judiciales telemáticas y los principios y garantías procesales» (§8).

Esta misión de la *Guía* la acogemos con beneplácito, sobre todo si se tiene en cuenta la ausencia de otro tipo de directriz que atienda las necesidades actuales. Sin embargo, debemos revisar dicho texto por cuanto establece auténticos criterios a seguir para implantar la aplicación preferente de los medios telemáticos, así como la forma o los requerimientos técnicos para

---

188 AA. VV., *Guía para la celebración de actuaciones judiciales telemáticas* 25-05-2020, aprobada por la Comisión Permanente del CGPJ 27-05-2020.

189 Acuerdo adoptado por la Comisión Permanente del CGPJ en la sesión extraordinaria celebrada el 11 de mayo de 2020. Señala en lo siguiente en 11-1- Primero. - «Aprobar los siguientes criterios generales para la elaboración de los planes de reanudación de la actividad judicial que han de elaborar las Salas de Gobierno de los Tribunales Superiores de Justicia y Audiencia Nacional: (...) II. - actuaciones judiciales una vez se levante la suspensión de plazos y términos procesales y antes de la plena restauración de la normalidad de funcionamiento de la administración de justicia» Y en el apartado B.- Celebración de juicios y vistas, y punto 1.- Forma de celebración, señala: «el procedimiento a seguir para la celebración de actos de forma telemática se ajustará a las pautas establecidas en la guía de celebración de actos procesales telemáticos que apruebe la Comisión Permanente del CGPJ».

190 Ley 18/2011, de 5 de julio, reguladora del uso de las tecnologías de la información y la comunicación en la Administración de Justicia, Disposición Final 3.ª, relativa a la «regulación del uso de los sistemas de videoconferencia en la Administración de justicia», que está vigente desde el 7 de julio de 2011 y que establece que el Gobierno presentará un proyecto de Ley que regule de manera integral el uso de los sistemas de videoconferencia en la Administración de Justicia.

esa aplicación, unos asuntos que, en realidad, deberían articularse a través de una norma legal. Además, también es conveniente examinar dicha Guía en función del contexto legal vigente y coetáneo a la misma.

Un asunto de especial interés en cuanto al conflicto que puede plantear es cuando la citada guía aborda el tema del régimen de aportación de documentos por las partes cuando se va a utilizar la videoconferencia instaurada con motivo de la declaración del estado de alarma. Resulta que sobre dicho particular nada indica el Real Decreto-ley 16/2020. Por tanto, el régimen de aportación documental que estaba vigente según las leyes procesales con anterioridad a la vigencia de la audiencia judicial remota continuó vigente. En consecuencia, aquellos documentos que la ley procesal aplicable al caso señala que deben ser aportados precisamente en el acto oral correspondiente con el fin de obtener la declaración sobre la admisibilidad de los mismos por parte del juez o tribunal competente, ha de ser traídos al proceso, en consecuencia, según ordena dicha ley procesal y no de otra forma. De esta manera, si unos documentos deben ser presentados al tribunal dentro del juicio oral en el instante procesal oportuno, dicha prescripción afecta también a los supuestos en los que el acto oral se lleve a cabo mediante retransmisión audiovisual por que la propia ley no ha establecido un régimen distinto. A pesar de ello la pauta §30 de la Guía determina:

> «También para evitar interrupciones, se considera conveniente que en los actos procesales a celebrar de manera telemática en los que se tenga intención de presentar prueba documental, ésta se facilite con antelación al juzgado o tribunal mediante un sistema que garantice su accesibilidad a los abogados de las partes para su visionado y eventual descarga. El volumen de documentos que se tenga previsto presentar es un factor de complejidad para valorar la oportunidad de la celebración de los juicios y vistas de manera telemática. En todo caso, conviene exigir que los documentos se presenten debidamente ordenados y foliados, con índices hipervinculados para facilitar su utilización durante la sesión telemática».

Hay que admitir que en este punto nos enfrentamos a una seria dificultad de carácter práctico y técnico dado que las aplicaciones utilizadas habitualmente para las videollamadas no permitían la entrega inmediata o material de documentos, tan solo admiten que se mostraran, que fueran vistos en el acto según una previa selección. Por otro lado, la posible utilización simultánea a la aplicación de la videoconferencia de un sistema actual de comunicación judicial, como por ejemplo *LexNet,* creemos que no estaba preparado para atender las necesidades de un acto de este calibre, por cuanto el proceso de subida, entrega y recepción y visionado de los documentos por este canal se dilataba en exceso en el tiempo en aquel momento. En este punto chocamos, por tanto, con una falta de soporte técnico que permitiera llevar a cabo la entrega y control sobre la admisibilidad de los documentos en similares condiciones a las aplicadas durante un juicio o vista oral con presencia física. A nuestra manera de ver, esta es una de las severas trabas técnicas que era preciso superar a fin de conseguir una auténtica asimilación conceptual del juicio oral de presencia directa o personal al juicio oral de presencia telemática[191].

Por eso, parece bien intencionada la solución adoptada al respecto por la *Guía de Juicios Telemáticos CGPJ*, sin embargo, puede incurrir, como vemos más adelante, en numerosas infracciones. En cuanto a sus bondades, efectivamente, los principios de economía procesal y de celeridad podrían justificar esta pauta. Por su parte, como ha advertido JIMÉNEZ ASENJO el principio de economía procesal significa «aquella razón o ciencia que procura ahorrar el mayor esfuerzo o gasto posible en la actuación procesal para conseguir el fin propio del proceso»[192]. Asimismo, el principio de celeridad procesal podría justificar salvar obstáculos a fin de hace efectivo del *derecho a un proceso sin dilaciones indebidas,* un derecho expresamente reconocido en el artículo 24.2 la Constitución. Además, el artículo 6.1 del Convenio de Roma recoge como derecho humano el consistente en obtener la decisión judicial en un plazo razonable.

Con todo y a su pesar, la mencionada pauta §30 de dicha Guía puede quebrar principios básicos del proceso; por eso, la susodicha pauta merece un comentario diferenciado. En primer lugar, la anticipación a un momento anterior al juicio oral del material probatorio documental contradice el principio de concentración o unidad de acto, dado que se extraen determinados actos del plenario, como lo es la aportación documental, para llevarlos a cabo separada y anticipadamente. Ello contradice el sentido de la vigencia de este principio ya que la concentración o la unidad de acto ha sido considerada como la nota de otorga realmente valor al acto oral, por eso, ALCALÁ-ZAMORA Y CASTILLO mantiene que la «superioridad de la oralidad frente a la escritura se debe más a los principios de inmediatividad y de concentración que a aquélla»[193].

En segundo lugar, entendemos que la anticipación de esta actividad solo cabe regularla por vía de la ley procesal correspondiente, sin que por ello resulten válidas o vinculantes estas pautas de la Guía. En este sentido, debemos tener presente que uno de los requisitos de admisibilidad de la prueba lo constituye precisamente la prueba legal. Este requerimiento de legalidad

---

191 Repárese en que esta carencia la ponen de manifiesto las resoluciones de los Juzgados; por ejemplo, la Diligencia de ordenación de 23-11-2020 del Juzgado de lo Social reza: «se hace necesario que remitan la documentación que vayan a aportar con antelación al juicio para su traslado a la parte contraria, dado que actualmente la aplicación...no permite intercambio de documentos».

192 Enrique JIMÉNEZ ASENJO, «Economía Procesal», *NEJ Seix (Nueva Enciclopedia Jurídica Seix), T. VII,* págs. 897 y ss.

193 Niceto ALCALÁ-ZAMORA Y CASTILLO, «La teoría de las crisis del proceso, aplicada al proceso penal», *Revista de Derecho Procesal, núm. 3, 1951,* págs. 375-376.

probatoria ha sido definido, entre otros, por FERNÁNDEZ URZAINQUI como en la adecuación a la ley de la «actividad dirigida a la incorporación de las fuentes de prueba al proceso»[194]. Esto supone el requerimiento de que prueba que se haya realizado conforme a un procedimiento legalmente establecido. Dimana dicho requisito del artículo 283.3 LEC, que prescribe: «Nunca se admitirá como prueba cualquier actividad prohibida por la ley», lo que implica reconocer el principio de legalidad procesal en materia probatoria como un principio que ha de imperar, lo que se impone al juez, según ya hemos estudiado, la sumisión al procedimiento probatorio legalmente previsto, de manera que es el juez el que debe cuidar que se admitan las pruebas que han seguido el procedimiento establecido[195]. En idéntico sentido ABEL LLUCH defiende que la «legalidad se refiere a la observancia de las prescripciones legales, esto es, los requisitos de tiempo y forma en la proposición de los medios de prueba»[196]. También, como ha puesto de manifiesto ASENCIO MELLADO, se ha encontrado fundamento a la llamada prueba legal en al artículo 299.3 LEC, pues mientras permite un *numerus apertus* en cuanto a medios de prueba admisibles fija, sin embargo, siempre que sea «con observancia de las garantías legales»[197].

A dicho argumento hay que sumar el principio de legalidad procesal en general que proclama el artículo 1 LEC al imponer: «En los procesos civiles, los tribunales y quienes ante ellos acudan e intervengan deberán actuar con arreglo a lo dispuesto en esta Ley». Y la propia Constitución española determina esta sujeción en los artículos 9.1 y 117.1 y 3 CE. Lo que implica también que las normas procesales son de orden público y obligado cumplimiento. Además, según han destacado LÓPEZ BARJA DE QUIROGA Y OTROS, el principio de legalidad procesal significa una garantía a favor de la ciudadanía, que se materializa a través de la exigencia de que el procedimiento ha de estar regulado por ley[198].

Por ello, entendemos que no cabe la anticipación de la entrega documental de forma previa al acto de juicio oral por cuanto no cuenta con una norma de rango legal que valide dicha práctica y, por el contrario, hay que respetar

194 Francisco Javier FERNÁNDEZ URZAINQUI, «Comentarios al artículo 287 LEC», *Comentarios a la nueva Ley de Enjuiciamiento Civil*, T. II, FERNÁNDEZ BALLESTEROS, RIFÁ-SOLER y VALLS GOMBAU (Coords.), Atelier, Barcelona, 2000, pág. 1136.

195 SAP Madrid 459/2009, de 24 de julio de 2009, (FJ. 13.°). Y también la SAP Madrid 25/2012, de 18 de enero de 2012, (FJ. 6.°): «dicha norma (art. 283.3 LEC) sólo recoge el principio de legalidad procesal en materia probatoria, esto es, la sumisión del juez al procedimiento probatorio legalmente previsto».

196 Xavier ABEL LLUCH, Derecho Probatorio, Bosch, Vallirana (Barcelona), 2012, p. 286.

197 José María ASENCIO MELLADO, «La prueba», *Proceso Civil Práctico*, T. IV, La Ley, Madrid, 2010, pág. 46.

198 Jacobo LÓPEZ BARJA DE QUIROGA, «El derecho procesal como límite al Estado», *Tratado de Derecho procesal penal*, Ed. Aranzadi, 4.ª edición, Pamplona. 2010, pág. 83 y ss.

las leyes procesales actuales que sitúan la entrega documental durante el acto oral, y ello, aunque se lleve a cabo por videoconferencia. Ni siquiera cabría, aunque todas las partes participaran en dicha actividad y la consistieran pues las normas procesales son normas de *Ius cogens* o derecho imperativo, como también hemos apuntado.

Cuestionamos, igualmente, si la anticipación configurada por el CGPJ alcanza no solo a la entrega al órgano judicial sino también al traslado a los respectivos profesionales de las partes. La Guía no lo aclara expresamente, pero, según el tenor literal de la pauta §31 de la *Guía de Juicios Telemáticos CGPJ*[199], establece un diferente trato a la mera exhibición de documentos, que debe completarse antes de adoptar la decisión sobre su admisibilidad, frente al efectivo traslado de los mismos, que ha de efectuarse tan solo cuando ya se haya acordado sobre tal admisibilidad. De este diferente trato aplicado a la mera exhibición y al traslado, se deduce que mientras la exhibición podría realizarse en cualquier momento anterior a la declaración de pertinencia de la prueba, incluso antes del juicio oral, el efectivo traslado solo podría realizarse tras la decisión sobre la admisibilidad realizada precisamente durante el juicio oral. Resulta, de nuevo, aplicable el régimen de la prueba legal que implica que tanto la exhibición de documentos aportados al proceso como el traslado a las partes respectivas deben efectuarse conforme al proceso legalmente establecido. Por tanto, por igual argumento que el esgrimido respecto al momento de la aportación documental no cabe alterar las reglas de la exhibición y traslado a las partes por vía de una mera Guía sino solamente a través de la Ley.

Por otro lado, resulta incluso discutible conforme al derecho procesal la admisibilidad de una posible reforma sobre el régimen de entrega, exhibición y traslado a las partes de la prueba documental cuando se realiza el acto oral mediante la forma virtual de manera similar al planteado por el CGPJ por cuanto ello podría generar un trato diferente a las partes con un beneficio a una u otra de ellas, según el acto se realizara vía personal o vía telemática. Efectivamente, si la toma de conocimiento de los documentos que presenta la parte contraria se sitúa en el propio acto de juicio, es allí donde los respectivos abogados han de articular toda una suerte de tácticas, en cuanto a impugnación, en cuanto a la práctica de prueba personal pendiente y en el sustrato de las alegaciones finales o conclusiones. Si el conocimiento por las partes de esta prueba documental de las demás se anticipa al juicio, la estrategia que se articula frente a la misma, se produce en unas mejores condiciones, al contar con más tiempo para preparar

199 *Guía de Juicios Telemáticos CGPJ,* §31 establece: «Para el concreto caso de prueba documental, es conveniente prever la posibilidad de exhibición a los abogados de las partes previo a la decisión del juez o tribunal para que la descarga de los documentos en sus equipos sólo pueda tener lugar una vez que se ha adoptado la decisión de admitir los documentos».

todas las tácticas citadas. De este modo, podemos concluir que, en realidad, la anticipación favorece a aquella parte frente a la que se va a entregar unos documentos que pueden perjudicar su defensa respecto a la situación que tendría en aplicación de las reglas habituales del juicio oral realizado de forma directa o personal. Por tanto, la decisión de realizar el juicio a través de videoconferencia y, consecuentemente, de anticipar la prueba documental podría generar un perjuicio a aquella parte que dispusiera del mejor arsenal probatorio de carácter documental. Este desbarajuste se ocasionaría al posibilitar dicha anticipación un mejor y más confortable y meditado régimen a aquella parte frente a la que se articula dicha prueba. Ello, iría en contra del derecho a la igualdad de armas inherente al derecho de defensa y al derecho de un proceso con todas las garantías ya que podría generar un distinto tratamiento del juicio completo según se realizara de manera de presencia física o de presencia telemática. Ese distinto tratamiento podría cuestionar la posición del juez o tribunal en cuanto su posible falta de la debida imparcialidad.

En conclusión, si bien las guías emitidas por el CGPJ no constituyen fuente del derecho procesal y no vinculan a los jueces y tribunales en su labor jurisdiccional, sin embargo, la ausencia de regulación sobre aspectos concretos del proceso dio lugar a que *de facto* en algunos casos fueran abordados por estas guías. Por eso dichas guías deberían evitar suplir el alcance normativo que corresponde en exclusiva al legislador. Y, en todo caso, los jueces y tribunales, en ejercicio de su potestad jurisdiccional, han de cuestionarse si dichas pautas son realmente acordes al régimen procesal vigente, tanto constitucional como legal, con consideración al complemento jurisprudencial correspondiente de conformidad con el sistema de fuentes de derecho procesal que impera en España[200].

---

200 Nótese que, a pesar de las advertencias que hemos manifestado, se está aplicando esta pauta con mucha frecuencia por los tribunales. Así, entre las providencias revisadas en este trabajo, encontramos la providencia de fecha 09-11-2020 del Juzgado de lo Social que «requiere a las partes para que a la mayor brevedad posible y en todo caso con antelación al acto de juicio, remitan la documentación que vayan a aportar al juicio para su traslado a la parte contraria». Incluso van más allá, porque son ordenadas en muchos casos por los LAJ, lo que supone, además, excederse de la potestad de ordenación e invadir la potestad jurisdiccional; así, en la Diligencia de Ordenación del LAJ de un Juzgado de Lo Social de fecha 25-11-2020, señala: «prueba documental deberá remitirse vía Lexnet, numerada y relacionada, al menos dos días antes del señalamiento para poder unirla al expediente y dar traslado a la parte contraria el día previo a la vista».

3. Las audiencias telemáticas como medida extendida hasta junio de 2021 por la ley 3/2020, de 18 de septiembre

3.1. Régimen jurídico

En el mes de septiembre de 2020, a través de la Ley 3/2020, de 18 de septiembre, el legislador derogó íntegramente el Real Decreto-ley 16/2020, de 28 de abril, de medidas procesales y organizativas para hacer frente al COVID-19 en el ámbito de la Administración de Justicia y, al mismo tiempo, extendió la aplicación de las audiencias telemáticas de forma preferente hasta el 20 de junio de 2021, aunque se proyectó la posibilidad de prorrogarlo[201].

Como punto de partida, reproducimos a continuación, los artículos 14 y 15 de Ley 3/2020, de 18 de septiembre. Ambos preceptos presentan el siguiente tenor literal:

> «Artículo 14. Celebración de actos procesales mediante presencia telemática.
>
> 1. Hasta el 20 de junio de 2021 inclusive, constituido el juzgado o tribunal en su sede, los actos de juicio, comparecencias, declaraciones y vistas y, en general, todos los actos procesales, se realizarán preferentemente mediante presencia telemática, siempre que los juzgados, tribunales y fiscalías tengan a su disposición los medios técnicos necesarios para ello.
>
> 2. No obstante lo dispuesto en el apartado anterior, en el orden jurisdiccional penal será necesaria la presencia física del acusado en los juicios por delito grave.
>
> También se requerirá la presencia física del investigado o acusado, a petición propia o de su defensa letrada, en la audiencia prevista en el artículo 505 de la Ley de Enjuiciamiento Criminal cuando cualquiera de las acusaciones interese su prisión provisional o en los juicios cuando alguna de las acusaciones solicite pena de prisión superior a los dos años, salvo que concurran causas justificadas o de fuerza mayor que lo impidan.
>
> Cuando se disponga la presencia física del acusado o del investigado, será también necesaria la presencia física de su defensa letrada, a petición de esta o del propio acusado o investigado.
>
> 3. Las deliberaciones de los tribunales tendrán lugar en régimen de presencia telemática cuando se cuente con los medios técnicos necesarios para ello.

201 Ley 3/2020, de 18 de septiembre, *de medidas procesales y organizativas para hacer frente al COVID-19 en el ámbito de la Administración de Justicia*; en su Disposición derogatoria única 1 deroga el Real Decreto-ley 16/2020, de 28 de abril, de medidas procesales y organizativas para hacer frente al COVID-19 en el ámbito de la Administración de Justicia; y al mismo tiempo, el artículo 14 y la Disposición Transitoria Segunda extiende la aplicación de las audiencias telemáticas de forma preferente hasta el 20 de junio de 2021.

4. Lo dispuesto en el apartado primero será también aplicable a los actos que se practiquen en las fiscalías.

5. Se adoptarán las medidas necesarias para asegurar que en el uso de métodos telemáticos se garantizan los derechos de todas las partes del proceso. En especial, deberá garantizarse en todo caso el derecho de defensa de los acusados e investigados en los procedimientos penales, en particular, el derecho a la asistencia letrada efectiva, a la interpretación y traducción y a la información y acceso a los expedientes judiciales.

6. En los actos que se celebren mediante presencia telemática, el juez o letrado de la Administración de Justicia ante quien se celebren podrá decidir la asistencia presencial a la sede del juzgado o tribunal de los comparecientes que estime necesarios.

Artículo 15. Acceso a las salas de vistas.

Con el fin de garantizar la protección de la salud de las personas, hasta el 20 de junio de 2021 inclusive, el órgano judicial ordenará, en atención a las características de las salas de vistas, el acceso del público a todas las actuaciones orales. Cuando se disponga de los medios materiales para ello, podrá acordar también la emisión de las vistas mediante sistemas de difusión telemática de la imagen y el sonido».

3.2. Parámetros de los juicios telemáticos provisionales que configura la Ley 3/2020, de 18 de septiembre[202]

Seguidamente, presentamos un resumen de los parámetros que se derivaron de la Ley 3/2020, de 18 de septiembre.

a) Derogación del Real Decreto-ley 16/2020 que instauró las audiencias virtuales con carácter preferente, aunque se fija un régimen transitorio para el procedimiento especial y sumario de familia. La Ley 3/2020 derogó el Real Decreto-ley 16/2020, de 28 de abril, de medidas procesales y organizativas para hacer frente al COVID-19 en el ámbito de la Administración de Justicia, una disposición, que según hemos estudiado, determinó inicialmente el uso preferente de la retransmisión remota de las audiencias judiciales, así lo impone su Disposición Derogatoria Única. No obstante, las actuaciones procesales iniciadas conforme al procedimiento especial y sumario en materia de familia regulado en los artículos 3 a 5 de dicho Real Decreto-ley 16/2020, se regirán conforme a dichos artículos hasta su conclusión[203].

---

202 María José Fernández-Fígares Morales, *Audiencias telemáticas en la Justicia. Presente y futuro*, *Op. Cit.*, págs. 109 y ss.

203 Ley 3/2020, de 18 de septiembre, *de medidas procesales y organizativas para hacer frente al COVID-19 en el ámbito de la Administración de Justicia*; en Disposición Transitoria Primera. 2 acuerda dicho régimen transitorio respecto a los procesos especiales y sumarios en materia de familia.

b) Simultáneo mantenimiento de los principales parámetros del derogado Real Decreto-ley 16/2020 e introducción de otros nuevos. La nueva disposición incidió en la mayor parte de los parámetros que configuraron el precedente y derogado Real Decreto-ley 16/2020. Así, en el artículo 14 de la Ley 3/2020 persiste la voluntariedad para el tribunal de acordar esta medida de celebración de los juicios y vistas, ratificó la preferencia y supremacía de esta medida frente a la presencia física[204], contó igualmente con un ámbito de vigencia provisional, determina el mismo ámbito objetivo de estas actuaciones y se mantuvo, en esencia, el mismo ámbito subjetivo.

Sin embargo, la Ley 3/2020 introdujo algunas novedades. De este modo, amplío la extensión de la medida hasta el 20 de junio de 2020 con posibilidad de alargar; establece una serie de matizaciones en cuanto al ámbito subjetivo, en especial, extendió los casos de requerimiento de presencia física del acusado y su respectiva defensa letrada bajo ciertas circunstancias más allá de los supuestos de juicios por delito grave. Igualmente asignó tanto al juez como al Letrado de la Administración de Justicia potestad para decidir que determinados comparecientes al acto convocado de forma virtual lo hicieran, sin embargo, por asistencia física a la Sala. Igualmente, se impuso la obligación genérica de adopción de las medidas necesarias para garantizar los derechos de todas las partes en el proceso y, en particular, en el proceso penal. Por último y respecto a la publicidad de estos actos, el artículo 15 de la Ley 372020 determinó la posible emisión de las vistas mediante sistemas de difusión telemática de la imagen y el sonido cuando se disponga de medios suficientes. Y, por último, la citada ley reflejó el compromiso del gobierno de remitir un proyecto de ley de las normas para los actos procesales telemático.

Constatado lo expuesto, por motivos metodológicos y a fin de evitar reiteraciones innecesarias, nos remitimos a los comentarios vertidos en este estudio sobre los parámetros que comparte la Ley 3/2020 con el por ella derogado Real Decreto-ley 16/2020 y pasamos a estudiar, exclusivamente, las novedades introducidas por la primera.

c) Ámbito temporal: la provisionalidad. Desde el 20 de septiembre de 2020 hasta el 20 de junio de 2021 y prorrogable. En virtud de lo dispuesto en la Disposición final decimotercera de la Ley 3/2020, de 18 de septiembre, esta ley entraría en vigor el día siguiente al de su publicación en el «Boletín Oficial del Estado»; dado que la efectiva publicación se produjo el 19 de septiembre

204 Hemos encontrado una Diligencia de Ordenación del LAJ en un Juzgado de lo Social de 23-11-2020 en la que refleja: «En relación a la vista que estaba acordada en este procedimiento, se le comunica que la misma se podrá celebrar presencialmente o mediante videoconferencia en la fecha y hora prevista...Si opta por intervenir a través de videoconferencia deberá (...)»; por tanto, el LAC deja en manos de las partes la asistencia bajo uno u otro sistema. No se aprecia la voluntariedad en manos del tribunal, sino que se otorga disposición a las partes. No advertimos ningún tipo de preferencia por el sistema virtual. (No se facilitan los datos del citado acto procesal a fin de preservar determinados derechos y porque el objeto de la muestra es provocar la reflexión).

de 2020, entonces, la fecha de vigencia de esta medida se inicia desde el 20 de septiembre de 2020. Y, según el artículo 14.1 de dicha Ley 3/2020, la duración de la vigencia está prevista hasta el 20 de junio de 2021. No obstante, dicho plazo puede ampliarse pues si a dicha fecha se mantuviera la situación de crisis sanitaria, será de aplicación en todo el territorio nacional hasta que el Gobierno declare la finalización de la situación de crisis sanitaria ocasionada por el COVID-19; ello requerirá que se adopte motivadamente y que esté de acuerdo con la evidencia científica disponible, además, será preciso el previo informe del Centro de Coordinación de Alertas y Emergencias Sanitarias. Todo ello, según determina la Disposición Transitoria Segunda de la Ley 3/2020, de 18 de septiembre.

d) Ampliación, más allá de los supuestos de juicios por delito grave, de los casos de requerimiento de presencia física del acusado y su respectiva defensa letrada bajo ciertas circunstancias. Además del requerimiento de presencia física del acusado cuando se enjuicie por delito grave, el artículo 14.2 2.° párrafo de la Ley 3/2020 amplió los supuestos de requerimiento de presencia física. Se trata, por un lado, de la necesidad de que el investigado o acusado esté presente personalmente en dos tipos de actuaciones: en primer lugar, en la audiencia para acordar la situación personal del detenido (su prisión provisional o su libertad) que regula el artículo 505 de la Ley de Enjuiciamiento Criminal, pero sólo cuando cualquiera de las acusaciones interese su prisión provisional. Esta medida parece perfectamente lógica y coherente con un sistema garantista, pues si ninguna de las acusaciones mantiene esta medida restrictiva de derechos, en nada perjudica los derechos o intereses del justiciable. En segundo lugar, también será necesaria la presencia física del acusado en los juicios en los que alguna de las acusaciones solicite pena de prisión superior a los dos años. Aumenta aquí la frontera inicialmente fijada para requerir la presencia física que no se circunscribe solamente a los delitos graves sino también a aquellos que lleven aparejada esta penalidad.

Pero, en ambos tipos de actuaciones, el legislador quiso fijar un segundo nivel de garantía, pues mientras en el caso de los delitos graves, la presencia física del acusado debía acordarse de oficio por el tribunal, en este segundo nivel, ante la comparecencia para acordar la situación personal del detenido y también en los juicios donde se interese pena de prisión superior a dos años, debía mediar la solicitud de presencia física bien del propio detenido o acusado, o bien de su defensa letrada. En cualquier caso, el precepto deja un cierto margen de discrecionalidad al juez pues este puede decretar en contra cuando concurran causas justificadas o de fuerza mayor impeditivas.

e) Potestad para el juez y también para el LAJ de decidir que determinados comparecientes al acto convocado de forma virtual asistan mediante presencia física. La experiencia cosechada con motivo de la aplicación del derogado Real Decreto-ley 16/2020 puso de manifiesto la necesidad de que el juzgado contara con un cierto margen en la configuración del juicio o vista *on line*, de manera que, ante determinados casos, sea admisible una fórmula mixta, es decir, ante un acto convocado virtualmente, sin embargo, determinados comparecientes asistan físicamente. De esta forma lo estableció el artículo 14.6 de la Ley 3/2020. La voz «compareciente» dejaba abierta la posibilidad de que se trate tanto de operadores jurídicos, como el fiscal, los abogados, los procuradores, como cualquier tercero colaborador, como un testigo o un perito. En todo caso, estamos ante una facultad que, en este caso, la Ley asigna no solamente a juez sino al Letrado de la Administración de Justicia ante quien se haya de celebrar el acto.

Indudablemente, la falta de medios puede ser un obstáculo que no debe impedir que el acto procesal se lleve a cabo. Además, en ocasiones, se pueden presentar diversos obstáculos, como la imposibilidad de establecer la adecuada identificación de la persona que va a comparecer, que aconsejan su personación física ante el juez o tribunal. Se deduce, por tanto, que esta medida apunta a una mejor gestión y eficiencia del proceso, que evitaría la suspensión por falta de competencia de algún convocado.

Por otra parte, la atribución al Letrado Judicial de esta facultad podría plantear dudas por cuanto las decisiones de este al respecto puedan suponer una posible injerencia en la potestad jurisdiccional propia de jueces y tribunales a la que la Constitución española reconoce en exclusiva a jueces y tribunales en virtud del artículo 117.3 CE. No obstante, la redacción del artículo 14.6 parece que no interfiere en esta potestad jurisdiccional ya que atribuye esta facultad de forma que será el juez o el letrado judicial «ante el quien se celebren» quien podrá determinar esta medida; por eso, su tenor nos induce a pensar que cuando se vaya a celebrar ante el juez, será este quien decida mientras que cuando se vaya a celebrar el acto ante el letrado judicial, será este quien asuma esta facultad de convocar físicamente al acto en concreto. Según esta lectura, entendemos que no hay obstáculo desde el punto de vista de la cualquier invasión en la potestad jurisdiccional.

f) Obligación genérica de adopción de las medidas necesarias para garantizar los derechos de todas las partes en el proceso y, en particular, en el proceso penal. El citado artículo 14 de la Ley 3/2020, en su punto 5, determinó que se adoptarán las medidas necesarias para asegurar que en el uso de métodos telemáticos se garanticen los derechos de todas las partes del proceso. Dicho precepto incidió en el derecho de defensa de los acusados e investigados en los procedimientos penales; en ellos, se garantizará este derecho y, particularmente, se procurará que sea efectivo el derecho de asistencia letrada, el derecho a la interpretación y traducción y el derecho a la información y acceso a los expedientes judiciales.

g) Posible emisión pública de las vistas mediante sistemas de difusión telemática de la imagen y el sonido cuando se disponga de medios suficientes. Además de mantener la atribución al juez la ordenación del acceso de público en virtud de las condiciones de la Sala de celebración del acto procesal, la Ley 3/2020, en su artículo 15, añade que este órgano judicial podrá acordar también la emisión de las vistas mediante sistemas de difusión telemática de imagen y sonido.

h) Compromiso del gobierno de remitir un proyecto de ley de las normas para los actos procesales telemáticos. Consciente el legislador de la necesidad de procurar una mucho más amplia regulación sobre las normas para la celebración de actos procesales telemáticos, la ley 3/2020 determina que el Gobierno remitirá a las Cortes Generales un proyecto de ley que abarque tal materia. Repara la ley que dicho proyecto de ley habrá de preservar en todo momento las garantías procesales previstas en el ordenamiento jurídico y el derecho de defensa de las partes. Declara, además, el planteamiento abierto y coordinado de dicho proyecto de ley, ya que habrá de ser en colaboración con las Comunidades Autónomas que hayan asumido competencias en medios materiales y personales al servicio de la Administración de Justicia, con el Consejo General del Poder Judicial y también con la Fiscalía General del Estado[205].

4. El régimen de la videoconferencia probatoria en la etapa postpandémica

Tras la pandemia Covid-19, en España fueron puestas en marcha distintas iniciativas legislativas que contemplaban aspectos determinados del empleo de la videoconferencia en el ámbito de la administración de justicia. En esta línea, son de destacar el *Proyecto de Ley de medidas de eficiencia procesal del servicio público de Justicia*, BOCD el 22-04-2022 y, asimismo, el *Proyecto de Ley de Medidas de Eficiencia Digital del Servicio Público de Justicia*, BOCD 12-09-2022. También el *Proyecto de Ley Orgánica de Eficiencia Organizativa del Servicio Público de Justicia*, BOCD 22-04-2022, por la que se pretendía modificar la Ley Orgánica 6/1985, de 1 de julio, del Poder Judicial, para la implantación de los Tribunales de Instancia y las Oficinas de Justicia en los municipios. Una norma que, amén de ir destinada a crear estas nuevas unidades jurisdiccionales, se decanta por el objetivo «evitar que quienes se encuentran en estos municipios tengan que desplazarse a las capitales para realizar aquellas gestiones ante la Administración que actualmente tienen que llevar a cabo presencialmente, dotando a estas Oficinas de Justicia de los medios tecnológicos necesarios para la práctica de actos procesales y la intervención en los mismos a distancia», para que lo que se valdrá, entre otros recursos tecnológicos, de la prestación telemática[206]. Pero dichas ini-

205 Ley 3/2020, de 18 de septiembre, *de medidas procesales y organizativas para hacer frente al COVID-19 en el ámbito de la Administración de Justicia*; en su Disposición final decimosegunda. *Actuaciones telemáticas.*

206 *Proyecto de Ley Orgánica de Eficiencia Organizativa del Servicio Público de Justicia, BOCD 22-04-2022*, para la implantación de los Tribunales de Instancia y las Oficinas de Justicia en los municipios. En su IV de la Exposición de Motivos revelaba dicha finalidad.

ciativas fueron repentinamente truncadas, ante el adelanto sorpresivo de las elecciones estatales por la Presidencia del Gobierno de España[207].

Tras dichas elecciones estatales, el gobierno constituido promulgó el Real *Decreto-ley 6/2023, de 19 de diciembre, por el que se aprueban medidas urgentes para la ejecución del Plan de Recuperación, Transformación y Resiliencia en materia de servicio público de justicia, función pública, régimen local y mecenazgo* (en adelante, RDL 6/2023). Una norma que supone cierta continuidad parcial en la regulación de la videoconferencia procesal respecto a los textos precedentes que habían quedado en el aire. Como ponen en evidencia Bueno de la Mata dicha norma «implementa y afianza, desde finales de marzo de 2024, cambios de gran alcance que enfatizan y promueven activamente el uso de entornos virtuales para la realización de vistas, testimonios y otros actos procesales». Añade el autor que «dicha decisión estratégica refleja un compromiso decidido con la modernización y la eficiencia del sistema judicial mediante la adopción de tecnologías avanzadas y va alineada con los compromisos adquiridos a nivel europeo para lograr una justicia más ágil y accesible»[208]. En desarrollo de los contenidos relativos a la creación de Tribunales de Instancia en sustitución de los órganos jurisdiccionales unipersonales, se ha promulgado *Ley Orgánica 1/2025, de 2 de enero, de medidas en materia de eficiencia del Servicio Público de Justicia* (en adelante, LOSPJ 2025); esta norma recoge, entre otras muchas, las iniciativas sobre el papel de la Oficina de Justicia y la oficina judicial de los municipios, con un relevante protagonismo en el apoyo logístico a las videoconferencias procesales.

Mientras tanto, los tribunales dejan patente que la videoconferencia permite «la total conexión en los puntos de origen y destino como si estuvieran presentes en el mismo lugar, con lo que se da cumplimiento a la premisa de que se celebre la actuación judicial en unidad de acto»[209]. En este sentido y dado el alcance que ha encontrado el fenómeno, en este estudio vamos a detenernos en el examen de las repercusiones que el uso de la videoconferencia puede deparar en aquellos actos que impliquen la práctica de la prueba personal, pues en este tipo de actos reside el núcleo a partir del cual el tribunal o el órgano arbitral asistido por este formará su convicción. En el capítulo siguiente, nos ocupamos detalladamente de las principales implicaciones de dicha normativa.

---

207 *Real Decreto 400/2023, de 29 de mayo, de disolución del Congreso de los Diputados y del Senado y de convocatoria de elecciones*.

208 Federico Bueno de la Mata, «Actos procesales mediante presencia telemática y eficiencia procesal», en *Next Generation Justice: Digitalización e inteligencia artificial*, obra colectiva, Sonia Calaza López y Ixusko Ordeñana Gezuraga (dirs), La Ley, Madrid, 2024, págs. 476-477.

209 STS, Sala 2.ª, 362/2023, de 17 de mayo de 2023.

CAPÍTULO 4

EL RÉGIMEN ACTUAL DE CUMPLIMIENTO DE LA ASISTENCIA JUDICIAL PARA LA PRÁCTICA DE PRUEBAS MEDIANTE VIDEOCONFERENCIA

1. Resultados de la experiencia reciente sobre el uso de la videoconferencia en el proceso judicial

Durante la práctica de la prueba arbitral puede ocurrir que sea preciso tomar declaración a una persona que no se encuentre en el lugar donde se desempeña el arbitraje. En este caso, desde el punto de vista de inmediatividad lo deseable sería promover un interrogatorio directo mediante videoconferencia entre el órgano arbitral y el destinatario. Hay que advertir que cuando se mediatiza a través del tribunal la práctica probatoria se pierde la conexión con la fuente porque el órgano arbitral no aparecerá en la interactuación que mostrará la grabación de dicha práctica, no podrá participar activamente, sólo tendrá la oportunidad de valorar los resultados finalmente obtenidos, en su caso.

Sin embargo, no siempre cabe o es posible el diligenciado directo por parte del árbitro. Para estos casos se puede solicitar la asistencia judicial para la práctica de dichas pruebas *ex* art. 33 LA, en tal caso, el juez deberá llevar a cabo la asistencia requerida por el órgano arbitral, pero lo hará «de conformidad con las normas que le sean aplicables sobre medios de prueba», por lo que, entonces, será la LEC en todo lo relacionado con los medios y práctica probatoria la que entrará en juego.

En el presente capítulo abordamos, precisamente, esta posibilidad y partimos de una valoración de la experiencia reciente sobre el uso de la tecnología audiovisual. Esta ha revelado una serie de indicadores y datos empíricos que merecen la pena ser reseñados. Un informe de evaluación sobre el sistema de Justicia Europeo del Consejo de Europa de 2022 afirma: los «retos planteados por la pandemia de COVID-19 han brindado la ocasión de experimentar a mayor escala y a un ritmo más rápido el potencial de las TIC para la comunicación y el intercambio de documentos y datos judiciales entre todas las partes implicadas en el servicio público de la justicia»[210]. Admite el citado estudio que el imperativo de garantizar el acceso a la justicia en tiempos de bloqueo se ha logrado, al desarrollar y desplegar rápidamente soluciones y mediante la adopción, como en el caso de la videoconferencia, de soluciones existentes en el mercado, que fueron introducidas como medidas de emergencia en las prácticas judiciales. Asimismo, señala que esto «ha exigido una gran adaptación para equilibrar las ventajas prácticas de la comunicación a distancia con la necesidad de respetar los valores fundamentales de la justicia, garantizando la imparcialidad, la transparencia, la responsabilidad, impidiendo los abusos procesales y evitando el riesgo de comprometer las caras humana y simbólica de la justicia». Afirma, también, que, si bien es mucho lo que se ha aprendido simplemente por el hecho de hacer uso de la misma durante el punto álgido de la pandemia, será necesaria una evaluación más profunda a medida que la emergencia dé paso a la vuelta a la normalidad. Advierte, finalmente, que «al mismo tiempo, los Estados miembros y las entidades deben evitar la tentación de volver precipitadamente a las viejas prácticas vigentes antes de la pandemia COVID. En lugar de ello, deben tratar de capitalizar la lección aprendida durante la emergencia, y mejorar la experiencia para equilibrar mejor las posibilidades introducidas con los requisitos del juicio justo en tiempos de no emergencia».

La Parte 2 del citado informe de la Comisión Europea reconoce que los «Estados y entidades miembros del CdE (Consejo de Europa) despliegan cada vez más las TIC para apoyar la actividad judicial y destinan un mayor porcentaje del presupuesto de los tribunales a la informatización en comparación con años anteriores»[211]. Según este informe, en 2020 en el orden civil, a partir del valor máximo de 10 puntos, el uso de herramientas tecnológicas por la Justicia en los Estados miembros ha obtenido una media de 6,5 puntos, su índice de implantación en los tribunales civiles alcanza un valor medio de 6,6 puntos; y la relación tribunales y casos gestionados se sitúa en la media de 7,3 puntos; con todo, se presenta una incidencia dispar por países. Por ejemplo, en Francia el uso de herramientas tecnológicas por la Justicia llegó a 5,9, por lo que sigue estando por debajo de la media del CdE, igual sucede con su índice de implantación en los tribunales civiles (4,7); pero el marcador de la relación tribunales y casos gestionados asciende a 7,6 puntos, se encuentra por encima de la media del espacio CdE. En el caso del Reino Unido-Inglaterra y Gales, el uso de herramientas tecnológicas por la Justicia llegó a 3,9, que es muy inferior a la media del CdE e incluso ha disminuido en 0,3 puntos respecto al nivel de 2018, también es inferior a la media su índice de implantación en los tribunales civi-

210 European Commission for the Efficiency of Justice Council of Europe, *European judicial systems Evaluation Report, Evaluation cycle (2020 data), Part 1, Tables, graphs and analyses*, CEPEJ, 2022, pág. 122.

211 European Commission for the Efficiency of Justice Council of Europe, *European judicial systems Evaluation Report, Evaluation cycle (2020 data), Part 2, Country profiles*, CEPEJ, 2022, pág. 52.

les (5,2); y el marcador de la relación tribunales y casos gestionados asciende a 6,2 puntos, levemente por debajo de la media del espacio CdE. Finalmente, el uso de herramientas tecnológicas en España ha sido puntuado al alza en comparación con la media europea, con un total de 8,94 puntos sobre 10; en los tribunales del orden civil, su índice de implantación alcanza hasta 9,3 puntos; la relación tribunales y casos gestionados se valora en 9,78 puntos sobre 10, superior al 7,3 de la media europea[212].

Dichos datos son positivos y esperanzadores, sin embargo, a pesar de tal movilización de recursos tecnológicos, en el orden jurisdiccional civil, España obtuvo en su valoración correspondiente a 2020 *clearance rate* (de índice de liquidación), un 86,3 % en la 1.ª Instancia y 74,7 % la Alta Instancia (tribunales supremos), aunque destaca la 2.ª Instancia, donde este índice asciende a 116,9 %. Su equivalencia en *Disposition time (days)* (Tiempo de eliminación (días)) es: 1.º Instancia: 468 días, 2.ª Instancia: 227 Días; y la Alta Instancia llega hasta 888 días[213]. Es decir, en el caso de los tribunales civiles y a pesar del despliegue de medios, a excepción del caso de la 2.ª Instancia, no se observa una tasa elevada de rapidez en la resolución de los casos.

Sobre los datos disponibles que obran sobre España, podemos destacar diferentes apreciaciones y comentarios que constan en las Memorias de los Tribunales regionales. Así, diferenciamos por su temática, y podemos traer a colación los siguientes:

Sobre su funcionamiento general, imagen y sonido. Según la Memoria Judicial 2022 Tribunal Superior de Justicia de Andalucía «resulta necesario impulsar mejoras, siempre hay un capítulo que debe dedicarse a los sistemas de grabación y de videoconferencia, pues son continuas las insatisfacciones que produce su funcionamiento, muchas veces incorrecto, con la inversión de tiempo judicial que requiere la corrección de esas deficiencias»[214]. También se pronuncia al respecto y sobre la calidad de la imagen cuando afirma: «Adoptar medidas adecuadas para garantizar un óptimo funcionamiento del sistema de videoconferencia, evitando los frecuentes problemas en el visionado de imagen y/o en la audición de sonido. Y el Tribunal Superior de Justicia de Castilla y León demanda la creación de salas de videoconferencia o puntos de acceso en todos los órganos judiciales»[215].

---

212 European Commission for the Efficiency of Justice Council of Europe, *European judicial systems Evaluation Report, Evaluation cycle (2020 data), Part 2, Country profiles*, CEPEJ, 2022 pág. 125.

213 European Commission for the Efficiency of Justice Council of Europe, *European judicial systems Evaluation Report, Evaluation cycle (2020 data), Part 2, Country profiles*, CEPEJ, 2022, pág. 124.

214 Tribunal Superior de Justicia de Andalucía, *Memoria Judicial 2022,* Portal del Poder Judicial de España, 2023, pág. 206.

215 Tribunal Superior de Justicia de Castilla y León, *Memoria Judicial 2022*, Portal del poder Judicial de España, 2023, pág. 111.

Recuentos específicos sobre interacciones telemáticas. Según la Memoria Judicial 2022, Tribunal Superior de Justicia de Extremadura, las Interacciones telemáticas efectuadas entre órganos judiciales efectuadas en Minerva se cifran en 221.505 en la comunidad autónoma de Extremadura[216].

Sobre videoconferencias realizadas entre distintas comunidades autónomas de España. La Memoria Judicial 2022 del Tribunal Superior de Justicia de Asturias manifiesta: «se producen fallos en la celebración de videoconferencias con determinadas comunidades autónomas. Se sobreentiende que habrá alguna incompatibilidad de sistemas y programas que todavía no se ha solventado»[217].

Sobre entrega documental durante las videoconferencias. Destaca la queja en la Memoria Judicial 2022 del Tribunal Superior de Justicia de Asturias, el cual afirma: «la sala de vistas dispone del sistema conjunto de grabación y videoconferencia *"Arconte Aurea"*, pero carece de conexión a la aplicación Minerva y de un sistema para que las partes puedan examinar los documentos aportados por medios electrónicos, déficits que se espera sean subsanados durante el ejercicio en curso»[218].

Sobre la incidencia de su uso respecto a la litigiosidad y pendencia. En la jurisdicción civil, durante el periodo 2019-2020, se produjo una disminución en la tasa de litigiosidad en -8,0 % y un aumento de la tasa de pendencia en un 22,2 %. Sin embargo, esta tendencia se invierte el periodo 2020-2021, cuando la tasa de litigiosidad alcanza un incremento de 17 % y, simultáneamente, una disminución en la tasa de pendencia en un 20,7 %. Esta última tendencia se mantiene, aunque más moderada, durante el periodo 2021-2022, pues la Tasa de litigiosidad alcanza un incremento de 8,8 % y, también, decrece la tasa de pendencia en un 7,9 %[219].

Sobre el grado de ejercicio de determinadas acciones. Por ejemplo, acerca de determinados temas sobre vulneración de derechos de oposición y cancelación en materia de protección de datos en el orden contencioso-administrativo. Según DIEZ SASTRE, no se conforma la tendencia bajista del periodo anterior enero 2019 a enero 2020 «sin que quepa descartar que los resultados obtenidos en el estudio empírico realizado para este nuevo periodo vengan condicionados por el contexto COVID-19 y el incremento de los medios telemáticos para la venta de productos y servicios por las empresas hacia los particulares»[220].

216 TRIBUNAL SUPERIOR DE JUSTICIA DE EXTREMADURA, *Memoria Judicial 2022*, Portal del poder Judicial de España, 2023, pág. 174.

217 TRIBUNAL SUPERIOR DE JUSTICIA DE ASTURIAS, *Memoria Judicial 2022*, Portal del poder Judicial de España, 2023, pág. 43.

218 TRIBUNAL SUPERIOR DE JUSTICIA DE ASTURIAS, *Memoria Judicial 2022*, Portal del poder Judicial de España, 2023, pág. 31.

219 CGPJ, *Judicial Statistics Statistics by Topic Key Indicators, 2020,* CGPJ.

220 Silvia DIEZ SASTRE, *Informe sobre la Justicia Administrativa 2021*, Centro de Investigación sobre Justicia Administrativa de la Universidad Autónoma de Madrid CIJA-UAM, 2021, pág. 297.

Con todo, el debate acerca de los términos en los que ha de quedar regulado el recurso a dicha tecnología se encuentra sobre la mesa. Prendes Valle ha advertido que «la Administración de Justicia ha estado tan cerca del autismo tecnológico que el salto a la era digital que se demanda, sin ningún periodo de transición, se puede llegar a percibir como un paso al vacío...» y concluye que «mejorar la resiliencia de la justicia no puede depender de los juicios telemáticos, si ello supone sacrificar las garantías constitucionales básicas del proceso»[221]. En este sentido y dado el alcance que ha encontrado el fenómeno, en este estudio vamos a detenernos en el examen de las repercusiones que el uso de la videoconferencia puede deparar en aquellos actos que impliquen la práctica de la prueba personal en el proceso civil, pues en este tipo de actos reside el núcleo a partir del cual el tribunal formará su convicción.

Se ha promovido el uso de la tecnología audiovisual destinada a completar las actuaciones jurisdiccionales porque, amén de salvar situaciones de estrés de la salud pública, su utilización contribuye a agilizar la tramitación del proceso, supone una menor incidencia de la suspensión de vistas, permite salvar barreras geográficas; todo lo que, en definitiva, redunda en la salvaguarda del derecho a un proceso sin dilaciones indebidas, según determina el art. 6.1 CEDH (Convenio Europeo de Derecho Humanos) y el art. 24.2. CE (Constitución española). Se ha sostenido que la utilización de esta forma de comunicación procesal favorece la realización de los principios como el de economía procesal y de concentración; Fairén GuilléN establece una distinción consistente en la siguiente partición: «dos facetas en la concentración de las actuaciones procesales: a) La faceta personal: se plantea el problema de si dichas actuaciones procesales se han de encomendar desde el principio hasta el final de la instancia a un sólo juez, o bien han de distribuirse entre un juez unipersonal (instructor, preparador del asunto) y un tribunal o colegio, órgano superior, encargado de revisar los recursos interpuestos contra las decisiones del juez; y b) El resto de las manifestaciones de la concentración de las actividades procesales son de carácter formal: plazos procesales y términos»[222]. El principio procura la reunión en la menor cantidad posible de tratamiento todo el contenido del proceso. Pesqueira Zamora señala que la videoconferencia podría ayudar a conseguir ese objetivo, al evitar la posible suspensión de actos orales debido, precisamente, a que esta herramienta permite salvar posibles incomparecencias motivadas por cualquier impedimento de desplazamiento hasta la sede del tribunal, por ejemplo[223].

---

221 María Prendes Valle, «Algunas reflexiones sobre los juicios telemáticos», *El Derecho*, enero de 2022, pág. 6.

222 Víctor Fairén Guillén, «Notas sobre el principio de concentración», en *Estudios de Derecho Procesal, Revista de Derecho Privado*, 1955.

223 María Jesús Pesqueira Zamora, *La suspensión de los juicios orales especial atención a sus causas y tratamiento procesal,* Bosch, 2015, pág. 52.

Precisamente este último principio de concentración es revulsivo de otro principio: el de celeridad procesal. El autor concluye que los principios de oralidad e inmediación se encuentran «en interés de la conclusión rápida del proceso», afirmación que viene a sostener que la oralidad e inmediación sirven también para alcanzar la economía procesal. Y la videoconferencia probatoria precisamente ha sido configurada para ofrecer solución a distintos tipos de costes o impedimentos surgidos en el seno del proceso. Según HIRSCH, el principio de celeridad procesal podría justificar salvar obstáculos a fin de hacer efectivo el *Derecho a un proceso sin dilaciones indebidas,* un derecho expresamente reconocido en el artículo 24.2 la Constitución. Además, el artículo 6.1 del Convenio de Roma recoge como derecho humano el consistente en obtener la decisión judicial en un plazo razonable[224]. En cuanto a la conveniencia de utilizar audiencias en modo remoto como modelo que paliaría ausencias motivadas por impedimentos por salud, laborales o de simple logística, dicho derecho podría fundar la utilización de este sistema remoto como medio que podría salvar todas aquellas trabas a la celebración efectiva del juicio o al avance de la tramitación del proceso. Pero, no es oro todo lo que reluce porque se obvia que el sistema de videoconferencia presenta caídas o problemas con la usabilidad o disponibilidad técnica, que no siempre son superados satisfactoriamente.

En cualquier caso, dentro de los actos jurisdiccionales, a estos efectos, resulta conveniente diferenciar entre los actos orales que impliquen la práctica de prueba personal (con intervención de partes, testigos o/y peritos) —también la entrega de documentos—, de aquellos otros que no consisten en dicha actividad (intento de acuerdos para evitar la controversia, deliberaciones de órganos colegiados, actos donde solo concurren los operadores jurídicos, la atención de consultas de profesionales y público).

A nuestra manera de ver, debe dispensarse un alto grado de protección legislativa al uso audiovisual y, al mismo tiempo, procurarse la utilización de una tecnología avanzada, especialmente, cuando se trata de actos orales consistentes en la práctica de la prueba personal (por declaración de partes, investigados, testigos o peritos) o en las que, particularmente, representen el instante previsto por la ley procesal para la entrega al tribunal de ciertos documentos durante el acto oral. De la realización de dichos actos de manera ajustada a Derecho depende que se conforme adecuadamente la convicción de la persona juzgadora de cara a dictar la sentencia o resolución del caso, por ello, goza de alta protección tanto constitucional como legal. Pero el problema se encuentra en que dicha protección fue ideada en base a una actuación oral en presencia física y no para una intervención virtual no exenta de limitaciones técnicas. Tal es la incidencia que hoy preocupa que el empleo de

224 Günter HIRSCH, «Oralidad e Inmediación del proceso. Tensión entre los parámetros constitucionales y los parámetros de la Economía Procesal en el procedimiento judicial», *Biblioteca Jurídica Virtual del Instituto de Investigaciones Jurídicas de la UNAM*, 202.

la videoconferencia pueda suponer una merma de garantías procesales que, hasta el momento, había alcanzado un reconocimiento y una configuración que aportaba un alto nivel de seguridad jurídica. Se trata del status de protección constitucional y procesal que dimana de forma general del contenido mismo del derecho a la tutela efectiva, materializado en el derecho a juez predeterminado por la ley y su correlativo principio de inmediación y principio de oralidad, pero también el derecho de defensa y derecho a un proceso con todas las garantías. A esas instituciones se suma la importancia de preservar la confidencialidad y la protección de datos y de preservar, asimismo, la necesaria intangibilidad de los medios de prueba. Algunos autores, como Aliste Santos, se muestran radicalmente en contra de la generalización de las vistas telemáticas en base a que, señalan, «puede ser germen de una justicia de segunda clase en muchos asuntos, una justicia *low cost*»[225].

Deben, por tanto, requerirse a estas prácticas los mismos principios, las mismas garantías del proceso que las impuestas por la oralidad, aunque fueran concebidos para la presencia física. Sobre este particular hay considerar la jurisprudencia europea, así el Tribunal Europeo de Derechos Humanos ha sentado que se admite el uso de la videoconferencia en los actos del proceso cuando se cumplan dos requisitos en particular: 1) que se persiga una finalidad legítima y 2) que se respecten los derechos de defensa. Entre los primeros se encuentra «el respecto de la exigencia de un plazo razonable en la duración de los procesos judiciales»[226].

Por otra parte, el Tribunal Constitucional subraya que el derecho a la tutela efectiva «puede verse conculcado por aquellas normas que impongan condiciones impeditivas u obstaculizadoras, siempre que los obstáculos legales sean innecesarios y excesivos y carezcan de razonabilidad y proporcionalidad respecto de los fines que lícitamente puede perseguir el Legislador en el marco de la Constitución»[227].

En España se introdujo una significativa reforma procesal a través del *Real Decreto-ley 6/2023, de 19 de diciembre* (en adelante, RDL 6/2023)[228]. Dicha reforma ha supuesto la introducción de una regulación algo más extensa de la utilización de la videoconferencia en la actuación procesal de distintos órdenes jurisdiccionales. En este trabajo nos centramos en la incidencia de la ordenación procesal civil y, particularmente, su uso para la realización de

---

225 Tomás J Aliste Santos, «Hacia un sistema de justicia digitalizado: problemas y desafíos», en *Digitalización de la Justica: prevención, investigación y enjuiciamiento*, obra colectiva, Mercedes Llorente Sánchez-Arjona y Sonia Calaza López (Dirs.), Arazadi, 2022, pág. 105.

226 STEDH 5.10.2006, TEDH 2006/55.

227 STC 140/2016.

228 *Real Decreto-ley 6/2023, de 19 de diciembre, por el que se aprueban medidas urgentes para la ejecución del Plan de Recuperación, Transformación y Resiliencia en materia de servicio público de justicia, función pública, régimen local y mecenazgo.*

actos probatorios de carácter personal. Dicha incidencia se examina bajo el prisma de su repercusión tanto en la eficiencia efectiva como en las garantías procesales citadas.

2. La naturaleza de la intervención del interrogable a través de videoconferencia

El citado *RDL 6/2023*, señala que la *Carta de Derechos de los Ciudadanos ante la Justicia*, aprobada por el Pleno del Congreso el 2 de abril de 2002, en su apartado 21, establecía la necesidad de que la justicia sea tecnológicamente avanzada y que reconocía el derecho «a comunicarse con la Administración de Justicia a través del correo electrónico, videoconferencia y otros medios telemáticos con arreglo a lo dispuesto en las leyes procesales». Asimismo, hacía mención a que, en el ámbito internacional, la Unión Europea ha desarrollado el *Plan de Acción E-Justicia*. Este Plan de Acción busca la mejora de la eficacia de los sistemas judiciales mediante la aplicación de las tecnologías de información y comunicación en la gestión administrativa de los procesos judiciales *(RDL 6/2023*, aparado IV). Se añade que las administraciones con competencias en Justicia garantizarán la interoperabilidad y compatibilidad de los distintos sistemas que posibiliten la presencia telemática y la videoconferencia que se utilicen en cada uno de los ámbitos territoriales de prestación del servicio público de Justicia *(RDL 6/2023*, art. 59).

En todo caso, dado el desarrollo real de esta norma, parece articularse como un derecho cuando se trata de configurar el servicio de atención a la ciudadanía, mientras que cuando nos referimos a los actos procesales y, particularmente, aquellos que conlleven la práctica de prueba dirigida a personas, la configuración de este supuesto derecho sufre importantes límites y matizaciones y, además, la facultad discrecional del tribunal y la posibilidad de ser interesada por las partes cobran especial importancia, como veremos.

Sin embargo, la Sala Segunda del Tribunal Supremo en sentencia de 2019 ha interpretado la expresión «cuando así lo acuerde el juez o tribunal» del art. 230 LOPJ en el sentido de que la utilización de la videoconferencia «no es una posibilidad facultativa o discrecional a disposición del juez o tribunal, sino un medio exigible ante el tribunal y constitucionalmente digno de protección»[229], tal y como lo ha puesto de manifiesto Pérez-Cruz Martín[230]. Pero no podemos obviar las amplias facultades de decisión sobre su acuerdo con las que la ley procesal ha dotado al juez, hasta el punto de que este mismo

229 STS, Sala 2.ª, 331/2019, de 27 de junio de 2019.

230 Agustín-Jesús Pérez-Cruz Martín, «Juicios telemáticos. Especial consideración de la videoconferencia: ¿principios procesales y garantías en peligro?», en *Next Generation Justice: Digitalización e inteligencia artificial*, obra colectiva, Sonia Calaza López y Ixusko Ordeñana Gezuraga (dirs), La Ley, Madrid, 2024, pág. 583.

autor advierte que ello puede llevar, en último extremo, a una frustración de las potencialidades que ofrece este medio[231].

3. La presencia telemática en las actuaciones procesales

Conforme a las últimas reformas, se mantiene la prescripción que determina la realización de las actuaciones judiciales en la sede de la Oficina judicial y conserva la posibilidad de su práctica en otro lugar en virtud de su respectiva naturaleza (art. 129.1 y 3 LEC). Sin embargo, introduce en el orden civil la novedosa ordenación de realizar las actuaciones procesales fuera del partido judicial a través de videoconferencia, como opción preferente al clásico auxilio judicial (art. 129.2 LEC). Además, añade la facultad de su acuerdo en las actuaciones judiciales en general, pero, en tal caso, deberá ajustarse a los requerimientos del artículo 229 LOPJ (art. 129.4 LEC), de los que nos ocuparemos más adelante.

Se acaba, entonces, con las dudas que generaba si, hasta la entrada en vigor el RDL 6/2023 respecto a la reforma estudiada (antes 20 de marzo de 2024), cabían de forma ordinaria la realización de videoconferencias en el proceso civil, pues la LEC no recogía expresamente su admisión. Dicha imprevisión planteó si cabía su utilización. Así, GARCÍA SANZ Y GONZÁLEZ GUIMARAES-DA SILVA recurrieron a la distinción del régimen en el proceso civil, en función de si, por una parte, se trata un acto con presencia física del juez y los profesionales en la sede judicial con declaración remota, que se realizarían mediante videoconferencia, y, por otra parte, aquellas otras que consistirían en vistas telemáticas en su integridad. Según estos autores, respecto a actos puntuales audiovisuales dentro del acto presencial «no debería existir ninguna limitación para solicitar el interrogatorio de una persona en su condición de parte, testigo o perito con arreglo a la LEC». Lo fundan en la propia LEC, en concreto afirman que «artículo 299.3 de la LEC establece una cláusula de *numerus apertus* para admitir la realización de prácticamente cualquier medio de prueba para obtener certeza sobre hechos relevantes, siempre y cuando sea pertinente, útil y lícita ex artículos 281 y 283 de la LEC». Por lo que se refiere a la realización de audiencias virtuales en su integridad (un juicio verbal completo o una audiencia previa, por ejemplo), los autores mantuvieron que es «innegable que la regulación vigente en la LEC no la contempla en ninguno de sus preceptos (...). Sin embargo, en una interpretación integradora a la luz de los artículos 229.2 y 3 y 230 de la LOPJ no sería descartable que pudiera ser celebrada, siempre y cuando se garanticen todos los derechos y garantías procesales reconocidos en nuestra legislación». Tan

231 Agustín-Jesús PÉREZ-CRUZ MARTÍN, «Juicios telemáticos. Especial consideración de la videoconferencia: ¿principios procesales y garantías en peligro?», *Op. Cit.*, pág. 584.

solo cabría cuestionar, según dichos autores, la práctica del interrogatorio domiciliario a través de este medio, como veremos más adelante[232].

La actual regulación establece una preferencia por la utilización de videoconferencia respecto a los actos procesales en general, pero exceptúa las actuaciones probatorias de carácter personal, si bien atribuye un amplio margen de reversión de esta pauta al titular jurisdiccional (art. 129 bis LEC). Este órgano cuenta, por tanto, con facultad de su acuerdo de oficio, pero también se admite, como innovación, la solicitud del uso de medios de videoconferencia por las partes; en tal caso, deberá solicitarse con la antelación suficiente y, en todo caso, diez días antes del señalado para la actuación correspondiente (art. 137 bis. 4 LEC).

4. El principio de inmediación y el uso de videoconferencia para actos de práctica probatoria

Resulta preciso revisar si la tecnología audiovisual puede conllevar alguna implicación respecto al principio de inmediación. Efectivamente, el uso de la retransmisión audiovisual como medio apto para realizar la audiencia o juicio se ve afectado por una serie de principios, garantías y derechos procesales. Se trata de los principios de inmediación, de oralidad, de economía procesal, de contradicción y de publicidad; y de las garantías de confidencialidad, de intangibilidad de los medios de prueba; y, por supuesto, el posible uso de este medio puede requerir el desempeño respetuoso con el derecho de defensa. Seguidamente nos vamos a centrar en el estudio de la repercusión del principio de inmediación en esta práctica[233].

El principio de inmediación encuentra su acogida constitucional, pues, aunque no se nombra expresamente en la Constitución, se entiende como un principio inherente al derecho a la tutela judicial efectiva de los jueces y tribunales (art. 24.1 CE) y también como derivado del derecho a un juez predeterminado por la ley y del derecho a un proceso con todas las garantías (art. 24.2 CE). Por su parte, la LOPJ ampara de forma expresa el principio de inmediación, al sentar que «las pruebas se practicarán ante el juez» en el art. 229.3 LOPJ. Este principio determina la necesidad de apreciación directa, por sus propios sentidos, del juez o tribunal sobre los actos del proceso que se desarrollan bajo el principio de oralidad, al que se conecta. De forma más

232 Javier García Sanz y Javier González Guimaraes-Da Silva, «Las vistas telemáticas en el proceso civil español: visión comparada, regulación y cuestiones prácticas que suscita su celebración», *Diario La Ley*, n.° 9659, Sección Plan de Choque de la Justicia / Tribuna, 23 de junio de 2020, pág. 12-13.

233 María José Fernández-Fígares Morales, *Audiencias Telemáticas en la Justicia. Presente y futuro*, Tirant Lo Blanch, 2021, pág. 33 y ss.

restringida se alude al requerimiento de que sea el juez quien aprecie directamente los actos de práctica de prueba y que sea este mismo juzgador el que dicte sentencia, es decir, que exista una coincidencia personal entre quien ejecute la primera función y la segunda.

Es preciso revisar la función de este principio, pues, como destaca Nieva Fenoll, «la inmediación es un instrumento que asegura que el juez intervendrá siempre directamente en las actuaciones judiciales...» y respecto a los actos orales «El juez debe estar presente en todos ellos, especialmente en los que supongan práctica de la prueba, en la medida en que sean relevantes para ejercer la jurisdicción, normalmente para dictar sentencia», de forma que «El juez no puede dictar sentencia según lo que le han contado, sino tomando en consideración lo que él mismo ha visto». Por otra parte, señala que la inmediación no existe para que el juez se muestre inerte en las actuaciones, sino para que participe activamente en las mismas, especialmente en las declaraciones de personas, pidiendo aclaraciones que le ayuden a formar su juicio, ...»[234].

Es por ello que ya, desde su texto original, la LOPJ de 1985 recogía este requerimiento en el artículo 229.2. Desde entonces, tan sólo se ha adaptado la terminología al avance procesal experimentado en las últimas décadas, especialmente, ha suprimido, por obsoleta, la voz «confesiones». Así, a partir de la reforma operada por el art. único.52 de la Ley Orgánica 19/2003, de 23 de diciembre, dicho precepto quedó redactado del siguiente modo: «Las declaraciones, interrogatorios, testimonios, careos, exploraciones, informes, ratificación de los periciales y vistas, se llevarán a efecto ante juez o tribunal con presencia o intervención, en su caso, de las partes y en audiencia pública, salvo lo dispuesto en la ley». Dicha redacción se ha mantenido hasta nuestros días. Y la jurisprudencia constitucional ha concretado que la garantía de la inmediación consiste en que «la prueba se practique ante el órgano judicial al que corresponde su valoración»[235]; ello implica una evidente necesidad de contacto directo con la fuente probatoria. Un requerimiento que nos lleva a los vínculos del citado principio de inmediación con el *principio de oralidad* en cuanto exigencia de que los procesos sean predominantemente orales especialmente en el orden penal, consagrado en el artículo 120.2 CE. Se suma lo recogido en el artículo 229.1 LOPJ, que dispone que las actuaciones judiciales «serán predominantemente orales, sobre todo en materia criminal, sin perjuicio de su documentación». Este principio no altera su tratamiento respecto al uso de las audiencias telemáticas puesto que, precisamente, se utilizan para llevar a cabo actos por vía oral. Otra cosa sería que la utilización de este medio impidiera, en algún momento, la expresión oral de

---

234 Jordi Nieva Fenoll, *Derecho Procesal I. Introducción*, Tirant Lo Blanch, Valencia, 2019, pág. 157.

235 STC 16/2009.

los litigantes por razones distintas a la marcha normal del debate, es decir, por problemas técnicos. En tal caso, sí estaría en entredicho.

El principio de inmediación y, por ende, el de oralidad que lleva aparejado, destacamos que ha sido calificado como una *garantía de corrección* por cuanto que su función se dirige a evitar los riesgos derivados de la inadecuada valoración probatoria que tenga su causa en la intermediación entre la prueba y el órgano de valoración. En esta línea, BACIGALUPO ZAPATER ha destacado el sentido material y formal del principio de inmediación, por cuanto, el primero alude a la necesidad de intervención judicial en la producción de pruebas de naturaleza personal mientras que el segundo incide en que dicha intervención facilita la elaboración de la convicción judicial[236]. Además, coincidimos con CABEZUDO RODRÍGUEZ en que no es concebible una concepción sin la otra, la material y la formal[237].

Nótese en este sentido, desde el punto de vista de la Teoría de la Comunicación Social, que asegurar la intervención del juez o tribunal respecto a la práctica probatoria de forma que sea este directamente quien, a través de sus propios sentidos, perciba la marcha de la misma impide la interposición de los sesgos que podrían producirse, precisamente, por el hecho de participar intermediarios[238].

La doctrina constitucional le ha dado cierto paso a la utilización de la videoconferencia, aunque tradicionalmente la ha contemplado como una medida de naturaleza excepcional o subsidiaria a la declaración directa y personal del explorado. Pero, como contrapeso a tal consideración constitucional reticente a la práctica de cualquier diligencia que merme los principios estudiados, el propio Tribunal Constitucional recomendó que el principio de

236 Enrique BACIGALUPO ZAPATER, «La noción de un proceso penal con todas las garantías», en *Derechos procesales fundamentales, Manuales de Formación Continuada de la Escuela Judicial*, CGPJ, Madrid, 2005, pág. 514.

237 Nicolas CABEZUDO RODRÍGUEZ, «Principio de inmediación medios de prueba: el principio de inmediación como técnica demostrativa y como método de conocimiento judicial», en *Del Principio de Inmediación, sus excepciones, y los instrumentos tecnológicos*, Tirant Lo Blanch, Valencia, 2010.

238 En esta línea, debe considerarse que, de hecho, el proceso de formación de la convicción del juzgador cuenta necesariamente con numerosos sesgos, ya que el juez emite el juicio de valoración sobre unos hechos que no ha presenciado directamente, sino que se limita a examinar el resultado de las pruebas documentales, tecnológicas o personales a fin de poder efectuar cognitivamente una composición fáctica de lo que le sugieren dichas pruebas. Evidentemente, los resultados de la práctica probatoria pueden ser presentados con sesgos, bien porque lo reflejado sea parcial, bien por no contener información objetiva sino calificaciones subjetivas, o bien, en el caso de ser una prueba personal, por la distorsión que provoca el mero paso del tiempo en la calidad del rescate memorístico o por los intereses o compromisos concretos que puede albergar el interrogado. Ante semejante probabilidad de distorsiones, el legislador ha querido que, al menos, la apreciación de la práctica probatoria no se deje en manos de un tercero, pues ello supondría interponer otro nuevo y relevante sesgo.

inmediación debe modularse ante el incesante progreso de las técnicas de transmisión y reproducción de la imagen y del sonido, especialmente en relación con aquellos medios que con creciente calidad transmiten o reproducen las declaraciones, como acontece con la grabación en soporte audiovisual y, en lo que ahora interesa, con la videoconferencia. Añade en su Fundamento Jurídico 6.º que «tal deficiencia no puede predicarse sin más de aquellos medios que con creciente calidad transmiten o reproducen las declaraciones, como acontece con la videoconferencia y con la grabación en soporte audiovisual, lo cual nos aboca a valorar si el concepto tradicional de inmediación debe modularse ante el incesante progreso de las técnicas de transmisión y reproducción de la imagen y del sonido»[239]. Posteriormente, el Tribunal Supremo ha llegado a equiparar, desde una perspectiva jurídica, la presencia física con la virtual, entendiendo que el uso de la videoconferencia no supone menoscabo alguno de los principios del proceso[240].

Desde nuestra perspectiva, para que la videoconferencia pueda operar, la raíz de la cuestión no se encuentra tanto en atenuar el efecto del principio de inmediación cuando interviene la videoconferencia sino en reconsiderar la idea nuclear que lo sostiene consistente en la noción de *apreciación directa*, de modo que esta actividad no se ciña exclusivamente a la presencia física, sino que pueda abarcar la presencia virtual. Desde este planteamiento, como observamos en ESTEBAN DE LA ROSA Y OTROS, el examen del cumplimiento de la inmediatividad del juez o tribunal no se centraría en enfrentar la pugna entre presencia física o presencia virtual sino en comprobar que en el caso concreto concurren los requerimientos propios del principio de inmediación y ello con independencia del medio a través del cual se materialice[241]. Por eso, desde nuestra perspectiva, es importante delimitar los parámetros que definen en concreto el principio de inmediación y, de este modo, detectar si en el caso particular se respetan dichos parámetros, bien se desarrolle de forma presencial como de manera virtual. Para tal fin hay que acudir a lo dispuesto en el artículo 229.3 LOPJ y demás concordantes e, igualmente, completar el resto de principios y garantías que operan en los actos orales del proceso, unos preceptos que definen, en realidad, cuales son dichos parámetros y de lo que nos ocupamos más adelante y nos remitimos.

En puridad, dicha concepción de la *apreciación directa* cabría perfectamente en la literalidad del artículo 229.2 LOPJ, ya que este precepto alude a que dicha actividad judicial se ventile «ante el juez o tribunal» sin requerir expresamente y en ningún caso presencia física. Y aunque esta circunstancia espacial ha sido sobrentendida a lo largo de la evolución como único modo

239 STC 120/2009.

240 STS 27.06.2019, RJ 2019\2509.

241 Fernando ESTEBAN DE LA ROSA Y OTROS, *Justicia Digital, Guía para el diálogo sobre el diseño y uso eficiente, da calidad y ético de herramientas tecnológicas en la justicia civil*, Fundación COTEC, 2022, pág. 472.

de alcanzar dicha realización «ante el juez», sostenemos que debe acogerse que, si el progreso tecnológico facilita al juez dicha apreciación directa, por sus propios sentidos, con las debidas garantías, entonces, hoy día debería asumirse el uso de esta tecnología de la forma más natural posible. Eso sí, habrá de realizarse bajo los parámetros que configuran el principio de inmediación. Esta nueva visión superaría la concepción del principio de inmediación como sinónimo exclusivo de apreciación presencial física del juez o tribunal y daría paso a una visión más amplia que permitiera el modo remoto, siempre y cuando se respetaran los estándares de la inmediatividad y, por supuesto, las garantías del proceso.

En base a lo expuesto, entenderemos que, por idénticas razones, debería también evolucionar la idea de la presencia física como principio general que representa el estándar de cumplimiento de la inmediación y la de presencia virtual como excepción a dicho principio general, de manera que una u otra pudieran ser utilizadas para llevar a cabo el enjuiciamiento oral según un criterio de eficiencia con tal de que en una y otra se guardaran las cautelas que exige el derecho a la tutela judicial efectiva y el derecho de defensa. Repárese en que las recientes reformas —y sus precedentes intentos— apuntan a una transformación de la terminología, de manera que se introduce la noción de «presencia telemática o virtual», que habrá de convivir con lo que tradicionalmente se concebía como presencia, a la cual se le atribuye el adjetivo de «física». Dicha denominación de «presencia temática o virtual» la incorporaba el *Proyecto de Ley de medidas de eficiencia procesal del servicio público de Justicia*, BOCD, 22-04-2022. Y también se usaba en el *Proyecto de Ley de Medidas de Eficiencia Digital del Servicio Público de Justicia*, BOCD 12-09-2022, por la que se transpone al ordenamiento jurídico español la Directiva (UE) 2019/1151 del Parlamento Europeo y del Consejo, de 20 de junio de 2019, por la que se modifica la Directiva (UE) 2017/1132 en lo que respecta a la utilización de herramientas y procesos digitales en el ámbito del Derecho de sociedades. Ambos proyectos quedaron suspendidos, pero el RDL 6/2023 y la LOSPJ 2025 han recuperado y plasmado estos conceptos.

Por su parte, Ortuño Navalón mantiene semejante concepción pues, según la misma, la práctica de la prueba llevada a cabo mediante videoconferencia será plenamente admisible siempre y cuando se lleve a cabo con escrupuloso respeto a los derechos fundamentales, «no pudiéndose considerarse *per se* la videoconferencia como restrictiva de los mismos. Pero su utilización debe ser justificada en cada caso (...) de modo que respete el principio de oralidad, concentración y unidad de acto (arts. 120 CE y 229 LOPJ), dada la equiparación jurídica entre presencia física y virtual; respeta asimismo el principio de audiencia y contradicción, pues ningún obstáculo se plantea a las posibilidades de interrogatorio y contrainterrogatorio de las partes, así como el principio de publicidad (art. 232 LOPJ), ya que la presencia virtual del testigo, perito o acusado, en la práctica, resulta idéntica a la presencia física, y en cuanto al principio que más problemática plantea, el de inmediación (arts. 229.2 y 268.1 LOPJ y arts. 701 y ss. LECrim), su adecuación al mismo ha sido reconocida por el Tribunal Supremo, por análogas razones, al equipararse la inmediación de segundo grado o virtual a la física; no obstante, el Alto Tribunal se ha mostrado reacio a su generalización y sostiene un criterio restrictivo en cuanto a su empleo»[242]. De hecho, la jurisprudencia menor comienza ya a hacerse con este cambio de paradigma, al afirmar, por ejemplo, que la «videoconferencia no es una excepción al principio de inmediación, sino una forma distinta de su realización, permitida en el art. 229 de la Ley Orgánica del Poder Judicial sin más requisitos que el asegurar la posibilidad de contradicción y asegurar el derecho de defensa, y proceder cuando lo acuerde el juez o tribunal»[243], en su Fundamento de Derecho Segundo. Incluso, algunos pronunciamientos llegan a desvincular la celebración telemática de toda infracción a la inmediación, al declarar que «en relación con el cuestionamiento de la videoconferencia, por mandato judicial y a la vista del pandemia por Covid-19 fue así, y a todas las partes les pareció bien, nadie recurrió tal señalamiento, ni la celebración de videoconferencia *per se* puede incumplir el principio de inmediación, pues diariamente en toda España se hacen cientos de vistas y juicios a través de videoconferencia y no se conculca con ello ningún tipo de garantía procesal»[244].

En definitiva, no se trata tanto de la forma de interacción que se utilice, bien sea dentro de la Sala del Tribunal o en un espacio virtual, pues lo realmente determinante es que el tribunal adquiera un conocimiento propio y fidedigno de lo acontecido durante la práctica de prueba. Es así porque la esencia del principio de inmediación es que quien dicta la sentencia haya adquirido personalmente la cognición y, en realidad, constituye un requerimiento que afecta a la calidad del juicio, materializado y plasmado en la sentencia, a través de su fallo y, especialmente, mediante el itinerario argumentativo que la funda. Cuestión distinta, pero de alta incidencia, es que el avance tecnológico del recurso telemático actual aún presenta carencias respecto a la percepción que ofrece la presencia física. Se debe avanzar hacia la utilización de una tecnología avanzada, mientras tanto, la preservación general de la práctica de la prueba personal a la presencia física representa una previsión cautelosa, que aplaudimos, por más que cuente con excepciones y siempre y cuando la autoridad judicial conserve su facultad discrecional, que ha de ser motivada cuando se trata de acordar la videoconferencia fuera de los supuestos predeterminados por la LEC.

Autores como Bueno de la Mata sostienen que el principio de oportunidad puede justificar la alternativa audiovisual frente a la presencia física del

---

242 María del Carmen Ortuño Navalón, «Introducción y cuestiones generales», en *La prueba electrónica ante los Tribunales*, obra colectiva, María del Carmen Ortuño Navalón (Coord.), Tirant Lo Blanch, Valencia, 2014.

243 SAPS 13.11.2020, JUR 2021\39815.

244 SAPC 06.09.2021, JUR 2021\366362, en su Fundamento de Derecho 2.°.

interrogado en casos en los que se pretende despojar al acto de hostilidad, presión u otros condicionamientos propios de la concurrencia física con el fin de conseguir resultados más libres y desinhibidos[245].

5. Distinción de la práctica probatoria audiovisual en función de la situación del destinatario

5.1. La práctica de prueba personal con destinatarios dentro de la demarcación del tribunal

El modificado artículo 169.4 LEC establece que el interrogatorio de las partes, la declaración de los testigos y la ratificación de los peritos se realizará en la sede del juzgado o tribunal que esté conociendo del asunto de que se trate cuando el domicilio de los destinatarios de dichas pruebas se encuentre dentro de la circunscripción del tribunal decisor dado que, en caso contrario, se realizará mediante videoconferencia (RDL 6/2023, artículo 103, Treinta y uno). Además, el ámbito de la reserva a la presencia física de la persona que va a intervenir se extiende también a la exploración de la persona menor de edad, el reconocimiento judicial personal o la entrevista a persona con discapacidad (art. 129 bis 2) LEC).

Dicha prescripción cuenta, no obstante, con ciertos límites porque, aun tratándose de idéntica demarcación, cuando la persona que haya de intervenir resida en municipio distinto de aquel en el que tenga su sede el tribunal, esta podrá intervenir, a su petición, desde un lugar seguro dentro del municipio en que resida, mediante la tecnología audiovisual (art. 129 bis 2 b) LEC). También cuando se trate de una autoridad o funcionario público que intervenga en tal condición, se utilizará la videoconferencia desde un punto de acceso seguro (art. 129 bis 2 c) LEC).

El tribunal conserva, en todo caso, un amplísimo margen de decisión, porque, aún en estos dos casos, cuenta con la facultad de imponer motivadamente la intervención física (art. 129 bis 3 LEC) y, al contrario, aunque se trate de la práctica de prueba personal, puede determinar en contra de la presencia física en atención a las circunstancias del caso (art. 129 bis 2 a) LEC). Hay que decir que el *Proyecto de Ley de Medidas de Eficiencia Digital del Servicio Público de Justicia, BOCD 12-09-2022. Disposición Final tercera. Tres.* ya planteaba dichas iniciativas, aunque este texto se frustró debido al

245 Federico Bueno de la Mata, «Actos procesales mediante presencia telemática y eficiencia procesal», en *Next Generation Justice: Digitalización e inteligencia artificial*, obra colectiva, Sonia Calaza López y Ixusko Ordeñana Gezuraga (dirs), La Ley, Madrid, 2024, págs. 481-482.

adelanto electoral, acordado a través del *Real Decreto 400/2023, de 29 de mayo, de disolución del Congreso de los Diputados y del Senado y de convocatoria de elecciones*.

La ordenación tendente a preservar la presencialidad física cuando se trata de recabar medios probatorios que tengan por objeto personas residentes dentro del partido judicial territorial del tribunal que conoce el asunto (art. 169.4 LEC) denota la conciencia de la institución legisladora de que los actos orales de prueba personal precisan ser protegidos mediante el aseguramiento de una apreciación directa plena y que, hoy por hoy, la tecnología no llega a equiparar, ni mucho menos, a la capacidad de percepción e intervención judicial durante la presencia física respecto a la adquirida durante la presencia virtual. En este sentido, LARO GONZÁLEZ ha advertido que se debe tener especial cuidado porque los declarantes (telemáticos) podrían contar con herramientas no permitidas y se ha sentenciado que «apostar por una justicia telemática, más celera y eficaz, no significa aniquilar actuaciones judiciales donde la máxima es la presencialidad»[246].

Menos justificación encontramos en establecer que dentro de la misma demarcación, al residir en un municipio distinto, se admita la posibilidad de intervenir mediante videoconferencia (art. 129 bis 2 b) LEC). La institución legisladora parece desatender que no todos los municipios de una demarcación judicial se encuentran a gran distancia de la sede judicial competente o con medios de transporte complicados como para fijar esta facultad generalizada. Quizás, hubiera sido mejor eliminar esta mención y mantener solo la amplia prescripción mencionada relativa a la posibilidad de su acuerdo motivado por el tribunal ante la petición suficientemente razonada por parte de la persona a interrogar. El propio CGPJ ha cuestionado la vocación de generalizar el uso de esta tecnología y aconsejó que su utilización «se contraiga a la concurrencia de circunstancias» que justifiquen valerse de ella (CGPJ, Acuerdo por el que se aprueba el informe sobre el Anteproyecto de Ley de Medidas de Eficiencia Procesal del Servicio Público de Justicia, 2021, 110.). En todo caso, la prevención de que si el destinatario de la prueba se conecta desde un municipio distinto lo efectúe desde un lugar seguro —de los que enumeramos más adelante— supone una cierta prevención.

Por lo que respecta al tratamiento de la declaración de la persona empleada o funcionaria pública que declare en calidad de tal, la utilización de la videoconferencia no se contempla como una facultad del interrogado, sino que habrá de operar de manera automática según el tenor del precepto (art. 129 bis 2 c) LEC); además, en este caso se exige la conexión desde un punto de acceso seguro —concepto revisado más abajo—. Parece que los medios

246 Elena LARO GONZALEZ, «Una justicia eficiente y digital para una administración de justicia obsoleta», en *Digitalización de la Justica: prevención, investigación y enjuiciamiento*, obra colectiva, Mercedes LLORENTE SÁNCHEZ.ARJONA y Sonia CALAZA LÓPEZ (Dirs.), Aranzadi, 2022, pág. 322.

humanos y económicos que suponen emplear a un funcionario público en la asistencia física son grandes. Debemos considerar que se trata de personas que acostumbran a colaborar con la justicia por motivo de su desempeño donde acuden, normalmente, como testigos o peritos; así, el coste de un día completo de trabajo o del desplazamiento parecen no acordes con la intervención efectiva en los juicios por tan solo unos minutos, teniendo en cuenta, además, que dicha actividad se suele repetir. A esto se suma la suspensión de vistas motivadas por la inasistencia de estas personas. Todo ello justifica la excusa de la presencialidad en este caso, con independencia de que el tribunal pueda revertir esta excepción (art. 129 bis 3 LEC).

5.2. La práctica de la prueba personal para el interrogatorio domiciliario de personas impedidas

Se ha introducido una modificación al artículo 311.1 LEC. Esta alteración implica que, ante el supuesto de que, por enfermedad o por otras circunstancias especiales de la persona que haya de contestar a las preguntas, ésta no pudiera comparecer en la sede del tribunal, el órgano jurisdiccional cuenta con la facultad de acordar, de oficio o a instancia de parte, que la declaración se realice mediante videoconferencia, pero, para ello será necesario: a) que las circunstancias concurrentes garanticen la validez de la declaración y b) que sean previamente oídas las partes (RDL 6/2023, artículo 103, Cincuenta y cuatro). Asimismo, como señala el nuevo artículo 364.2 LEC, solo ante la imposibilidad de realizar la misma o por enfermedad del destinatario e imposibilidad de acudir a la sede, se podrá determinar la declaración directa en su propio domicilio si se halla en la misma demarcación judicial (RDL 6/2023, artículo 103, Sesenta y cuatro).

Hay que señalar que, como hemos anotado anteriormente, antes de la referida reforma, precisamente, la posibilidad de interrogatorio domiciliario mediante videoconferencia había sido cuestionada ante la ausencia de regulación en la LEC, se acudió a una interpretación integradora de los artículos 229.2 y 3 y 230 de la LOPJ, pero en el caso del interrogatorio domiciliario resultaba más dudoso su encaje. Así, García Sanz, y González Guimaraes-Da Silva argumentaban lo siguiente: «la celebración de una vista telemática para la práctica de un interrogatorio domiciliario no tendría encaje claro en la actual regulación del interrogatorio domiciliario de partes o testigos» (artículos 311 y 364 de la LEC). Estos solo permiten este tipo de interrogatorios cuando por causa de «enfermedad o por otras circunstancias especiales de la persona no pudiera comparecer en la sede de este juzgado». En caso de que este interrogatorio tuviera que realizarse fuera del partido judicial del juzgado o tribunal actuante, tan solo se admitiría cuando «por razón de la distancia, dificultad del desplazamiento, circunstancias personales de la parte, del testigo o del perito, o por cualquier otra causa de análogas características resulte imposible o muy gravosa la comparecencia de las personas citadas en la sede del Juzgado o tribunal». En tal caso, según el artículo 313 de la LEC, se deberá enviar al juzgado exhortado «una relación de preguntas formuladas por la parte proponente del interrogatorio, si ésta así lo hubiera solicitado por no poder concurrir al acto del interrogatorio». Es decir, aludían a la única posibilidad del clásico auxilio. Aunque más delante matizan los autores que el «artículo 229.3 de la LOPJ posibilita la realización de este tipo de actuaciones procesales por videoconferencia o formato telemático»[247].

Volviendo a la reciente regulación del interrogatorio domiciliario, la cabida del uso de videoconferencia se centra, como decimos, en la enfermedad o en otras circunstancias especiales de la persona que haya de contestar a las preguntas; el texto es, a nuestra manera de ver, demasiado amplio. En primer lugar, debería haberse matizado que se trate de una enfermedad que haga aconsejable y posible valerse de esta tecnología, porque ante ciertos casos de patologías o discapacidades dicha tecnología puede llegar a ser más un obstáculo que una ayuda. En segundo lugar, el cajón «circunstancias especiales de la persona» resulta peligrosamente indeterminado, teniendo en cuenta que el interrogatorio en domicilio se expone a peligros derivados de la tecnología o al escaso control de la indemnidad de la prueba por parte del tribunal, por ejemplo.

5.3. La práctica de prueba personal con destinatario fuera de la demarcación del tribunal

El RDL 6/2023, a través de su artículo 103, Dieciséis, modifica el art. 129.2 LEC, de forma que las actuaciones que deban realizarse fuera del partido judicial donde radique la sede del tribunal que conozca del proceso se practicarán, cuando proceda, mediante videoconferencia siempre que sea posible y, solo en otro caso, mediante auxilio judicial. En ese mismo sentido se decanta el reciente artículo 169.4 LEC (RDL 6/2023, artículo 103, Treinta y uno).

Entre las actuaciones que se mencionan, a través de una modificación del art. 313 LEC, se encuentra el interrogatorio de parte residente fuera del partido, donde se reitera la primacía del examen mediante videoconferencia (RDL 6/2023, artículo 103, Cincuenta y seis). A esto se suma la determinación introducida a través de la modificación del art. 364 LEC consistente en que la declaración del testigo residente fuera de la competencia territorial del órgano enjuiciador se realizará, preferentemente, mediante videoconferencia (RDL 6/2023, artículo 103, Sesenta y cuatro). Como resultado de dicha prioridad de

247 Javier García Sanz y Javier González Guimaraes-Da Silva, «Las vistas telemáticas en el proceso civil español: visión comparada, regulación y cuestiones prácticas que suscita su celebración», *Op. Cit.*, págs. 12-13.

la tecnología, conforme al nuevo artículo 364.2 LEC, solo ante la imposibilidad de realizar la videopresencia o por enfermedad del destinatario e imposibilidad de acudir a la sede, se podrá determinar la declaración mediante auxilio judicial en su propio domicilio si se tratara de la misma demarcación judicial del tribunal de enjuiciamiento (RDL 6/2023, artículo 103, Sesenta y cuatro).

Este cambio supone una relevante sustitución, pues relega a un papel subsidiario el auxilio judicial tradicional, un sistema que implica la comunicación entre órganos a través de exhortos, por escrito y donde se deposita en el órgano requerido el protagonismo en el recabo de la prueba, con mera remisión de los posibles resultados al órgano requerido (art 170 y ss LEC). Al hacer posible la medida introducida la práctica de la prueba extraterritorial a través de videoconferencia por parte del órgano que conoce el asunto, se alcanzan dos metas de un plumazo: por un lado, acercar la fuente de prueba al órgano juzgador y, por otro, acelerar la tramitación de la causa. Algo que presenta enormes consecuencias tanto en la mejor aplicación del principio de inmediación, como en la realidad del principio de eficiencia. Pero, sostenemos que, al menos, dicha conexión debería realizarse desde un lugar o punto seguro en todo caso.

Además, se añade una modificación del artículo 169.2 LEC que supone que, entre este tipo de actuaciones judiciales realizables de forma remota, se incluya expresamente la prueba de reconocimiento judicial, pero siempre que fuera posible su práctica y cuando el tribunal no considere posible o conveniente hacer uso de la facultad que le concede esta ley de desplazarse fuera de su circunscripción para practicarlas directamente (RDL 6/2023, artículo 103, Treinta y uno). La valoración de esta innovación nos lleva a detectar que, en este supuesto, no procura un mejor acercamiento a la fuente, puesto que el desplazamiento personal del titular jurisdiccional mediante la presencia física conlleva una mayor apreciación que la percepción mediática, dada la tecnología actual; sin embargo, el avance tecnológico en este supuesto, permite agilizar y facilitar el trámite y, quizás, una mejor disposición a su acuerdo, dado el ahorro de costes económicos y de carga de trabajo.

6. Lugar de acceso a las videoconferencias

6.1. De las personas profesionales, las partes, peritos y testigos. La oficina judicial

De conformidad con lo añadido mediante el nuevo artículo 137 bis.2 LEC, estas personas (juristas profesionales, partes, testigos o peritos), cuando deban intervenir en cualquier actuación por videoconferencia —lo que necesitará su previo acuerdo razonado por el tribunal—, lo harán desde la oficina judicial correspondiente al partido judicial de su domicilio o lugar de trabajo. En el caso de disponer de medios adecuados, dicha intervención también se podrá llevar a cabo desde el Juzgado de Paz de su domicilio o de su lugar de trabajo. Obviamente, se encuentran salvados los casos antedichos en los que proceda el interrogatorio domiciliario audiovisual.

Ha de reseñarse que, precisamente, se pretende instituir la Oficina Judicial como el principal lugar seguro desde el que se conecten los interrogables, como vemos en el apartado siguiente, y el objetivo consiste en «evitar que quienes se encuentran en estos municipios tengan que desplazarse a las capitales para realizar aquellas gestiones ante la Administración que actualmente tienen que llevar a cabo presencialmente» lo que se proyecta efectuar mediante la correspondiente dotación a estas Oficinas de Justicia de los «medios tecnológicos necesarios para la práctica de actos procesales y la intervención en los mismos a distancia», lo que consta en *Proyecto de Ley Orgánica de medidas en materia de eficiencia del Servicio Público de Justicia y de acciones colectivas para la protección y defensa de los derechos e intereses de los consumidores y usuarios* n.º 121/000016, BOCG de 22 de marzo de 2024, en su apartado IV Exposición de motivos. Una mención que lleva aparejada la consiguiente reforma de la LOPJ, al insertarse en su Título I las «Medidas en materia de eficiencia organizativa del Servicio Público de Justicia para la implantación de los Tribunales de Instancia y las Oficinas de Justicia en los municipios». Esta reforma se ha consolidado mediante la LOSPJ 2025.

6.2. Puntos de acceso seguro y lugares seguros *versus* cualquier lugar

Señala la exposición de motivos del RDL 6/2023 que los llamados «puntos de acceso seguros» y los «lugares seguros» son ubicaciones desde las que «se podrán efectuar con plenos efectos procesales las intervenciones telemáticas, en los términos que disponen las modificaciones de las leyes procesales» (RDL 6/2023, Exposición de Motivos II, párr. 18). Añade dicho punto que esto se debe a los requisitos técnicos y de garantía que deben cumplir dichos puntos y lugares. Llama la atención que dicho texto se refiera a la habilitación de una posibilidad, no de una obligación, como norma general, como sería lo deseable.

Los «puntos de acceso seguro» y los «lugares seguros» han de ajustarse a dicho RDL 6/2023, en particular, el artículo 62, establece lo siguiente. En relación a los «puntos de acceso seguro», estos han de reunir los siguientes requisitos: a) Permitir la transmisión segura de las comunicaciones y la protección de la información; b) Permitir y garantizar la identificación de los intervinientes; c) Cumplir los requisitos de integridad, interoperabilidad, confidencialidad y disponibilidad de lo actuado.

Por su parte, el RDL 6/2023 establece una lista abierta de los denominados «lugares seguros», pues determina una serie de órganos con interlocutores de más común intervención en los procesos; así, establece que, en todo caso, lo serán los siguientes: a) La oficina judicial correspondiente al tribunal competente, o cualquier otra oficina judicial o fiscal, y las oficinas de justicia en el municipio; b) Los Registros Civiles, para actuaciones relacionadas con su ámbito; c) El Instituto Nacional de Toxicología y Ciencias Forenses y los Institutos de Medicina Legal, para la intervención de los Médicos Forenses, Facultativos, Técnicos y Ayudantes de Laboratorio; d) Las sedes de las Fuerzas y Cuerpos de Seguridad del Estado, para la intervención de sus miembros; e) Las sedes oficiales de la Abogacía del Estado, del Servicio Jurídico de la Administración de la Seguridad Social y de los Servicios Jurídicos de las Comunidades Autónomas, para la intervención de los miembros de tales servicios; f) Los Centros penitenciarios, órganos dependientes de Instituciones Penitenciarias, centros de internamiento de extranjeros y centros de internamiento de menores, para las personas internas y funcionarios públicos.

La Ley de medidas en materia de eficiencia del Servicio Público de Justicia de 2025 (en adelante, LOSPJ 2025)[248], mediante la introducción del artículo 439 quater LOJP, recoge la prestación por las Oficinas de Justica en los municipios del servicio de práctica de actuaciones procesales con residente o personas que desarrollen su profesión o trabajo en el municipio que deban llevarse a cabo mediante videoconferencia y otros sistemas de telepresencia.

Además, el RDL 6/2023 deja abierta la posibilidad de contemplar otros organismos como «lugares seguros», pues determina que se incluirán, en su caso, aquellos que se establezcan por Reglamento de aplicación en todo el territorio del Estado, previo informe favorable del Comité técnico estatal de la Administración judicial electrónica. En tal caso, habrán de reunir necesariamente las siguientes condiciones: a) Disponer de dispositivos y sistemas que tengan la condición de punto de acceso seguro, conforme al apartado anterior; b) Garantizar la comprobación de la identidad de los intervinientes y la autonomía de su intervención; c) Asegurar todas las garantías del derecho de defensa, inclusive la facultad de entrevistarse reservadamente con el Abogado o Abogada; y d) Disponer de medios que permitan la digitalización de documentos para su visualización por videoconferencia.

En principio, hay que acoger la ordenación de los «lugares y puntos seguros» como una introducción favorable a la eficiencia y también a las garantías procesales. Sin embargo, resulta contradictorio que la institución legisladora regule estos lugares y puntos debido a que ofrecen seguridad y, al

248 *Ley Orgánica 1/2025, de 2 de enero, de medidas en materia de eficiencia del Servicio Público de Justicia.*

mismo tiempo, otorgue la facultad al tribunal acerca de la posibilidad de que la conexión del destinatario de la prueba se realice desde cualquier otro lugar (artículo 137 bis.3 LEC), con el único condicionante de la disponibilidad de medios para asegurar la identidad del interviniente conforme a lo que se determine reglamentariamente.

El ámbito de discrecionalidad judicial resulta, a nuestro juicio, excesivamente amplio, porque, según el artículo 137 bis.3 LEC, el órgano judicial, si lo estima oportuno, puede acordar que dichas actuaciones se realicen, incluso, desde cualquier lugar; para ello el preceptivo acuerdo en tal sentido deberá atender a las circunstancias concurrentes, y el único requerimiento que menciona el texto es que se disponga de los medios que permitan asegurar la identidad del interviniente conforme a lo que se determine reglamentariamente (RDL 6/2023, artículo 103, Diecinueve).

Esta prescripción tan amplia contrasta con el requerimiento del art. 129 bis 1 LEC, de forma que literalmente determina que la «intervención mediante presencia telemática se practicará siempre a través de punto de acceso seguro, de conformidad con la normativa que regule el uso de la tecnología en la Administración de Justicia». En virtud de esta disposición, PÉREZ-CRUZ MARTÍN mantiene que el art. 137 bis resulta contradictorio con el art. 129 bis[249]. Y según este precepto, para LUANCES GUTIERREZ es imprescindible que los dispositivos y sistemas de información cumplan con los requisitos para considerarse un punto de acceso seguro[250]. A nuestro juicio, cuando la institución legisladora alude en el art. 137 bis.3 LEC a «cualquier lugar» quiere decir exactamente eso porque, en caso contrario, hubiera incluido aquí la necesidad de que se trate de un «punto de acceso seguro» referida en el art. 129 bis 1 LEC, precisión que no consta. La consecuencia de ello es que cuando el tribunal lo estime oportuno en atención a las circunstancias y el lugar de acceso cuente con medios que permitan asegurar la identidad del interviniente, podrá acordar la realización desde cualquier lugar, aunque este no reúna el resto de requerimientos propios de un «punto de acceso seguro»; a saber: permitir la transmisión segura de las comunicaciones y la protección de la información; y cumplir los requisitos de integridad, interoperabilidad, confidencialidad y disponibilidad de lo actuado.

Cuando se trata de practicar un interrogatorio aplicado a un destinatario situado en cualquier lugar, la ley procesal no debería conformarse

---

249 Agustín-Jesús PÉREZ-CRUZ MARTÍN, «Juicios telemáticos. Especial consideración de la videoconferencia: ¿principios procesales y garantías en peligro?», *Op. Cit.*, pág. 579.

250 Ana Isabel LUANCES GUTIERREZ, «La práctica de actuaciones judiciales por videoconferencia en el Real Decreto 6/2023: especial referencia a los "lugares seguros" y "puntos de acceso seguro"», en *Next Generation Justice: Digitalización e inteligencia artificial*, obra colectiva, Sonia CALAZA LÓPEZ y Ixusko ORDEÑANA GEZURAGA (dirs), La Ley, Madrid, 2024, pág. 529.

con que, únicamente, el sistema permita asegurar la identidad del interviniente. En este punto nos remitimos al apartado de este estudio referente a las condiciones generales que han de reunir las conexiones audiovisuales de este tipo. En el caso de la realización a través de un dispositivo casero, existe gran incertidumbre acerca de la calidad general de la conexión, pero, sobre todo, el efectivo dominio o control sobre la indemnidad de la prueba por parte del órgano jurisdiccional disminuye ante posibles prácticas desleales por parte del interrogado, por ejemplo, aquellas consistentes en recibir instrucciones o dictados síncronos por parte de un tercero sobre las respuestas que debe ofrecer la persona interrogada durante su declaración[251]. SANTOS MARTÍNEZ opina que para evitar estos riesgos la solución del legislador fue la obligación de hacer deponer a testigos y peritos en las dependencias físicas de otros Juzgados o de otras sedes u organismos oficiales, de manera que dicha prevención garantiza la fiabilidad de la prueba, pero, al mismo se ha cuestionado por el coste de oportunidad que dichas prácticas implican[252].

Por todo ello, la institución legisladora debería haber ceñido más los casos en los que procede su acuerdo más allá de la mera mención a que cabe si lo estima oportuno en atención a las circunstancias concurrentes; en todo caso, las circunstancias deberán quedar debidamente concretadas y justificadas, pues nos hallamos ante una posible restricción de garantías en comparación con la conexión desde un punto o lugar seguro, tal y como vemos seguidamente.

Precisamente, el artículo 137 bis.3 LEC preserva, no obstante, la situación de vulnerabilidad del declarante en el sentido de imponer que, en este caso, la declaración por videoconferencia solo se podrá hacer desde una oficina judicial. Estas situaciones se concretan en dos en el ámbito civil: que la persona declarante sea menor de edad o bien se trate de una persona sobre la que verse un procedimiento de medidas judiciales de apoyo de personas con discapacidad. Una cautela que consideramos favorable como consideración general, en base a los argumentos antes expresados.

Por otro lado, la preservación de las garantías de los justiciables va mucho más allá de una mera mención abstracta y genérica a su necesidad. Así, en el apartado «Condiciones Generales» de este capítulo mencionamos distintos detalles que deberían ser requerimientos legales. Nosotros hemos demandado la necesidad de una «tecnología avanzada» donde se contemplen una

---

251 María José FERNÁNDEZ-FÍGARES MORALES, *Audiencias Telemáticas en la Justicia. Presente y futuro*, *Op. Cit.*, pág. 63.

252 Alberto Manuel SANTOS MARTÍNEZ, «Principios y garantías el proceso judicial en entornos virtuales», en *El futuro de la abogacía ante la transformación digital y las necesidades de la era postcovid*, Dykinson, 2022, pág. 85.

serie de condiciones[253]. Además, ESTEBAN DE LA ROSA Y OTROS, en la Guía de Justicia Digital formula las siguientes recomendaciones[254]:

a) Debe garantizarse la conexión continua y sin interrupciones. Se debe evitar la expulsión de alguna de las partes de la sala virtual. La oralidad queda impedida si solo una de las partes puede hablar, si se producen interrupciones o si la latencia es importante.

b) Debe ser garantizada la retransmisión de la imagen y el sonido para todos los intervinientes. La oralidad no permite la retransmisión únicamente del sonido. Cuando una persona esté prestando declaración o intervenga deben ser claramente perceptibles su imagen, su expresión facial y su gestualidad, además de ser plenamente audible.

c) Deben establecerse protocolos que contemplen las actuaciones ante un fallo de comunicación, el mantenimiento de los equipos y la realización de pruebas de imagen y sonido. Limitar el número de personas actuantes puede reducir las dificultades.

d) La utilización de la videoconferencia no puede ser excusa para rechazar la admisión o práctica de pruebas que reúnan la calificación de prueba legal[255], ni para restringir el derecho a la asistencia letrada y la libertad de expresión del letrado.

e) El uso de videoconferencia no debe ser incompatible con la comunicación secreta entre el letrado y su cliente. Para esta finalidad puede hacerse uso de «salas virtuales privadas».

f) Para preservar la tutela judicial efectiva la videoconferencia ha de garantizar la interacción visual, auditiva y verbal entre todos los intervinientes, incluidos el juez y las partes. Solo de este modo es posible garantizar la contradicción de las partes y la salvaguardia del derecho de defensa.

g) El juez debería poder ejercer un control sobre la declaración del interrogado, del habitáculo y el contexto desde donde efectúa su declaración para poder ejercer sus facultades de inmediación y de moderación del acto, así como las disciplinarias y de corrección sobre los intervinientes, como cualquier acto oral físico. Ello comporta habilitar el visionado de todos los planos de la sala desde donde intervenga la parte, el testigo o el perito, además del plano frontal de la persona interrogada. Para esta finalidad se puede utilizar una cámara panorá-

253 María José FERNÁNDEZ-FÍGARES MORALES, *Audiencias Telemáticas en la Justicia. Presente y futuro*, Op. Cit., pág. 136.

254 Fernando ESTEBAN DE LA ROSA Y OTROS, *Justicia Digital, Guía para el diálogo sobre el diseño y uso eficiente, da calidad y ético de herramientas tecnológicas en la justicia civil*, *Op. Cit.*, págs. 58-59.

255 STC 33/1992, STC 59/1991, STC 51/1990, STC 158/1989, STC 51/1985.

mica o móvil que capte la amplitud de campo y permita excluir puntos ciegos. No obstante, es preciso tener cuidado con esta medida, pues silenciar a alguna parte puede impedir que esta ejerza su derecho de defensa y se genere un motivo de impugnación o de protesta. BUENO DE LA MATA sugiere la utilización de la cámara Gesell, ya que puede captar 360 grados de la sala donde se comparece y que cumpliría con el art. 137 LEC[256].

h) El sistema debería contemplar la posibilidad de exhibir y hacer entrega de documentos por las partes al tribunal y al resto de partes en los instantes que las leyes procesales determinan.

i) Respecto a las personas que se encuentren fuera de España o del país donde se encuentre el tribunal competente, debería promoverse el uso virtual a través del auxilio judicial internacional, si existen medios suficientes. En este caso deberá tenerse en cuenta lo dispuesto por el *Reglamento (UE) 2020/1783 del Parlamento Europeo y del Consejo, de 25 de noviembre de 2020, relativo a la cooperación entre los órganos jurisdiccionales de los Estados miembros en el ámbito de la obtención de pruebas en materia civil o mercantil (obtención de pruebas)*, OJ 21. En este sentido, se toma de referente la *Guía sobre videoconferencias en procedimientos transfronterizos del Consejo de la Unión Europea* de 2013, donde define cómo ha de perfilarse la imagen, que será del siguiente modo: «En las videoconferencias transfronterizas, se espera que la pantalla pueda emplearse para tres planos distintos: Un plano enfocado: para la transmisión de imágenes de los participantes presentes en la otra sala; un plano general: para dar una visión general de la situación en la otra sala; y un plano de información: para la transmisión de documentos y otra información (esto incluye también las pantallas situadas en los «puestos de trabajo» de los participantes» (Council of the European Union, General Secretariat of the Council, *Guide on videoconferencing in cross-border proceedings,* 2013, 18).

j) Finalmente, el acto debería ser documentado mediante su grabación.

En línea con el desarrollo en España del Comité Técnico Estatal de la Administración Judicial Electrónica, encontramos la *Guía técnica de interoperabilidad y seguridad de requisitos de puntos de acceso seguro y lugares seguros* publicada el 26 de febrero de 2024. Su ámbito de aplicación es para todo el territorio del Estado. Su objetivo es determinar, precisamente, los requisitos técnicos y de garantía que deben tener los puntos de acceso segu-

256 Federico BUENO DE LA MATA, «Actos procesales mediante presencia telemática y eficiencia procesal», *Op. Cit.*, pág. 487. Este autor, en su nota 16, cita a AGUILAR ARGEÑAL, O, «La cámara Gesell», Anuario de Justicia de Menores, n.º 10, 2010, págs. 81-108.

ros y lugares seguros, respetando los requisitos mínimos establecidos en el Real Decreto-ley 6/2023, de 19 de diciembre, de acuerdo con el mandato al CTEAJE previsto en la misma[257].

Pero, como ha puesto de manifiesto, LOZANO EIROA, algún tribunal, como el TSJ de Asturias, ha considerado que «para sus órganos puedan asumir la materialización telemática de atención pública y/o intervenciones procesales que la administración del Principiado de Asturias determine qué dispositivos concretos cumplen los requisitos establecidos en el art. 62 de RDL 6/2023 para ser considerados punto de acceso seguro»[258].

6.3. Del órgano jurisdiccional: la sede física del tribunal y la sala virtual

Al regular la celebración de los actos procesales mediante presencia telemática, la reforma de 2023 introdujo un nuevo precepto (art. 129 bis LEC). De dicho precepto se deduce que, para realizar estos actos procesales en general y, particularmente, los actos de juicio, vistas, audiencias, comparecencias, declaraciones, el tribunal estará constituido «en su sede». Se trata, por tanto, de momento, de que el tribunal se ubique en el lugar físico de su sede y a partir de ahí, según los casos, los comparecientes puedan acudir a dicha sede de forma física o de forma virtual.

Hacemos mención a la impresión de transitoriedad de esta medida porque, al mismo tiempo que da por cierta la ubicación del tribunal en su sede, el RDL 6/2023, en su artículo 65, prevé textualmente la «utilización de las salas de vistas virtuales». De hecho, ordena la provisión por las administraciones públicas con competencias en materia de Justicia a jueces y juezas, magistrados y magistradas, fiscales, letrados y letradas de la Administración de Justicia y personal al servicio de la Administración de Justicia, de salas virtuales para la realización de aquellas actuaciones que deban llevar a cabo en el ejercicio de sus funciones.

Dado el tenor actual del referido art. 129 bis LEC, se deduce que, actualmente, no cabe la realización de los actos procesales en general y, particularmente, de los actos de juicio, vistas, audiencias, comparecencias, decla-

257 COMITÉ TÉCNICO ESTATAL DE LA ADMINISTRACIÓN JUDICIAL ELECTRÓNICA, *Guía técnica de interoperabilidad y seguridad de requisitos de puntos de acceso seguro y lugares seguros,* Ministerio de la Presidencia, Justicia y Relaciones con las Costes, 2024. Última consulta 12-11-2024: https://www.administraciondejusticia.gob.es/cteaje/guias-de-interoperabilidad

258 Marta LOZANO EIROA, «Identificación de los intervinientes en la celebración telemática de los actos procesales», en *Next Generation Justice: Digitalización e inteligencia artificial*, obra colectiva, Sonia CALAZA LÓPEZ y Ixusko ORDEÑANA GEZURAGA (dirs), La Ley, Madrid, 2024, págs. 505-506. En su cita (18): Acta de la Sala de Gobierno del Tribunal Superior de Justicia de Asturias n.º 5/2024, de 13 de marzo de 2024.

raciones desde una sede virtual del tribunal. Ello no obsta a que, quizás, se esté preparando dicha posibilidad en el futuro, muestra de ello es que dicho art. 65 del RDL 6/2023, prevé su desarrollo a través de una norma reglamentaria sobre la forma y los requisitos de su uso. Pero, qué duda cabe que, en el caso de abrir la posibilidad de constitución en salas virtuales en audiencias telemáticas para los supuestos que el actual art. 129 bis reserva e impone la constitución del órgano judicial en su sede, ello tendrá que venir de la mano de una nueva reforma de dicho precepto a través de la cual se convalide la constitución del tribunal en Salas Virtuales. Además, ello conllevaría, la obligada comparecencia del resto de intervinientes y público de forma virtual.

Por otra parte, si llevamos la interpretación del texto legal más allá, cabe el entendimiento de que en el término «su sede» del art. 129 bis, puede integrarse tanto la «sede física» como la «sede virtual» a través, precisamente, de la Sala Virtual que propio RDL 6/2023 ya reconoce, sobre todo porque el art. 65 hace mención a la finalidad de utilización de las salas virtuales para la realización de aquellas actuaciones que deban llevar a cabo en el ejercicio de sus funciones a, entre otros, a los titulares de la judicatura.

7. Condiciones de la práctica de actos procesales mediante conexiones audiovisuales remotas

7.1. Condiciones generales

Como hemos señalado, la LEC (art. 129.4), establece, además de la admisión en el orden civil de esta la práctica de los actos procesales mediante videoconferencia, una remisión en cuanto a sus requerimientos a la LOPJ (art. 229 LOPJ). Dicho precepto establece los principios de oralidad y, especialmente, ante actos de prueba personal (declaraciones, interrogatorios, testimonios, careos, exploraciones, informes, ratificación de los periciales) y también de vistas, los principios de inmediación, audiencia, contradicción y publicidad. Además, establece la posibilidad de realizar dichas actuaciones mediante videoconferencia, pero siempre que se realicen bajo unas condiciones, que son las siguientes: a) Por medio, precisamente, de videoconferencia u otro sistema similar; b) que dicho sistema permita la comunicación bidireccional y simultánea de la imagen y el sonido; c) que también procure la interacción visual, auditiva y verbal entre dos personas o grupos de personas geográficamente distantes; d) que asegure en todo caso la posibilidad de contradicción de las partes y la salvaguarda del derecho de defensa; e) en todo caso, que preceda su acuerdo por el tribunal.

Partiendo de los requerimientos derivados del art. 229.3 LOPJ, en otra obra fueron expuestas las condiciones que habrían de reunir las videoconferencias probatoria, que son las siguientes: 1.º) La inexcusable presencia judicial en los actos de prueba personal, es decir, cuando se trate de obtener declaración o interrogatorio de una persona, y esto sea bien en videollamadas indirectas (hechas por el órgano requerido) o directas (efectuadas por el órgano requirente, con acceso a la fuente) y la correspondiente preservación de todas las facultades de ordenación y moderación del debate al tribunal responsable de la práctica; 2.º) Determinar la identificación de las personas intervinientes; 3.º) Requerimiento de uso de la oralidad; 4.º) Necesidad de soporte o canal audiovisual continuo y sin interrupciones; 5.º) Existencia de comunicación bilateral y simultánea; 6.º) Cobertura de imagen y sonido a la vez; 7.º) Posibilidad de interacción visual, auditiva y verbal entre dos personas o grupos de personas; 8.º) Existencia de oportunidades de cuestionar o contradecir a las partes y oportunidad de ejercer su respectivo derecho de defensa; 9.º) Acto público como norma general, salvo que sean de aplicación restricciones en atención a las personas implicadas; 10.º) Preservar la intangibilidad de los medios de prueba, que se evite su contaminación; 11.º) Protección del derecho a la intimidad, dignidad y protección de datos; y 12.º) Normas acerca de la forma de registro del acto[259].

En cualquier caso, el juez o tribunal podrá ver y oír en todo momento durante la toma de declaración, todo lo que acontezca en la Sala de declaración, de forma que el juez pueda ejercer sus facultades de inmediación y de moderación del acto como cualquier acto oral físico. Tal y como han sugerido García Sanz y González Guimaraes-Da Silva, «el juez tiene que tener capacidad técnica para dirigir el desarrollo del acto en aspectos como al acceso y expulsión de los participantes, inicio y fin de la actuación, grabación, imágenes que aparecen en pantalla o la ordenación de turnos de intervención». Dichos autores exponen aquí que pueden identificarse los siguientes elementos necesarios para que un sistema técnico pueda resultar apto para ser empleado como soporte de una vista telemática: «(i) El sistema debe hacer posible la interacción entre los intervinientes. (...), ha de permitir la *"comunicación bidireccional y simultánea de la imagen y el sonido y la interacción visual, auditiva y verbal entre dos personas o grupos de personas geográficamente distantes"*. Se puede añadir que tanto el sonido como la imagen de los distintos participantes debe poder captarse y reproducirse con un adecuado nivel de calidad; (ii) El juez tiene que tener capacidad técnica para dirigir el desarrollo del acto en aspectos como al acceso y expulsión de los participantes, inicio y fin de la actuación, grabación, imágenes que aparecen en pantalla o la ordenación de turnos de intervención; (iii) El sistema debe permitir distintos grados de intervención: con capacidad de dirección, control el intervención total (juez), intervención con grabación de imagen y micrófono y exhibición de documentos (abogados), intervención con grabación de imagen y micrófono sin poder exhibir documentos (procuradores, declarantes) o presencia sin grabación de imagen ni micrófono (público); (iv)

259 María José Fernández-Fígares Morales, *Audiencias Telemáticas en la Justicia. Presente y futuro*, *Op. Cit.*, pág. 63.

El sistema debe reflejar simultáneamente la imagen y el sonido de distintos intervinientes, incluyendo eventuales traductores, intérpretes y cualquier otro profesional; (v) Ha de ser posible la grabación de la actuación, 147 y 187 de la LEC; (vi) El sistema debería asimismo posibilitar la exhibición de documentos a los participantes; (vii) Finalmente, el sistema técnico elegido debe tener aptitud para satisfacer el principio de publicidad de las actuaciones judiciales, pero también el de reserva de aquellas que legalmente deben celebrarse «a puerta cerrada»[260].

La nueva norma añade una condición relativa a la preservación de la nitidez de la imagen y sonido porque en la intervención por videoconferencia no podrán emplearse sistemas o aplicaciones que alteren o distorsionen la imagen y el sonido transmitido. Se salvan las excepciones relativas a la salvaguarda de la identidad en los casos de testigos o peritos protegidos, agentes de policía, agentes de policía encubiertos, y, en definitiva, en el de toda aquella persona cuya identidad haya de ser preservada en el proceso de acuerdo con la ley (RDL 6/2023, Art. 60.3 y 5).

Por último, la citada Ley trata de equiparar las normas de decoro durante las videoconferencias a las vistas físicas y ello porque determina que los intervinientes en una videoconferencia deberán observar las mismas normas de decoro, vestimenta y respeto exigidas en las actuaciones realizadas presencialmente en las salas de vistas y en las sedes de los tribunales, oficinas judiciales y oficinas fiscales. (RDL 6/2023, Art. 60.6).

Tal y como hemos puesto de manifiesto en el apartado 6, mostramos nuestro rechazo a la admisión de la declaración telemática desde cualquier otro lugar que no sea la sede física del tribunal o los lugares y puntos seguros regulados en el RDL 6/2023. La práctica desde esos lugares descontrolados —como son calificados por los propios instrumentos de desarrollo del RDL 6/2023—[261] puede exponerse a múltiples fraudes, como el dictado simultaneo por un tercero al interrogado —de forma imperceptible para el tribunal— de las respuestas a las preguntas planteadas como parte de la práctica de prueba; o como la posible suplantación de identidad e imagen, posible ya técnicamente a través de avatares o tecnologías como el *deepfake*. Estos últimos consisten en un video, una imagen o un audio generado en directo que imita la apariencia y el sonido de una persona. VELASCO NUÑEZ Y ALONSO CEBRIÁN se detienen en la suplantación mediante IA como crimen y señalan:

260 Javier GARCÍA SANZ y Javier GONZÁLEZ GUIMARAES-DA SILVA, «Las vistas telemáticas en el proceso civil español: visión comparada, regulación y cuestiones prácticas que suscita su celebración», *Op. Cit.*, pág. 16.

261 COMITÉ TÉCNICO ESTATAL DE LA ADMINISTRACIÓN JUDICIAL ELECTRÓNICA, *Guía técnica de interoperabilidad y seguridad de requisitos de puntos de acceso seguro y lugares seguros*, Ministerio de la Presidencia, Justicia y Relaciones con las Costes, 2024. Última consulta 12-11-2024: https://www.administraciondejusticia.gob.es/cteaje/guias-de-interoperabilidad

«La suplantación de la imagen mediante los avatares o humanos sintéticos, de políticos, famosos, muertos... —muy verosímiles— que articulan movimientos de labios y rostro mediante técnicas como el *lip sync* y el *face swapping* —intercambio— sobre filmaciones reales, simulando realistamente el movimiento de labios conforme al idioma impostado, con perfecta sincronización de voz, e intercambio de caras —usando técnicas de inteligencias artificiales generativas, de enfrentamiento—, o su uso en videoconferencias (mediante el *face renaisement* —que de una foto única permite una secuencia fílmica para videoconferencia»[262]. Son tan convincentes que pueden engañar tanto a personas como algoritmos. En esta línea, como observa LUACES GUTIÉRREZ, «es evidente que el mayor problema que presentan las audiencias telemáticas se centra en los riesgos que puede entrañar su realización desde lugares que no garanticen la fiabilidad de las declaraciones»[263].

Ciertos recelos al respecto muestran, por ejemplo, los criterios orientadores de los Jueces de Primera Instancia de Barcelona de 8 de mayo de 2024 con motivo del RDL 6/2023 establecen que «como regla general, sólo se admitirá la declaración vía webex de partes, testigos y peritos cuando la misma se realice desde una oficina judicial o centro público, de modo que quede garantizada la identidad de la persona que declara». Y solo de forma excepcional reconoce la facultad del juez de autorizar la declaración de una parte, testigo o perito se realice vía webex desde un lugar diferente a los indicados, pero requiere la conformidad de todas las partes. Aclara, además, que «cuando una persona que tenga que declarar en un juicio o vista resida en un municipio distinto del lugar de la sede (art. 129bis.2.c) LEC), pero dentro del ámbito territorial de Catalunya, se acordará con carácter general su intervención en el acto mediante su presencia física en la sede del juzgado». Tras lo que parece contravenir lo dispuesto en el RDL 6/2023, recuerda: «todo ello sin perjuicio de que atendiendo a las circunstancias del caso (situación de la persona, importancia de la declaración, etc.) pueda acordarse la declaración por videoconferencia de personas residentes en Catalunya. Asimismo, conforme al art. 129.3 LEC, podrá acordarse la comparecencia física de la persona en la sede del juzgado, aunque su residencia esté fuera de aquel ámbito territorial, si así se considera necesario o conveniente por el juez que conoce del caso»[264].

262 Eloy VELASCO NUÑEZ, y José María ALONSO CEBRIÁN, «Delitos por/con inteligencia artificial: presente y futuro», Diario La Ley, n.º 82, 5 de abril de 2024, pág. 9.

263 Ana Isabel LUACES GUTIÉRREZ, «La práctica de actuaciones judiciales por videoconferencia en el Real Decreto 6/2023: especial referencia a los "lugares seguros" y "puntos de acceso seguros"», en *Next Generation Justice: Digitalización e inteligencia artificial*, obra colectiva, Sonia CALAZA LÓPEZ y Ixusko ORDEÑANA GEZURAGA (dirs), La Ley, Madrid, 2024, pág. 526.

264 Los criterios orientadores aprobados por los Jueces de Primera Instancia de Barcelona de 8 de mayo de 2024, con motivo del real decreto-ley 6/2023, de 19 de diciembre, por el que se aprueban medidas urgentes para la ejecución del plan de recuperación, transformación y resiliencia en materia de servicio público de justicia, función pública, régimen local y mecenazgo.

7.2. Sistema de identificación y firma

7.2.1. *Acceso e identificación*

En cuanto al sistema de identificación, el art. 229.3 LOPJ determinaba que los actos procesales que consistan en la práctica de prueba personal o sean vistas, corresponde al LAJ del juzgado o tribunal que haya acordado la medida la acreditación, desde la propia sede judicial, de la identidad de las personas que intervengan a través de la videoconferencia. Esta tarea la encauzó a través de varios medios: a) La previa remisión del documento identificativo; b) la exhibición directa del mismo; c) por conocimiento personal; y d) o por cualquier otro medio procesal idóneo. Con esta ordenación previa, el *RDL 6/2023* estableció la necesidad de actualizar los sistemas de identificación y autenticación conforme a lo previsto en el Reglamento (UE) n.º 910/2014 del Parlamento Europeo y del Consejo, de 23 de julio de 2014, e incluye aspectos tales como: el establecimiento de un sistema seguro de identificación en videoconferencias, la regulación de sistemas de Código Seguro de Verificación, sistemas de firma del personal al servicio de la Administración de Justicia, normas sobre interoperabilidad e identificación y representación de la ciudadanía, así como el intercambio electrónico de datos en entornos cerrados de comunicación (RDL 6/2023, VI). Es preciso advertir que la LOSPJ 2025 ha suprimido la mención a la responsabilidad del LAJ sobre esta cuestión y modifica dicho art. 229.3 LOPJ en el sentido de limitarse a señalar que «la identidad de las personas que intervengan a través de la videoconferencia podrá acreditarse por los medios de identificación y firma electrónica que se determinen por la ley que regule el uso de las tecnologías en la Administración de Justicia, respetándose lo establecido en las leyes procesales».

Puede ocurrir que los ciudadanos no dispongan de medios electrónicos para su identificación, en este caso, la identificación y autenticación podrá ser válidamente realizada por personal funcionario público habilitado al efecto, mediante el uso del sistema de firma electrónica del que esté dotado. Para ello el ciudadano deberá identificarse y consentir expresamente tal forma de identificación (art. 29 RDL 6/2023).

Hay que puntualizar que estos sistemas electrónicos serán necesarios cuando la persona que vaya a intervenir como destinataria de la prueba personal no utiliza ni un punto ni un lugar seguro desde el que conectarse, pues, en este último caso, será de aplicación el régimen propio de dichos enclaves seguros. Por tanto, el sistema de acceso e identificación directo de la ciudadanía que asiste por videoconferencia desde cualquier otro lugar que no sea desde dichos puntos seguros, necesita del acuerdo previo por parte del tribunal y requiere que se disponga de los medios que permitan asegurar la identidad del interviniente conforme a lo que se determine reglamentariamente (RDL 6/2023, artículo 103, Diecinueve). De hecho, la *Guía técnica de interoperabilidad y seguridad* de 2024 distingue entre zonas controladas y zonas no controladas y aclara: «debemos diferenciar las actuaciones procesales telemáticas donde el usuario externo se presenta en alguna sede física donde realizan sus funciones los usuarios internos (al servicio de la Administración de Justicia) y que, por tanto, es una zona controlada. La identificación se realiza de manera física a través del documento identificativo». Por su parte, para el acceso desde zonas no controladas —es decir, desde cualquier otro lugar—: «se establece el doble factor de autenticación para los usuarios a través de los mecanismos de autenticación previstos en el Anexo II del ENS [op.acc.5] de nivel medio o alto, que, básicamente son: a) el sistema de Contraseña más otro factor de identificación ("algo que se tiene" o "algo que se es"); b) Certificados (cualificados, protegidos por segundo factor); y c) Certificados en dispositivo físico (cualificados, protegidos por segundo factor)[265]. Lo cual comparece con el permiso que otorga el RDL 6/2023 consistente en que se podrá usar un sistema de información para la identificación y firma no criptográfica, en los términos y condiciones de uso establecidos en la regulación sobre identificación digital tanto nacional como de la Unión Europea (RDL 6/2023, art. 23).

Asimismo, el sistema de identificación y firma no criptográfica en las actuaciones y procedimientos judiciales llevadas a cabo por videoconferencia representa, pues, uno de los servicios que la Administración de Justicia (concretada en las administraciones que, respectivamente, tengan asignada competencia en cuanto a medios materiales y personales) ha de ofrecer. Además, este servicio ha de prestarse conforme a los siguientes parámetros: a) por medios digitales equivalentes; b) interoperables y con niveles de calidad equiparables; y c) que aseguren dicho servicio en todo el territorio del Estado (RDL 6/2023, art. 4). Aunque la norma no lo mencione expresamente, el servicio Cl@vejusticia constituye uno de ellos, que corresponde al método contraseña más otro factor de autenticación («algo que se tiene» o «algo que se es»). Fue habilitado a través de la Resolución de 26 de mayo de 2021[266] y se establecieron sus condiciones de uso como mecanismo de identificación y firma de los interesados en la intervención telemática ante órganos judiciales. Se implantó en el territorio correspondiente al Ministerio de Justicia con la Instrucción 1/2021[267].

---

265 Comité Técnico Estatal de la Administración Judicial Electrónica, *Guía técnica de interoperabilidad y seguridad de requisitos de puntos de acceso seguro y lugares seguros,* Ministerio de la Presidencia, Justicia y Relaciones con las Costes, 2024. Pág. 6. Última consulta 12-11-2024: https://www.administraciondejusticia.gob.es/cteaje/guias-de-interoperabilidad

266 Resolución de 26 de mayo de 2021, de la Secretaría General para la Innovación y Calidad del Servicio Público de Justicia, por la que se habilita a Cl@veJusticia y se establecen sus condiciones de uso, como mecanismo de identificación y firma de los interesados en las actuaciones realizadas mediante presencia telemática con los órganos judiciales y demás órganos pertenecientes a la Administración de Justicia.

267 Instrucción 1/2021, del secretario general de la administración de justicia, relativa a la identificación de los intervinientes en actuaciones realizadas mediante videoconferencia a través de la herramienta cl@vejusticia.

Como dispone la mencionada *Guía técnica de interoperabilidad y seguridad,* existen otros posibles sistemas de identificación, como son los certificados, bien sean plenamente virtuales como los de origen en dispositivo físico, en lo cual se incluyen el certificado electrónico de FNMT y el DNIe, respectivamente.

Ahora bien, estos sistemas remotos de identificación no aseguran que la persona que se presente frente a la cámara de la videoconferencia sea la misma que corresponda a los datos de la citación y de los usados para acceder a la Sala de manera virtual. A nuestro juicio, esto es uno de los grandes riesgos de la declaración desde cualquier lugar ajeno a la Sala del tribunal o a los enclaves seguros, porque sólo en ellos los funcionarios comprueban *in situ* la identidad de los concurrentes. El hecho de que la actividad que se va a realizar a través de videoconferencia se exponga a los riesgos de la falsificación o suplantación de identidad nos provoca un gran rechazo la admisión judicial de esta práctica no controlable, que, a nuestro juicio, ha de evitarse por todos los medios posibles.

En cuanto al procedimiento de identificación, se determina que las personas intervienes lo harán al principio del acto en todo caso. A dicha prescripción se añade la correspondiente obligación de la persona responsable del acto —tribunal en el caso de la práctica probatoria— de adoptar las disposiciones oportunas a tal fin (RDL 6/2023, art. 60.1). Es reseñable que la Ley no concreta la forma de identificación, por ejemplo, si es meramente oral, si conlleva la exhibición documental o de envío previo de documentos de identidad o un sistema electrónico. De esta manera deja el sistema de identificación al inicio de los actos completamente ilimitado y tan sólo sometido a lo que disponga al respecto la persona que cuenta con la dirección o control del acto.

Dicha obligación de identificación al principio de acto puede ser exceptuada cuando los interrogados sean testigos o peritos protegidos, agentes de policía, agentes de policía encubiertos, y, en definitiva, en el caso de toda aquella persona cuya identidad haya de ser preservada en el proceso de acuerdo con la ley (RDL 6/2023, art. 60.3).

Asimismo, cuanto se trate de la intervención de personas que sean parte o tengan un interés legítimo y directo (tanto ciudadanía como sus profesionales), esta se realizará preferentemente mediante identificación electrónica, que será previa o simultánea al momento de cada actuación y específica para la misma (RDL 6/2023, art. 60.2). La voz «preferentemente» vuelve a dejar en indeterminación la forma de conexión porque la preferencia no implica preceptividad.

La comprobación de identidad de las personas intervinientes en las actuaciones realizadas por procedimientos electrónicos se llevará cabo por la oficina judicial o fiscal a través de los datos básicos de identificación que hayan sido aportados previamente por ellas (RDL 6/2023, art. 60.4). Como advierte

LOZANO EIROA, esos datos facilitados previamente por ellos se refieren a los actos que requieren firma de la persona interviniente en actuación realizada por videoconferencia. Se trata de aquellos para los que el legislador establece dos requisitos: a) La verificación previa de la información a firmar por parte de la persona interviniente; y b) La autenticación de la persona interviniente de conformidad con lo establecido en este real decreto-ley[268]. El uso de las firmas en cada una de las actuaciones realizadas por videoconferencia se determinará en el marco del Comité técnico estatal de la Administración judicial electrónica.

Eso sí, el acceso a los sistemas habilitados de videoconferencia estará alojado en las sedes judiciales electrónicas; estas consisten en una dirección electrónica disponible para los ciudadanos y ciudadanas a través de redes de telecomunicaciones cuya titularidad, gestión y administración corresponde a cada una de las administraciones competentes en materia de Justicia (RDL 6/2023, art. 8.1 y 2 e) y art. 10). La materialización de dicha norma facilitará, sin duda, la accesibilidad de los justiciables en condiciones de igualdad.

Respecto a la normativa europea a la que remite la última norma nacional, destaca el *Reglamento (UE) n ° 910/2014 del Parlamento Europeo y del Consejo, de 23 de julio de 2014, relativo a la identificación electrónica y los servicios de confianza para las transacciones electrónicas en el mercado interior* y por la que se deroga la Directiva 1999/93/CE, DO L 257, incorporó nuevas posibilidades de utilidad para el sistema de justicia digital. También es de aplicación el *Reglamento (UE) 2016/679 del Parlamento Europeo y del Consejo, de 27 de abril de 2016, relativo a la protección de las personas físicas en lo que respecta al tratamiento de datos personales y a la libre circulación de estos datos*, DO L 119.

Por lo que se refiere a la viabilidad de la utilización de sistemas de reconocimiento facial, hay que destacar las prescripciones del Reglamento Europeo de Inteligencia Artificial por cuanto se trata de soluciones automatizadas que, además, atañen al art. 16 del TFUE[269]. Entiende dicho texto por «verificación biométrica»: la verificación automatizada y uno-a-uno, incluida la autenticación, de la identidad de las personas físicas mediante la comparación de sus datos biométricos con los datos biométricos facilitados previamente (Definiciones (36) REIA). Extrañamente, a pesar de los riesgos asociados destacados, quedan excluidos de los sistemas de alto riesgo los sistemas de IA destinados a la verificación biométrica, que comprende la autenticación,

268 Marta LOZANO EIROA, «Identificación de los intervinientes en la celebración telemática de los actos procesales», *Op. Cit.*, págs. 507.

269 Reglamento (UE) 2024/1689 del Parlamento Europeo y del Consejo, de 13 de junio de 2024, por el que se establecen normas armonizadas en materia de inteligencia artificial y por el que se modifican los Reglamentos (CE) n.° 300/2008, (UE) n.° 167/2013, (UE) n.° 168/2013, (UE) 2018/858, (UE) 2018/1139 y (UE) 2019/2144 y las Directivas 2014/90/UE, (UE) 2016/797 y (UE) 2020/1828 (Reglamento de Inteligencia Artificial).

cuyo propósito sea, entre otros, confirmar que una persona física concreta es la persona que dice ser (Consideración (15) y Anexo III.1.a) REIA).

A nivel nacional, el RDL 6/2023 proclama el principio de orientación al dato y lo conecta con la producción de actuaciones automatizadas, asistidas y proactivas (EM VI y art. 35.1.j) Ley 6/2023). Esta ley no menciona la verificación biométrica como una de estas actuaciones (art. 25 Ley 6/2023), pero, dada la técnica de definición utilizada, entendemos que podría encajarse en las actuaciones proactivas, por cuanto se entiende por tales las actuaciones automatizadas, auto-iniciadas por los sistemas de información sin intervención humana, que aprovechan la información incorporada en un expediente o procedimiento de una Administración Pública con un fin determinado, para generar avisos o efectos directos a otros fines distintos, en el mismo o en otros expedientes, de la misma o de otra Administración Pública, siempre conformes con la ley (art. 56.3 Ley 6/2023). En todo caso, según establece dicho precepto, es el Comité Técnico Estatal a quien le corresponde colaborar con otras administraciones públicas en la identificación de actuaciones que, en su caso, puedan ser proactivas, así como en la definición de los parámetros y requisitos de compatibilidad necesarios para ello.

Entre dichas posibilidades se encuentra el sistema de reconocimiento por biometría facial. Así, la *Guía técnica de interoperabilidad y seguridad* prevé el doble factor de identificación. Este doble factor supone que el usuario aporte dos o más elementos de autentificación independientes destinados a verificar su identidad antes de los actos telemáticos. Y estos elementos pueden incluir datos conocidos por el usuario (contraseña), algo que el usuario tiene (certificado electrónico) o «algo que se es»[270]. Según Lozano Eiroa, «este último elemento nos conduciría, indefectiblemente, al empleo de algún tipo de autentificación biométrica, que, para el caso de las vistas telemáticas, tendría que ser reconocimiento facial»[271].

No compartimos dicha opinión, si la Guía hubiera querido albergar el sistema de verificación biométrica lo habría hecho expresamente. Más bien detectamos cierta ambigüedad consentida. Esteban de la Rosa y otros, entre los que nos encontramos, manifestaron que los sistemas de biometría facial «se enfrentan a la necesidad de incorporar elementos de seguridad de nivel alto con el objetivo de excluir usos fraudulentos (máscaras, fotografías, avatares) que puedan propiciar la suplantación de identidad». A esto se añade que su utilización «plantea dificultades de fiabilidad, tanto de los datos como respecto del sistema de captación y reco-

270 Comité Técnico Estatal de la Administración Judicial Electrónica, *Guía técnica de interoperabilidad y seguridad de requisitos de puntos de acceso seguro y lugares seguros,* Ministerio de la Presidencia, Justicia y Relaciones con las Costes, 2024. Última consulta 12-11-2024: https://www.administraciondejusticia.gob.es/cteaje/guias-de-interoperabilidad

271 Marta Lozano Eiroa, «Identificación de los intervinientes en la celebración telemática de los actos procesales», *Op. Cit.*, págs. 505-506.

nocimiento de estos datos, pudiendo producirse errores en supuestos de falsos positivos (por ejemplo, hermanos gemelos) o falsos negativos (por ejemplo, si no se reconoce a una persona por tener nuevos rasgos originados con la edad)». Por esta razón se trata de un sistema que, en el ámbito de la Administración de Justicia, «no debería ser utilizado de forma autónoma, sino, en su caso, solo de modo complementario y dejando abierta la entrada de sistemas subsidiarios»[272]. Como ejemplo de este tipo de propuestas, encontramos la puesta en marcha experimental de un sistema de verificación doble: documental y biométrico destinado a la realización de comparecencia *apud acta* en los Juzgados de Canarias (España)[273]. También RICHARD GONZALEZ menciona los riesgos del reconocimiento facial[274], quien se refiere a la afectación de la privacidad resulta del tratamiento de los datos biométricos de las personas.

7.2.2. *Firma de la persona interviniente*

Determina la Ley referida que cuando una actuación realizada por videoconferencia exija la firma de la persona interviniente por este mismo medio, entonces, se requerirá, de manera general, dos condiciones: a) La verificación previa de la información a firmar por parte de la persona interviniente; y b) La autenticación de la persona interviniente de conformidad con lo establecido en el propio real decreto-ley (RDL 6/2023, art. 60.7). Parece, aunque no lo mencione, que se está contemplando actos como determinadas comparecencias o la realización de alguna notificación o requerimiento que vengan de la mano de un acceso de atención a la ciudadanía o, incluso, los casos de terminación anticipada del proceso, como desistimiento, renuncia, transacción, etc. En el caso de la práctica probatoria personal, la firma del interviniente no es requerida, dado que el acto se documenta mediante la grabación audiovisual (LEC, art. 147)). Por lo que respecta al uso de las firmas en cada una de las actuaciones realizadas por videoconferencia, ello se determinará en el marco del Comité técnico estatal de la Administración judicial electrónica (RDL 6/2023, art. 60.7).

---

272 Fernando ESTEBAN DE LA ROSA, *Justicia Digital, Guía para el diálogo sobre el diseño y uso eficiente, da calidad y ético de herramientas tecnológicas en la justicia civil*, *Op. Cit.*, pág. 33.

273 Véase: https://www3.gobiernodecanarias.org/noticias/el-gobierno-canario-implanta-un-sistema-de-comparecencias-judiciales-a-distancia-y-con-identificacion-biometrica/

274 Manuel RICHARD GONZALEZ, «Los sistemas biométricos de reconocimiento facial en la Unión Europea en el marco del desarrollo de la Inteligencia Artificial», Justicia Revista de Derecho Procesal, 1-2023, pág. 241.

7.2.3. *Efectos de las actuaciones por videoconferencia que incumplan las normas sobre identificación y firma*

Según la nueva regulación, el incumplimiento de lo establecido, entre otros asuntos, sobre el régimen de identificación y firma «no priva por sí solo de efectos procesales y jurídicos a la actuación llevada a cabo por videoconferencia, ni supone la ineficacia o nulidad de la misma» (RDL 6/2023, art. 61.1). Es preciso pararse en la voz «por sí solo» porque si el incumplimiento lleva consigo la infracción de un precepto procesal que conlleva, además, la vulneración de una garantía constitucionalmente protegida, entonces, por el hecho de poder provocar indefensión, se podrán promover los cauces impugnatorios tradicionalmente previstos, que, precisamente, pueden conducir a la privación de efectos, a la ineficacia y a la nulidad. En todo caso, las partes contarán con la facultad de impugnar conforme a lo expuesto más adelante. Se echa en falta dicha matización por la normativa introductoria.

7.3. La publicidad

En cuanto a la publicidad de los actos temáticos, se parte de la prescripción general relativa a que las actuaciones de prueba se practicarán en audiencia pública (LEC, art. 138). A partir de ahí, la nueva norma distingue el régimen aplicable a dos clases de uso telemático: cuando se produzca una intervención telemática de todos los asistentes y cuando alguno o algunos de los intervinientes asistan físicamente a la Sala de Vistas. Ante el supuesto de concurrencia plena en telepresencia, se retransmitirán públicamente conforme a los aspectos o especificidades técnicas que se establezcan por el Comité técnico estatal de la Administración judicial electrónica. En ese caso, los sistemas de información y comunicación podrán establecer diferentes niveles de seguridad y acceso del público a la retransmisión. No obstante, se salvan en el proceso civil los supuestos en los que cabe su celebración a puerta cerrada conforme al art. 138 LEC, ante los que el tribunal podrá acordar la no retransmisión en la forma prevista por la ley procesal (RDL 6/2023, art. 66.1).

Por su parte, ante los actos de juicio, vistas y audiencias celebradas con presencia física en la sala de vistas de alguno o algunos de los intervinientes y en aquellos en los que la publicidad quede garantizada mediante el acceso abierto a la sala de vistas, el tribunal podrá acordar mediante auto la no retransmisión en los casos de la precedencia de celebración a puerta cerrada del art. 138 LEC y, además, cuando lo considerase estrictamente necesario en atención a las circunstancias concurrentes.

Como necesario complemento al acceso virtual de público, se ha determinado también cómo se facilita el mismo. De esto modo, se publicará tanto el listado de los actos de juicio, vistas y audiencias a celebrar por cada órgano judicial como la forma de acceso a los mismos, se ubicará dicha información en las sedes judiciales electrónicas (RDL 6/2023, art. 66.4).

7.4. La protección de datos

En primer lugar, la norma realiza una remisión a la normativa vigente en materia de protección de datos, ya que las actuaciones judiciales que se realicen de forma telemática deberán respetarla. En segundo lugar, la Ley realiza una prohibición general en cuanto al tratamiento de datos, pues los intervinientes o cualquiera que acceda a la actuación, no podrán grabar, tomar imágenes o utilizar cualesquiera medios que permitan una posterior reproducción del sonido y/o de la imagen de lo acontecido. Incluso, las grabaciones a las que cualquier persona haya tenido acceso con motivo de un procedimiento judicial no podrán ser utilizadas, sin autorización judicial, para fines distintos de los jurisdiccionales. (RDL 6/2023, art. 67.1, 2 y 3).

Y, por último, se prevé un régimen sancionador pues, en caso de incumplimiento, el tribunal podrá imponer motivadamente una multa que oscila desde 180 a 60.000 euros. Se establecen los criterios que deberán guiar la imposición de las sanciones, de forma que se tendrá en cuenta la intencionalidad, el perjuicio real causado a la Administración o a los ciudadanos y la reiteración o reincidencia de la conducta. Dichos acuerdos estarán sujetos al régimen de recursos previsto en el art. 556 de la LOJP, un precepto enmarcado dentro de la regulación de las sanciones que pueden imponerse a los que intervienen en los pleitos o causas.

Finalmente, la posible sanción que derive del incumplimiento de este artículo es además compatible con las sanciones que puedan corresponder si la actuación constituyera una infracción a la normativa sobre protección de datos de carácter personal, así como de las responsabilidades administrativas, civiles o penales a que pueda haber lugar (RDL 6/2023, art. 67.4).

7.5. Presentación de documentos durante la audiencia virtual

Por motivos de preclusión, no es habitual que en el proceso civil se aporten documentos probatorios en el acto de la vista o juicio, ya que estos, como criterio general, habrán de haber sido aportados previamente junto a los escritos de demanda y contestación por las partes, sin embargo, la LEC licencia determinados supuestos en los que cabe su aportación directa durante dichos actos orales. Se trata de los casos de la aparición de documentos nuevos, de nueva noticia o de imposible acceso hasta ese momento siempre que se hayan designado debidamente en los escritos iniciales (art. 270.1 LEC). Incluso podría admitirse la presentación extemporánea que no trajera causa de los motivos antedichos, pero que las partes consintieran y el tribunal admitiera (art. 270.2 LEC). En cualquier caso, la presentación de documentos en el curso de actos judiciales o procesales celebrados por videoconferencia en los casos en los que dicha presentación sea posible de conformidad con la LEC se ajustará a lo establecido por la Ley que regule el uso de las tecnologías en la Administración de Justicia (art. 207.3 LEC). La Ley de remisión es, actualmente, el RDL 6/2023, donde en su artículo 45.1 determina que, en las actuaciones realizadas con intervención telemática de uno o varios intervinientes, y en los actos y servicios no presenciales, las partes podrán presentar y visualizar la documentación con independencia de si su intervención se realiza por vía telemática o presencial. A tal fin, los intervinientes por vía telemática que quieran presentar documentación según los siguientes parámetros: a) deberán presentarla en el mismo acto y por la misma vía, incluso en los casos en los que por regla general no estén obligados a relacionarse con la Administración de Justicia por medios electrónicos, b) siempre de conformidad con las normas procesales; y c) se presentarán de conformidad con lo establecido en el RDL 6/2023 y con la normativa del Comité técnico estatal de la Administración judicial electrónica.

Cuando la parte que presente el documento o prueba no pudiese remitir la documentación en la forma prevista anteriormente, deberá justificar la circunstancia que impida su remisión, así como ponerlo en conocimiento del órgano judicial de manera previa a la vista o actuación, a fin de que por éste se disponga lo que proceda (art. 45.3 LDL 6/2023).

Quiere ello decir que la aportación efectiva debe realizarse de forma síncrona al desenvolvimiento del acto oral, ha de usarse, precisamente, mediante el mismo canal técnico que permita la videoconferencia y ha de llevarse a cabo la entrega conforme a los instantes procesales permitidos por la LEC. El sistema técnico tiene que soportar esta completa función.

A colación de esta prevención traemos la STS 756/2024[275], donde se suscita un debate a propósito de un juicio oral celebrado con asistencia presencial del trabajador y telemática de las empresas, de tal manera que la parte demandada, que intervino telemáticamente, presentó la prueba documental antes del juicio oral, por el contrario, la parte actora, con asistencia física, presentó los documentos mediante entrega directa en la Sala. La parte demandada solicitó que se le diera traslado de esa prueba documental antes de formular las conclusiones. No se le dio traslado y formuló protesta. El Juzgado de lo Social dictó sentencia por la que estimó la demanda. Con independencia del itinerario de recursos formulados, el TS argumenta que la celebración telemática del juicio oral, total o parcial, no puede suponer una merma de las garantías procesales. La importancia de ese axioma queda evidenciada —dice— por el Real Decreto-ley 6/2023, de 19 de diciembre. Esa norma acuerda que todas las actuaciones procesales se realizarán preferentemente mediante presencia telemática siempre que se disponga de los medios técnicos. Ese Real Decreto-ley no era aplicable a aquella litis por razones temporales, pero —dice la Sala del alto Tribunal— ilustra acerca de

275 STS (Sala de lo Social) 756/2024, de 24 de mayo de 2024, FD 5.ª, JUR\2024\167505.

la importancia que previsiblemente van a tener las actuaciones procesales telemáticas. La introducción de nuevas tecnologías no puede menoscabar la integridad del proceso. Una vez admitido un medio de prueba, este deberá practicarse con todas las garantías, que incluyen la garantía de contradicción y la igualdad de armas en el proceso. En la presente litis, se celebró el juicio oral con asistencia presencial de la parte actora y telemática de las demandadas. La parte demandada presentó la prueba documental antes del juicio oral, lo que permitió que la parte contraria tuviera conocimiento de dichos medios de prueba y pudiera oponerse a su admisión, impugnar su autenticidad o exactitud y, en el trámite de conclusiones, exponer sus argumentos con la finalidad de desvirtuar su eficacia probatoria. Por el contrario, la otra parte procesal aportó 21 documentos en el plenario. El Juzgado no dio traslado de esa prueba documental a la parte contraria, la cual no pudo oponerse a su admisión, ni impugnar su autenticidad o exactitud, ni argumentar en contra de su fuerza probatoria en el trámite de conclusiones. Ello —afirma el TS— vulneró la garantía de contradicción y el derecho a la igualdad de armas en el proceso, que se integran en el art. 24 de la Constitución. También vulneró el art. 229.3 de la LOPJ, que establece que las vistas «podrán realizarse a través de videoconferencia u otro sistema similar [...] asegurando en todo caso la posibilidad de contradicción de las partes y la salvaguarda del derecho de defensa». Sienta, finalmente, que la celebración telemática del juicio oral no puede soslayar las citadas garantías procesales. El órgano judicial debe dar traslado de la prueba documental a la contraparte utilizando medios técnicos que permitan que la parte procesal que interviene telemáticamente pueda visualizar esos documentos. El art. 188.1 8.ª LEC es aplicable al supuesto en el que se haya acordado la celebración telemática de una vista oral y el órgano judicial no disponga de los medios técnicos para evacuar el traslado de la prueba documental a la parte contraria. En tal caso, deberá acordarse la suspensión de las actuaciones.

Resulta que este conflicto se suscitó cuando estaba vigente el ahora derogado Real Decreto-ley 16/2020[276] derivado de la pandemia Covid-19 y el mismo nada indicaba cómo resolver estas situaciones. Ante tal situación se publicó la *Guía de Juicios Telemáticos CGPJ*[277] que actuó de «libro de instrucciones» en actuaciones como la narrada, de manera que pautó §30 lo siguiente:

> «También para evitar interrupciones, se considera conveniente que en los actos procesales a celebrar de manera telemática en los que se tenga intención de presentar prueba documental, ésta se facilite con antelación al juzgado o tribunal

276 Real Decreto-ley 16/2020, de 28 de abril, de medidas procesales y organizativas para hacer frente al COVID-19 en el ámbito de la Administración de Justicia.

277 AA. VV., *Guía para la celebración de actuaciones judiciales telemáticas* 25-05-2020, aprobada por la Comisión Permanente del CGPJ 27-05-2020 (en adelante, *Guía de Juicios Telemáticos CGPJ)*.

mediante un sistema que garantice su accesibilidad a los abogados de las partes para su visionado y eventual descarga. El volumen de documentos que se tenga previsto presentar es un factor de complejidad para valorar la oportunidad de la celebración de los juicios y vistas de manera telemática. En todo caso, conviene exigir que los documentos se presenten debidamente ordenados y foliados, con índices hipervinculados para facilitar su utilización durante la sesión telemática».

Ya reflexionamos en otro lugar[278] que este instrumento —*Guía de Juicios Telemáticos CGPJ*— no contaba con fuerza normativa, sin embargo, ha definido la marcha de esta práctica judicial mientras no se aprobara un texto legal integrador sobre esta práctica procesal. Entendemos que la anticipación de esta actividad solo cabe regularla por vía de la ley procesal correspondiente, sin que por ello resulten válidas o vinculantes estas pautas de la Guía. En este sentido, debemos tener presente que uno de los requisitos de admisibilidad de la prueba lo constituye precisamente la prueba legal. Esto supone el requerimiento de que prueba que se haya realizado conforme a un procedimiento legalmente establecido. Dimana dicho requisito del artículo 283.3 LEC, que prescribe: «Nunca se admitirá como prueba cualquier actividad prohibida por la ley», lo que implica reconocer el principio de legalidad procesal en materia probatoria como un principio que ha de imperar y se impone al juez, según ya hemos estudiado, la sumisión al procedimiento probatorio legalmente previsto, de manera que es el juez el que debe cuidar que se admitan las pruebas que han seguido el procedimiento establecido[279].

A dicho argumento hay que sumar el principio de legalidad procesal en general que proclama el artículo 1 LEC al imponer: «En los procesos civiles, los tribunales y quienes ante ellos acudan e intervengan deberán actuar con arreglo a lo dispuesto en esta Ley». Y la propia Constitución española determina esta sujeción en los artículos 9.1 y 117.1 y 3 CE. Lo que implica también que las normas procesales son de orden público y obligado cumplimiento.

A pesar de los pronunciamientos jurisprudenciales y de la literalidad de la ley, el problema es que no ha existido un adecuado soporte técnico para que la sincronía e inmediatez en la entrega de documentos durante la actividad oral en videoconferencia sea una realidad. Por eso hemos observado con cierta decepción las soluciones que algunos órganos jurisdiccionales se ven abocados a adoptar sobre la materia. Por ejemplo[280], los criterios orien-

278 María José Fernández-Fígares Morales, «El papel de las guías del Consejo General del Poder Judicial en el marco del principio de legalidad procesal», en obra colectiva, *Revisión del sistema de fuentes y su repercusión en el derecho procesal*, María Jesús Ariza Colmenarejo (dir.), Dykinson, Madrid, 2021, págs. 65-66.

279 SAP Madrid 459/2009, de 24 de julio de 2009, (FJ. 13.º). Y también la SAP Madrid 25/2012, de 18 de enero de 2012, (FJ. 6.º): «dicha norma (art. 283.3 LEC) sólo recoge el principio de legalidad procesal en materia probatoria, esto es, la sumisión del juez al procedimiento probatorio legalmente previsto».

280 Los criterios orientadores aprobados por los Jueces de Primera Instancia de Barcelona de

tadores de los jueces de Barcelona de 2024, mientras acuerdan solicitar de la Sala de Gobierno del Tribunal Superior de Justicia de Catalunya que este requiriera al Departament de Justícia de la Generalitat para que el SISPI dote a estos órganos judiciales de una herramienta de comunicación telemática de videoconferencia directa (el actual Webex, o cualquiera otra), que cumpla las especificidades propias de acceso y lugar seguro de los arts. 62 RDL 6/2023 y 129bis.1 LEC, al mismo tiempo, entre tanto no haya una mejora en las funcionalidades del sistema Webex, acuerdan que «cuando los profesionales (abogados y/o procuradores) vayan a asistir de forma telemática a un juicio o vista, y a fin de que el acto pueda desarrollarse con normalidad y sin interrupciones, las minutas de prueba y documentos que se deseen presentar habrán de hacerse llegar con carácter previo al juzgado y al resto de partes, bien mediante correo electrónico, bien mediante escrito presentado vía RED». Es lamentable que la falta de dotación de medios adecuados produzca esta irregularidad procesal que puede llegar a producir indefensión ante el caos y la falta de seguridad jurídica de las partes y el propio tribunal.

Por tanto, no es el ser humano —y su ley procesal— quien tiene que doblegarse al avance tecnológico, sino que es el avance tecnológico el que ha de atender las necesidades del ser humano. En consecuencia, los intervinientes por vía telemática que quieran presentar documentación deberán acomodarse a los siguientes parámetros: a) presentarla en el mismo acto y por la misma vía, incluso en los casos en los que por regla general no estén obligados a relacionarse con la Administración de Justicia por medios electrónicos, b) siempre de conformidad con las normas procesales; y c) se presentarán de conformidad con lo establecido en RDL 6/2023 y con la normativa del Comité técnico estatal de la Administración judicial electrónica.

8. Impugnabilidad de los actos procesales realizados mediante videoconferencia

El citado RDL 6/2023 prevé que si, tras la realización por videoconferencia de la actuación correspondiente, se impugnara bien la identificación realizada o bien la firma practicada se procederá por la Administración competente a comprobar que la misma cumple todos los requisitos y condiciones establecidos en el art. 60 de dicha norma y los que nos hemos referido anteriormente. Hay que señalar que la ambigüedad o indeterminación en la que se regula particularmente la identificación, según denunciamos, conlleva que cualquier impugnación adolecerá de un sustento normativo suficiente. Si a esto le añadi-

8 de mayo de 2024, con motivo del real decreto-ley 6/2023, de 19 de diciembre, por el que se aprueban medidas urgentes para la ejecución del plan de recuperación, transformación y resiliencia en materia de servicio público de justicia, función pública, régimen local y mecenazgo

mos que la norma sanciona con la imposición de las costas, gastos y derechos que ocasione la comprobación judicial de la autenticidad de la identificación cuando resulte rechazada la impugnación, al confirmarse la misma, parece, verdaderamente, que la institución legisladora está diciendo algo así como «tu impugnación no puede prosperar y si la planteas, te castigaré». Dicha deriva se acrecienta porque el tribunal sólo tendrá que motivar su resolución y otorgar previa audiencia a las partes, cuando el impugnante reitere su desacuerdo una vez su impugnación haya sido previamente rechazada, es decir, sea positiva la autentificación —se supone sin justificar— y también en todos los casos de comprobación negativa, es decir, cuando se atienda la impugnación. Además, falta por definir el tipo de resolución judicial que ha de recaer en cada caso (RDL 6/2023, art. 61.2, 3 y 4). En resumidas cuentas, el sistema de impugnación previsto da un vuelco a la necesidad de motivación de las resoluciones judiciales y al derecho a un juicio justo (art. 24 CE).

Al margen de los problemas con la identificación y firma, nada prevé la innovación normativa sobre la posibilidad de combatir los actos de prueba que se hayan llevado a cabo mediante videoconferencia. Hay que sobrentender que la conculcación de cualquier norma, garantía o principio procesal atinente a la práctica probatoria a propósito de la utilización de la videoconferencia conlleva idéntico sistema de recursos que el regulado de forma general para dichos actos orales. Por tanto, a las actuaciones procesales realizadas mediante videoconferencia le será aplicable, como no podría ser de otra forma, el régimen general de validez y nulidad de los actos procesales que rige en los arts. 238 a 243 LOPJ y los arts. 225 a 231 LEC.

A título ilustrativo, no hay más que observar la mencionada STS 756/2024[281], la cual, acuerda estimar el recurso de casación y casar y anular la sentencia recurrida, con estimación del recurso de suplicación y anular las actuaciones de instancia y orden de reposición en su momento procesal. En base a las deficiencias que hemos tratado anteriormente en este capítulo, el Alto Tribunal señaló que se vulneró la garantía de contradicción y el derecho a la igualdad de armas en el proceso, que se integran en el art. 24 de la Constitución, también vulneró el citado art. 229.3 de la LOPJ, que establece que las vistas «podrán realizarse a través de videoconferencia u otro sistema similar [...] asegurando en todo caso la posibilidad de contradicción de las partes y la salvaguarda del derecho de defensa». Añade el TS que «la celebración telemática del juicio oral no puede soslayar las citadas garantías procesales y si no es posible técnicamente, debe suspender y otorgar este traslado para evitar indefensión.

Como hemos puesto de manifiesto en este capítulo los peligros de que cuestiones técnicas constriñan el ámbito de las garantías procesales son amplios. En muchos casos es la efectiva dotación la que falta. Al final, la aspiración consiste en que el uso de la videoconferencia no sea excusa para dejar

281 STS (Sala de lo Social) 756/2024, de 24 de mayo de 2024, FD 5.ª, JUR\2024\167505.

de cumplir la ley procesal y desoír los requerimientos propios de las garantías de las partes en el proceso. Pero habrá que ir, caso por caso, dejando que se escriba la jurisprudencia y, esperemos, que los poderes públicos ofrezcan una tecnología acorde y avanzada.

CAPÍTULO 5

EL APOYO AL ARBITRAJE EN LA PRÁCTICA DE PRUEBAS CON PRESENCIA TELEMÁTICA MEDIANTE COOPERACIÓN JUDICIAL EUROPEA

1. La videoconferencia como medio preferente en el proceso civil español para recoger pruebas personales en curso de la asistencia y cooperación judicial

En el marco de la actividad probatoria desarrollada en el seno del órgano arbitral o judicial puede ser necesaria la asistencia para la toma de declaración de personas situadas fuera de España y dentro de la Unión Europea. La prescripción general introducida en la LEC no distingue si la ayuda judicial se precisa dentro o fuera del territorio nacional, pues refiere que la mera circunstancia de encontrarse fuera del partido judicial donde radique la sede del tribunal que conozca del proceso implicará que las pruebas se practiquen, cuando proceda, mediante videoconferencia siempre que sea posible y, solo en otro caso, mediante auxilio judicial, según la redacción del reciente artículo 169.4 LEC (RDL 6/2023, artículo 103, Treinta y uno).

En todo caso, en cuanto a las normas que guían la práctica de la cooperación judicial internacional, como señala Castro Durán, habrá de estar sujeta a tres regímenes normativos jerarquizados: el institucional, el convencional y el común[282]; lo establece la LEC de la manera siguiente: a) las normas comunitarias que resulten de aplicación, es régimen institucional; b) a las disposiciones de los Tratados internacionales en que España sea parte, se corresponde con el régimen convencional; y c) en su defecto, en la legislación interna que resulte aplicable, que consiste en el régimen común. Unas normas que vinculan también en los casos en los que las autoridades judiciales extranjeras sean quienes insten la ayuda a los tribunales españoles (art. 177 LEC).

Por lo que respecta al régimen institucional, en España prima respecto a su ámbito territorial de aplicación el *Reglamento (UE) 2020/1783 del Parlamento*

282 Emilio Castro Durán, «Cooperación Judicial Civil internacional: notificación y obtención de pruebas electrónicas», en *Cooperación Judicial Internacional a la luz de las nuevas tecnologías: riesgos, utilidades y protección de derechos fundamentales*, obra colectiva, Suarez Xavier, Paulo Ramón, y Vicario Pérez, Ana María (dirs), Colex, A Coruña, 2023, pág. 27.

Europeo y del Consejo de 25 de noviembre de 2020 relativo a la cooperación entre los órganos jurisdiccionales de los Estados miembros en el ámbito de la obtención de pruebas en materia civil o mercantil (obtención de pruebas), DO L 405. De esta regulación nos vamos a ocupar con mayor detenimiento en los siguientes apartados, a los que nos remitimos.

Por lo que se refiere al régimen consensuado, cuando no nos encontremos en el ámbito de aplicación del citado Reglamento 2020/1783, regirá el Convenio de la Haya sobre procedimientos civiles. Cabe destacar el *Convenio Iberoamericano sobre el uso de la videoconferencia en la cooperación internacional entre sistemas de justicia, Ministerio de Justicia, 2020*; en él se define el procedimiento de solicitud, desarrollo, registro, entre otros asuntos. Añade un protocolo adicional relacionado con los costos, el régimen lingüístico y la remisión de solicitudes. De especial interés resulta la *Guía de Buenas Prácticas sobre el uso de la videoconferencia,* que forma parte de dicho convenio. En dicha guía se determina que «La videoconferencia se practicará conforme la legislación del Estado que establezcan los convenios de cooperación jurídica internacional vinculantes, si bien, en caso de que no existiera un convenio o de que el Estado requirente tuviera interés en que se realice bajo una determinada modalidad o forma, lo consignará en la solicitud y el Estado requerido podrá dar cumplimiento a la modalidad o forma pedida siempre que no se vulneren los derechos fundamentales». Pero, en todo caso, la «declaración se practicará por la autoridad competente del Estado requirente, en los términos señalados en su derecho nacional». Junto a ellos, también conviven los convenios bilaterales en los que España sea parte. Los datos empíricos sobre el auxilio judicial internacional para la obtención de pruebas en solicitudes formuladas por órganos de Estados no pertenecientes a la UE facilitados por Consejo General del Poder Judicial, en *Justice Data by data year* 2022 *Judicial Statistics* revelan que se ha producido un notable incremento desde el año 2020, cuando ascendió a 657 solicitudes; y posteriormente, en 2021, alcanzó las 1171 solicitudes; y en el año 2022, se estabiliza con 1103 solicitudes. Unos datos también esperanzadores desde la óptica de la economía procesal.

Y, en tercer lugar, en lo referente al régimen común, este viene de la mano de los arts. 276 a 278 LOPJ y de la Ley 29/2015, de 30 de julio, de cooperación jurídica internacional, Título I. Este sistema se concibe como residual, por cuanto solo será de aplicación a falta de normas comunitarias o consensuadas que regulen el caso concreto.

Revisado hasta ahora en la presente obra el régimen probatorio arbitral, el sistema de asistencia judicial al mismo y, en concreto, la regulación del uso audiovisual para la práctica probatoria dentro de jurisdicción española, procedemos ahora a examinar el procedimiento de obtención de pruebas a través de la cooperación judicial civil europea con una especial atención a la que se lleva a cabo mediante videoconferencia.

2. El régimen de obtención de pruebas en la cooperación judicial europea en materia civil

2.1. La asunción de la videoconferencia como medio para recabar pruebas en la cooperación judicial europea en materia civil

La crisis sanitaria sobrevenida por el Covid-19 ha tenido un gran impacto en el avance tecnológico judicial pues, como apunta CALAZA LÓPEZ, «la pandemia ha acelerado la digitalización de la Justicia y ha impulsado el reto de la transformación de nuestra Justicia física en otra —preferentemente— electrónica»[283]. La intensificación del uso de la videoconferencia ha permitido configurar a este medio como idóneo para también llevar a cabo actos de cooperación judicial civil internacional, y especialmente para las necesidades de este tipo de actividad a nivel europeo. En efecto, uno de los elementos que definen a la Unión Europea es haber generado un espacio europeo de justicia articulado a través de reglamentos dictados con fundamento en el artículo 81 del Tratado de Funcionamiento de la Unión Europea, que recoge, especialmente, la adopción de medidas destinadas a garantizar tanto la tutela judicial efectiva como la cooperación en la obtención de pruebas[284]. Entre los objetivos de la acción de la Unión en materia de cooperación judicial en asuntos civiles se encuentra garantizar a los ciudadanos un acceso fácil y eficaz a la justicia civil para la resolución de litigios transfronterizos, así como simplificar los instrumentos de cooperación transfronteriza entre las instancias judiciales civiles nacionales. Como recuerda la Comisión Europea en su Comunicación de 2 de diciembre de 2020, el empleo de la videoconferencia «reduce sustancialmente la necesidad de realizar desplazamientos onerosos y costosos, y puede facilitar el desarrollo de los procedimientos»[285].

Como ha puesto de manifiesto DELGADO MARTÍN, «se han utilizado varios mecanismos que han servido de palanca para la facilitación de la asistencia judicial entre Estados miembros de la UE»; y señala que la primera palanca ha consistido en el establecimiento del principio de reconocimiento mutuo», la segunda palanca ha sido la regulación de la transmisión directa entre órga-

283 Sonia CALAZA LÓPEZ, «Extrajudicial &Judicial Tech», en *El impacto de la oportunidad sobre los principios procesales clásicos: Estudios y diálogos,* obra colectiva, Sonia CALAZA LÓPEZ, José Carlos MUINELO y Mercedes DE PRADA RODRÍGUEZ (coords.), Iustel, 2021, pág. 41.

284 Tratado de Funcionamiento de la Unión Europea de 25 de marzo de 1957, 2010, DO C 83/47.

285 Comunicación de la Comisión al Parlamento Europeo, al Consejo, al Comité Económico y Social Europeo y al Comité de las Regiones, «La digitalización de la justicia en la Unión Europea. Una caja de herramientas llena de oportunidades», COM (2020) 710 final.

nos judiciales, sin interferencia de ningún órgano gubernamental y, la tercera palanca se ha procurado a través de la digitalización de los canales de comunicación diseñados por los instrumentos UE en la materia[286].

El empleo de la videoconferencia se vuelve especialmente idóneo para las actuaciones de obtención de pruebas cuando la prueba ha de ser obtenida en el territorio de un Estado miembro distinto de aquél en el que tiene su sede el Tribunal que ordena su práctica. El marco europeo de cooperación ha pretendido superar las limitaciones impuestas por las normas de Derecho internacional general sobre soberanía territorial a fin de facilitar la realización de investigaciones probatorias transfronterizas y procurar así el acceso de las partes al material probatorio, como destaca FUMAGALLI[287]. Aunque dicho objetivo no encuentra su plena realización, al acogerse la excepcionalidad del caso de Dinamarca, como veremos. La posibilidad de los órganos jurisdiccionales de un Estado miembro de «actuar su potestad jurisdiccional nacional más allá de las fronteras de su Estado» ya fue contemplada por el anterior Reglamento (CE) 1206/2001[288], sobre obtención de pruebas (en adelante REOP 2001), tal y como ha advertido VIDAL FERNÁNDEZ[289].

La nueva regulación europea contenida en el Reglamento (UE) 2020/1783 de Cooperación Judicial Civil sobre obtención de pruebas (en adelante, REOP 2020) pretende dar mejor respuesta a las necesidades de inmediación judicial, rapidez y agilidad que exigen esas actuaciones[290]. Para ello el nuevo Reglamento permite que cuando la obtención de pruebas consista en la toma de declaración o en el interrogatorio de un testigo, una persona que sea parte en el procedimiento o un perito que se encuentren en otro Estado miembro, el órgano jurisdiccional requirente de un Estado miembro pueda obtener dichas pruebas directamente por videoconferencia u otra tecnología de telecomunicaciones, todo ello sometido a la necesidad de cumplir determinadas condiciones. Dicha facilidad para practicar la prueba de forma directa y sin intermediarios representa un hito fundamental puesto que logra

---

286 Joaquín DELGADO MARTÍN, *Derecho Procesal Digital. Problemas derivados de la aplicación de tecnologías al proceso judicial,* La Ley, Madrid, 2024, pág. 544.

287 Luigi FUMAGALLI, «Problemi vecchi e nuovi nella cooperazione per l'assunzione delle prove all'estero in materia civile: la rifusione della disciplina nell'Unione europea», *Rivista di diritto internazionale privato e processuale* 4, 2021, pág. 848.

288 Reglamento (CE) n.° 1206/2001 del Consejo, de 28 de mayo de 2001, relativo a la cooperación entre los órganos jurisdiccionales de los Estados miembros en el ámbito de la obtención de pruebas en materia civil o mercantil, DO L 174/1.

289 Begoña VIDAL FERNÁNDEZ, «Obtención de pruebas», in *La cooperación judicial civil y penal en el ámbito de la Unión Europea: instrumentos procesales,* obra colectiva, Mar JIMENO BULNES (eds), Bosch, Barcelona, 2007, pág. 202.

290 Reglamento (UE) 2020/1783 del Parlamento Europeo y del Consejo, de 25 de noviembre de 2020, relativo a la cooperación entre los órganos jurisdiccionales de los Estados miembros en el ámbito de la obtención de pruebas en materia civil o mercantil (obtención de pruebas), DO L 405/1.

que los jueces puedan realizar su labor, de forma inmediata y directa, más allá de las fronteras de los Estados.

Debe destacarse el efecto favorable que ha tenido la instauración de la videoconferencia para dar cauce a la obtención de pruebas en el ámbito de la cooperación judicial europea en materia civil. Por ejemplo, en España, en aplicación de dicho Reglamento, en el año 2021 ingresaron 159 solicitudes, se resolvieron 160 y quedaron pendientes 34. Se ha producido un incremento respecto al año anterior 2020, cuando ingresaron 89, se resolvieron 93 y quedaron pendientes 36[291]. Esta es una noticia positiva desde el punto de vista de la eficiencia procesal, desde luego.

La puesta en práctica del nuevo marco europeo para la obtención de pruebas mediante videoconferencia no está exenta de desafíos. El primero tiene que ver con la necesaria interoperabilidad de los sistemas a utilizar. Garantizar la interconexión entre los programas o plataformas utilizadas para la ejecución de la comunicación audiovisual procesal es una cuestión crucial para que la efectiva utilización del recurso no quede frustrada. En este terreno es necesario evaluar el paso que supone la inminente puesta en marcha de la plataforma descentralizada que se contempla por la normativa europea. Una dificultad añadida deriva de la inexistencia de una regulación procesal común en los Estados miembros de la Unión Europea relativa a la inserción de la videoconferencia para la obtención de pruebas, lo que hace necesario evaluar a qué resultados conduce la coordinación entre legislaciones que implanta el nuevo Reglamento desde la perspectiva del logro de un equilibrio necesario entre eficiencia y garantía de los derechos implicados en esta práctica probatoria a distancia. La realización de videoconferencias debe también responder a la normativa general europea sobre protección de datos. Asuntos como la forma de acceso y la identificación en la videoconferencia, la protección de la información de lo acontecido en su seno y la seguridad o confidencialidad de los datos han de quedar adecuadamente definidos en el entorno transfronterizo. Además, se plantea el reto, de corte general, de conseguir una incorporación humana de la videoconferencia como medio de prueba de tal forma que al mismo tiempo que se contribuye al empoderamiento de las personas que hayan de ser interrogadas sea posible tomar en consideración la percepción personal y la reacción psicológica frente a la tecnología en la configuración legal y técnica de este fenómeno. Dichos extremos afectan a los valores que la Unión defiende y quiere promover a través de la Declaración Europea sobre Derechos y Principios Digitales, cuyo objetivo es crear un espacio digital seguro caracterizado por inclusión y acce-

291 Consejo General del Poder Judicial, «Los instrumentos de reconocimiento y ejecución de documentos judiciales y de auxilio judicial internacional en el orden civil a la luz de la Estadística Judicial 2021», *Boletín de Información Estadística 5*, 2022.
Acceso abierto: https://www.poderjudicial.es/cgpj/es/Temas/Estadistica-Judicial/Estudios-e-Informes/Datos-de-Justicia/

sibilidad[292]. El presente estudio pasa revista al régimen europeo de la obtención de pruebas en los asuntos civiles y mercantiles mediante videoconferencia –consistente en la declaración de partes, interrogatorios de testigos, de peritos, etc.– en el cumplimiento de la cooperación judicial entre Estados miembros de la Unión Europea, a fin de evaluar si la coordinación que contempla la reciente normativa europea, especialmente el REOP 2020, resulta suficiente para dar respuesta a los desafíos planteados y a fin de sugerir las propuestas de mejora necesarias.

2.2. Marco regulatorio y ámbito de aplicación: el Reglamento (UE) 2020/1783 (obtención de pruebas)

El REOP 2020 conserva la posibilidad, recogida en su precedente REOP 2001, consistente en que se solicite a los órganos jurisdiccionales de otro Estado miembro —a excepción de Dinamarca— la práctica de diligencias de obtención de prueba, donde el órgano requirente fijará la tecnología (videoconferencia o teleconferencia). El órgano requerido está obligado a ejecutar la solicitud con la mayor brevedad y, como máximo, en el plazo de noventa días desde su recepción (art. 12 Reglamento 2020/1783). Pero, como hemos señalado, la gran novedad de este reglamento reside en permitir el empleo de la videoconferencia para la obtención directa de prueba solo en los supuestos de prueba personal, es decir, la toma de declaración o el interrogatorio de una persona presente en otro Estado miembro (artículo 20.1). Cabe recordar que su predecesor REOP 2001 no asumía la posibilidad de conexión directa por parte del órgano requirente mediante videoconferencia.

El ámbito de aplicación del REOP 2020 alude, precisamente, a que la solicitud de la práctica de pruebas por un órgano jurisdiccional de un Estado miembro solicite, conforme a su respectivo ordenamiento jurídico, la práctica indirecta (de diligencias de obtención de pruebas por el órgano jurisdiccional competente de otros Estado miembro) o la obtención directa de pruebas en otro Estado miembro (art. 1.1 REOP 2020). Asimismo, debe tratarse, eso sí, de procedimientos judiciales iniciados o que se previa incoar (art. 1.2. REOP 2020). Hay que advertir que el posterior *Reglamento (UE) 2023/2844 del Parlamento Europeo y del Consejo, de 13 de diciembre de 2023, sobre la digitalización de la cooperación judicial y del acceso a la justicia en asuntos transfronterizos civiles, mercantiles y penales, y por el que se modifican determinados actos jurídicos en el ámbito de la cooperación judicial* carece de aplicación cuando se trate de diligencias para recabar pruebas que comprende el REOP

292 Declaración Europea sobre Derechos Digitales y Principios para la Década Digital 2023/C 23/01, DO C 23/1.

2020, puesto que su art. 1 a) señala expresamente que su ámbito sólo abarca cuando se trate de fines distintos de la obtención de pruebas.

En el REOP 2020 sólo se reconocen abstractamente algunos derechos de forma aislada, como es el caso del artículo 32 del Reglamento (UE) n.º 1784/2020, donde incide en los principios de igualdad de acceso a la justicia. En este sentido, AGUILERA MORALES ha señalado que «podría haberse aprovechado la ocasión para concretar las garantías que han de acompañar a la práctica de la prueba obtenida a través de esta tecnología»[293]. Sin embargo, en nuestra opinión, en realidad dicho reglamento europeo presenta una coordinación en la que siguen siendo de aplicación los sistemas procesales de los Estados miembros. Además, se somete al respeto de los derechos fundamentales contenidos en la Carta Europea. Se añade que, tal y como figura en la *Comunicación de la Comisión al Parlamento Europeo, al Consejo, al Comité Económico y Social Europeo y al Comité de Las Regiones 'Digitalización de la justicia en la Unión Europea Una caja de herramientas de oportunidades'* COM (2020) 710 final, la Comisión Europea advierte que el uso de la videoconferencia no debe vulnerar el derecho a un juez imparcial ni los derechos de defensa, incluido el derecho a asistir al juicio, a comunicarse de forma confidencial con el abogado, a interrogar a los testigos y a impugnar pruebas.

2.3. Órganos y países facultados. El acceso de los órganos arbitrales a esta asistencia judicial europea

En la tramitación de solicitudes probatorias trasfronterizas cobran protagonismo el «órgano jurisdiccional requirente» y el «órgano jurisdiccional requerido». Ambos deben pertenecer a países participantes en el Reglamento. Estos son todos los Estados miembros de la Unión Europea excepto Dinamarca. Este país ha mantenido respecto del nuevo Reglamento la posición seguida con anterioridad respecto de otros instrumentos de la cooperación judicial en materia civil, de modo que no participa ni queda vinculada por este REOP 2020, (Consideración 38). Como consecuencia, coexisten entre los Estados miembros de la Unión Europea dos sistemas de cooperación judicial: por un lado, el existente en las relaciones entre los Estados, a los que se les aplica el régimen del REOP 2020 y, por otro, el aplicable en las relaciones entre cada

293 Merien AGUILERA MORALES, «La cooperación judicial civil en la Unión Europea: el llamado principio digital by default», en *Retos normativos del mercado único digital europeo,* obra colectiva, Luz M MARTÍNEZ VELENCOSO, y Javier PLAZA PENADÉS, (Eds.), Tirant lo Blanch, Valencia, 2022, pág. 38.

uno de estos y Dinamarca, que consiste en el Convenio de La Haya de 1970 sobre obtención de pruebas en el extranjero en materia civil y mercantil[294]y[295].

Según el REOP 2020 el término «órgano jurisdiccional» comprende no sólo a los órganos jurisdiccionales sino también a las demás autoridades de los Estados miembros comunicadas a la Comisión conforme a un sistema de seguimiento establecido por el propio Reglamento – en su artículo 31, apartado 3–. Pero dichas autoridades han de reunir las siguientes condiciones: b.1) que ejerzan funciones jurisdiccionales; b.2) que actúen por delegación de poderes de una autoridad judicial o bajo su control; y b.3) que sean competentes, con arreglo al Derecho nacional, para obtener pruebas a efectos de los procedimientos judiciales en materia civil o mercantil. Según los anteriores requerimientos y en línea con SIGNORIN, se deduce que los órganos administrativos se encuentran excluidos de tal consideración y, por idéntica razón, los tribunales arbitrales tampoco pueden acceder directamente a esta asistencia[296]. No es admisible, por tanto, una solicitud de una declaración testifical acordada en el marco de un expediente administrativo sancionador ni tampoco en el curso de un procedimiento arbitral.

Creemos que no es positiva la exclusión de la posibilidad de solicitud directa de estas características por parte de órganos arbitrales. En este sentido, SANCHEZ LORENZO apunta la necesidad de reforzar la intervención judicial, —y por tanto, excepcionar el principio de intervención mínima— a través de una doble vía: por un lado, «mediante la elaboración de un convenio internacional que complemente al Convenio de Nueva York de 1958 y al Convenio de Ginebra de 1961, establecimiento mecanismos internacionales de auxilio judicial a los procedimientos arbitrales, de forma que los árbitros que actúen en eventuales Estados parte de este nuevo convenio puedan cursar directamente solicitudes de apoyo judicial a órganos jurisdiccionales situados en Estados diferentes al de la sede arbitral»; en defecto de la solución convencional, el autor aconseja «que las legislaciones arbitrales nacionales o las normas sobre asistencia internacional contemplen mecanismos que faciliten dicho acceso» como sucede en Alemania, Inglaterra o Suecia, pero no así en Suiza[297].

Tal y como tomamos posición en el capítulo dedicado a la práctica de prueba en el arbitraje, esta vía directa permitiría contar con un mejor itinera-

---

294 Convention on the taking of evidence abroad in civil or commercial matters de 18 de marzo de 1970.

295 Véase en https://www.hcch.net/en/instruments/conventions/full-text/?cid=82

296 Stefano SIGNORIN, «La digitalizzazione della cooperazione giudiziaria in materia civile e commerciale nell'Unione europea: L'assunzione transfrontaliera delle prove nel prisma della piattaforma informatica decentrata e-CODEX», en *Cuadernos de Derecho Transnacional 1*, 2024, pág. 606.

297 Sixto SANCHEZ LORENZO, «El principio de mínima intervención judicial en el arbitraje comercial internacional», *Arbitraje,* vol. IX, n.º 1, 2016, págs. 13-44, versión pre-print pág. 10.

rio de ejecución de la prueba, ya que se de este modo se aproxima la fuente al órgano decisor y el principio de inmediación sale beneficiado. Además, al ser un medio directo, se ganaría en rapidez y eficiencia.

Cuestión más discutible es que se trate de requerimientos librados efectivamente por autoridades judiciales, pero en ejecución de la ayuda prestada a un tribunal arbitral. La doctrina mantiene opiniones distintas a favor, como GÓMEZ AGUILERA[298] y en contra, como SIGNORIN[299]. Por su parte, SÁNCHEZ LORENZO señala que «la posibilidad de utilizar estos mecanismos de auxilio judicial internacional es puramente indirecta, pues exige la intervención del juez de apoyo correspondiente a la sede arbitral, a quien se cursará la solicitud de asistencia para la obtención de una prueba o la práctica de un acto de instrucción y que, a su vez, procederá como autoridad judicial a poner en marcha el mecanismo de auxilio judicial internacional por las autoridades de otro Estado. La aplicación de los textos internacionales exige interpretar que los procedimientos jurisdiccionales de auxilio del arbitraje no se hallan excluidos de su ámbito de aplicación, afirmación a nuestro juicio razonable»[300].

En nuestra opinión debe admitirse porque el art. 1 del REOP 2020 no impone restricción al respecto al nombrar genéricamente «procedimientos ya iniciados o que se prevea incoar» (artículo 1.2), sin que mencione que ha de tratarse, precisamente, de procesos de enjuiciamiento o resolución del propio órgano requirente. En todo caso, habrá que estar al previo reconocimiento por parte del Derecho nacional respecto a la asistencia judicial a los árbitros en la práctica de pruebas. Por ejemplo, en Derecho español, este se encuentra amparado por la Ley 60/2003, de Arbitraje, de 23 de diciembre de 2003, en su art. 33 (reconocimiento y régimen de la asistencia judicial para la práctica de pruebas) en relación con el art. 8.2 (competencia judicial en la ayuda a los árbitros en la práctica de prueba).

2.4. Actos comprendidos para la emisión y recepción de solicitudes. Tipología de peticiones probatorias

Respecto al estado de los procesos en los que se originen las solicitudes, estas deben partir de procedimientos judiciales ya iniciados o que se prevea incoar —como es el caso de posibles diligencias preliminares— (art. 1.2)

---

298 Ángel Marcos GÓMEZ AGUILERA, «La práctica de pruebas en materia civil y mercantil en la Unión Europea: el Reglamento (CE) 1206/2001», en *Revista de Derecho VLex*, 2020, pág. 198.

299 Stefano SIGNORIN, «La digitalizzazione della cooperazione giudiziaria in materia civile e commerciale nell'Unione europea: L'assunzione transfrontaliera delle prove nel prisma della piattaforma informatica decentrata e-CODEX», *Op. Cit.*, pág. 606.

300 Sixto SANCHEZ LORENZO, «El principio de mínima intervención judicial en el arbitraje comercial internacional», *Op. Cit.,* pág. 10.

habidos a la fecha de la entrada en vigor de dicho Reglamento: 1 de julio de 2022. Entre los supuestos de obtención de prueba directa —del órgano requirente con el interrogado— que pueden tener lugar a través del empleo de videoconferencias, quedan comprendidas, particularmente, la toma de declaración o en el interrogatorio de una persona presente en otro Estado miembro (artículo 20.1). Respecto del concepto «actos de prueba», según SIGNORIN, se plantea la cuestión de si quedan incluidos en este concepto los actos previos al juicio y, más en general, las medidas que, además de su función probatoria, persiguen fines exploratorios, como las denominadas *fishing expedition*[301]. En todo caso, el concepto de acto de prueba debe entenderse en sentido amplio, de forma que abarca cualquier medida judicial de obtención de material con el único fin de obtener pruebas, independientemente de que esté o no prevista en los sistemas procesales de los Estados miembros. Para TROCKER, la razón que subyace a esta concepción se encuentra en que el REOP 2020 propone un paradigma de actividad investigadora casi libre con el objetivo de dar cabida a las diferentes modalidades procesales probatorias conocidas en los Derechos nacionales de los Estados miembros[302].

La cooperación entre las autoridades judiciales de los Estados miembros de la Unión Europea que contempla el REOP 2020 da acogida a las dos posibilidades a través de las que es posible la obtención de pruebas de forma trasnacional: a) que un órgano jurisdiccional de un Estado miembro de la Unión Europea solicite la práctica de diligencias de obtención de pruebas para que sean llevadas a cabo por parte del órgano jurisdiccional competente de otro Estado miembro; y, asimismo, b) la obtención de pruebas directamente en otro Estado miembro (art. 1.1). Nos ocupamos de cada una de ellas seguidamente.

2.5. Obtención indirecta de la prueba: el empleo de la videoconferencia por el órgano judicial requerido

El REOP 2020 conserva la posibilidad de que se solicite a los órganos jurisdiccionales de otro Estado miembro la práctica de diligencias de obtención de prueba. Para este fin se prevé la elaboración por cada Estado miembro de una lista de órganos competentes y su respectiva circunscripción territorial o asignación especial para la obtención de pruebas civiles o mercantiles

301 Stefano SIGNORIN, «La digitalizzazione della cooperazione giudiziaria in materia civile e commerciale nell'Unione europea: L'assunzione transfrontaliera delle prove nel prisma della piattaforma informatica decentrata e-CODEX», *Op. Cit.*, pág. 607.

302 Nicolo TROCKER, «Il regolamento (CE) n. 1206/2001 del Consiglio, del 28 maggio 2001, relativo alla cooperazione fra le autorità giudiziarie degli Stati membri nel settore dell'assunzione delle prove in materia civile e commerciale», en *Manuale di diritto processuale civile europeo,* obra colectiva, Michele TARUFFO and Vicenzo VARANO (eds), Giappichelli, 2011, pág. 285.

incluidas en el ámbito de dicho reglamento (artículo 3). Esta lista, y su posible modificación, se comunicará por los Estados a la Comisión y esta facilitará dicha información por vía electrónica, en particular a través del Portal Europeo de e-Justicia (artículo 31). De hecho, ya se encuentra disponible un motor de búsqueda en dicho Portal[303].

En cuanto al empleo de medios audiovisuales por el órgano requerido el REOP 2020 concede la preferencia a la tecnología fijada por el órgano requirente una vez fijada en la solicitud (videoconferencia o teleconferencia). Cuando esa utilización sea incompatible con el Derecho nacional, o si el órgano jurisdiccional requerido no puede utilizarla debido a que existen grandes dificultades prácticas, el órgano requerido debe informar al órgano jurisdiccional requirente. Si el motivo de rechazo a la ejecución a través de dicho medio tecnológico es la indisponibilidad de dicha tecnología por parte del órgano jurisdiccional requirente o requerido, dichos órganos podrán facilitarla de mutuo acuerdo (art. 12.4).

El órgano requerido está obligado a ejecutar la solicitud con la mayor brevedad y, como máximo, en el plazo de noventa días desde su recepción (art. 12.1). El régimen procesal que rige el cumplimiento de la solicitud es el del Derecho nacional del órgano requerido (art. 12.2). Sin embargo, el REOP 2020 permite que el órgano requirente incluya en su solicitud de ejecución la indicación de un procedimiento especial previsto en su propio Derecho nacional. Esta petición habrá de ser atendida por el órgano requerido salvo que ello sea incompatible con su Derecho nacional o que no pueda hacerlo debido a que existen grandes dificultades prácticas. En este caso deberá dar cuenta de esa circunstancia al órgano requirente (art. 12.3). Pero el obstáculo puede salvarse, el Reglamento prevé que, en caso de no contar el órgano requerido con los medios tecnológicos adecuados, éstos pueden serle facilitados por el requirente, de mutuo acuerdo (art. 12). Una imperatividad que concilia con los principios de celeridad y eficiencia.

Sobre la presencia y participación de las partes, o sus representantes, durante el acto de obtención de pruebas, el REOP 2020 se somete a la posible previsión del Derecho del Estado miembro del órgano jurisdiccional requirente. Pero, para ello es preciso que el órgano requirente lo mencione en su solicitud – en el formulario A–, aunque permite una transmisión posterior de dicha petición (art. 13.1 y 2). Una vez pedido este particular, corresponde al órgano requerido determinar las condiciones en las que podrán participar (art. 13.3), pero se acomodará a las disposiciones generales sobre la ejecución de una solicitud que fija el propio Reglamento en su art. 12. Precisamente dicho órgano requerido será el encargado de notificar a las partes y, en su caso, a sus representantes el momento y el lugar en que la obtención de pruebas tendrá lugar, y, si procede, las condiciones en las que podrán

303 Véase https://e-justice.europa.eu/38581/ES/taking_evidence_recast

participar en la obtención de pruebas (art. 13.4). En todo caso, con independencia de la iniciativa de las partes sobre su asistencia al acto probatorio, también el órgano requerido contará con facultad para solicitar a las partes su presencia o participación siempre y cuando exista esta previsión en su Derecho nacional (art. 13.5). En este punto cabe traer a colación el reciente Reglamento 2023/2844, conocido como Reglamento Europeo de Digitalización[304], que contiene normas más precisas sobre la posible intervención de las partes en las vistas por videoconferencia o por medio de otros medios de tecnología de comunicación a distancia en materia civil, mercantil y penal cuando una de las partes o su representante esté presente en otro Estado miembro (art. 5.1). Pero hay que advertir que dicho Reglamento carece de aplicación cuando la actividad consiste, precisamente, en la obtención de pruebas, como ya hemos puesto en evidencia.

2.6. Obtención directa de la prueba: el empleo de la videoconferencia por el órgano judicial requirente

Como precedentes a la actual regulación, el anterior REOP 2001 contemplaba la obtención directa de pruebas por el órgano requirente, pero tenía que ser a través de un miembro del personal judicial o de cualquier otra persona, como, por ejemplo, un experto, designados con arreglo al Derecho del Estado miembro del órgano jurisdiccional requirente. Además, dicha regulación no asumía la posibilidad de conexión mediante videoconferencia. En definitiva, en el sistema anterior, el juzgador que iba a dictar la sentencia carecía de acceso directo a la fuente en estos casos. Lo que sí se contemplaba, vía jurisprudencial, era la posible exploración directa del interrogado residente en otro Estado por el órgano requirente, pero se trataba de su presencia física; así, por ejemplo, el Tribunal de Justicia (Sala Primera) de la Unión Europea en sentencia de 6 de septiembre de 2012 asumió dicha práctica que consistía en la personación del interrogable «en la sede del tribunal en el Estado que conoce del caso»[305]. Puig Blanes también confirmaba esta posibilidad[306]. Además, el Tribunal de Justicia (Sala Primera) de la Unión Europea en la sentencia 21 de febrero de 2013 abrió las miras a otros sistemas de acceso a la fuente pues puso de manifiesto la misión de refuerzo de

---

304 Reglamento (UE) 2023/2844 del Parlamento Europeo y del Consejo, de 13 de diciembre de 2023, sobre la digitalización de la cooperación judicial y el acceso a la justicia en materia civil, mercantil y penal transfronterizos y por el que se modifican determinados actos en el ámbito de la cooperación judicial, DO L 2023/2844.

305 Caso 170/11 *Lippens v Kortekaas*, 2012, ECJ 28.

306 Francisco de Paula Puig Blanes, «Juicios telemáticos entre distintos países de la Unión Europea» Diario La Ley, 2021, pág. 1.

las posibilidades de obtención transfronteriza de pruebas que sustentan las normas sobre cooperación judicial, sin que ello impida a las autoridades judiciales proceder con otros mecanismos —hasta entonces no previstos— que, a la luz de las circunstancias, resulten más sencillos, eficaces y rápidos[307]. En esta línea también se pronunció GALIČ[308].

En este contexto, la regulación vigente que llegó de la mano del REOP 2020 promueve la eficiencia y la inmediación, al permitir el empleo de la videoconferencia para la obtención directa de prueba. Así, un órgano jurisdiccional de un Estado puede solicitar a un órgano de otro Estado que facilite la práctica probatoria personal directa mediante videoconferencia. No obstante, limita esta posibilidad a los supuestos de toma de declaración o el interrogatorio de un testigo o de una parte en el procedimiento o de un perito presente en otro Estado miembro (artículo 20.1). El único condicionante de dicho Reglamento es que la tecnología audiovisual esté disponible para el órgano jurisdiccional y, habida cuenta de las circunstancias específicas que concurran al caso, que el órgano jurisdiccional estime adecuada la utilización de dicho aplicativo (art. 20.1). También se puede utilizar la videoconferencia para oír a un menor en asuntos matrimoniales o de familia con arreglo a lo dispuesto en el Reglamento (UE) 2019/1111[309].

Con el sistema implantado por el REOP 2020, el tribunal mantiene el debido protagonismo sobre el litigio y es el interlocutor que puede ahora presenciar telemáticamente las fuentes de prueba de forma directa, por sus propios sentidos. Ello supone un gran paso de aproximación hacia la apreciación directa de la prueba, lo que evita los sesgos inherentes al empleo del auxilio tradicional, proporcionado a través de la intervención mediatizada por los tribunales requeridos y con resultados por escrito. Eso siempre que el origen de la cooperación se encuentre en que el órgano requirente sea, precisamente, el que ha de ejercer el juicio declarativo, porque si se trata de un órgano arbitral, entonces, no se alcanza dicha aproximación a la fuente. Esto es así porque en este caso, su solicitud no es directa, tiene que recurrir a instar la asistencia judicial al Juzgado de Primera Instancia (Tribunal de Instancia, Sección Civil, en virtud de la reforma operada por LOSPJ 2025) territorialmente competente y, después, este tendrá que librar la solicitud. Por tanto, respecto a los órganos arbitrales no se consigue una comunicación directa. Ello nos mueve a demandar la habilitación de esa línea directa con el órgano requerido y con el destinatario de la prueba, como hemos puesto de manifiesto antes.

---

307 Caso 332/11 *ProRail BV v Xpedys NV,* 2013, ECJ 42.

308 Aleš GALIČ, «Open issues concerning the non-mandatory character of the Cross-Border Taking of Evidence Regulation», *Era Forum 3,* 2017, pág. 213.

309 Reglamento (UE) 2019/1111 del Consejo, de 25 de junio de 2019, relativo a la competencia, el reconocimiento y la ejecución de resoluciones en materia matrimonial y de responsabilidad parental, y en materia de sustracción internacional de menores, DO L 178/1.

En todo caso, resulta altamente relevante que esta modalidad de videoconferencia para la obtención directa de prueba no cuente con naturaleza coercitiva sino voluntaria (art. 19.2), una clara diferencia respecto a la eficacia de la videoconferencia realizada por el órgano requerido respecto a personas ubicadas bajo su propia competencia territorial, que conlleva efectos conminadores. Tal y como destacó GUASP DELGADO, esta caracterización encuentra fundamento en el vínculo entre la Soberanía estatal y la Jurisdicción de donde deriva que únicamente los órganos judiciales investidos de potestad jurisdiccional conforme a la normativa del Estado pueden ejercer sus funciones de forma coercitiva[310]. En nuestra opinión este diferente trato no resulta adecuado pues provoca que se deje a merced de la voluntad del interrogado el cumplimiento de la práctica de la prueba interesada, lo que, a su vez, puede incidir en el debido desarrollo del principio de eficacia procesal. De hecho, en caso de que la persona destinataria de la práctica de esta prueba remota se niegue a declarar directamente ante el órgano requirente, a este no le cabrá otra opción que volver a solicitar la cooperación judicial europea, pero, esta vez, con la finalidad de que el órgano requerido lleve a cabo la práctica probatoria. Mantenemos que este sistema alternativo, que supone la práctica de la prueba personal bajo las órdenes del órgano requerido, no es buena noticia para la satisfacción del principio de inmediación, incluso aunque se realice mediante videoconferencia y aunque sea íntegramente registrada dicha actividad y, posteriormente, puesta a disposición del órgano requirente. Se trata de un sistema que comporta apartar la fuente de prueba del órgano decisor del proceso. Es preciso advertir que la inmediación del tribunal a la prueba que posibilita el empleo de la videoconferencia redunda en la protección del derecho a la tutela judicial efectiva y, en particular, a la salvaguarda del derecho a un proceso sin dilaciones indebidas, lo que se alinea con las exigencias del art. 6.1 Convenio Europeo de Derecho Humanos. Esta práctica optimiza la efectividad del principio de economía procesal y de concentración y, en definitiva, es un revulsivo del principio de celeridad procesal.

Como se ha señalado, «la inmediación es un instrumento que asegura que el juez intervendrá siempre directamente en las actuaciones judiciales...» y respecto a los actos orales «El juez debe estar presente en todos ellos, especialmente en los que supongan práctica de la prueba, en la medida en que sean relevantes para ejercer la jurisdicción, normalmente para dictar sentencia», de forma que el «juez no puede dictar sentencia según lo que le han contado, sino tomando en consideración lo que él mismo ha visto». Por otra parte, NIEVA FENOLL subraya que la inmediación «no existe para que el juez se muestre inerte en las actuaciones, sino para que participe activamente en las mismas, especialmente en las declaraciones de personas, pidiendo

310 Jaime GUASP DELGADO, *Comentarios a la Ley de Enjuiciamiento Civil, I,* Aranzadi, 2011, pág. 11.

aclaraciones que le ayuden a formar su juicio, ...»[311]. Este principio procura lo que se denomina una *garantía de corrección,* por cuanto que su función se dirige a evitar los riesgos derivados de la inadecuada valoración probatoria que tenga su causa en la intermediación entre la prueba y el órgano de valoración.

Nótese en este sentido, desde el punto de vista de la Teoría de la Comunicación Social, que es un valor asegurar la intervención del juez o tribunal respecto a la práctica probatoria de forma que sea este directamente quien, a través de sus propios sentidos, perciba la marcha de la misma. Dicha precaución impide la interposición de los sesgos que podrían producirse, precisamente, por el hecho de valerse de intermediarios. Ha asegurado SANCHO GARGALLO que «el juicio prudencial implica necesariamente un conocimiento objetivo de los hechos relevantes...»[312]. Y dicho conocimiento objetivo se favorece, precisamente mediante la apreciación directa de la fuente probatoria.

Por estas razones, como regulación más satisfactoria en comparación con la actual es posible proponer soluciones conciliadoras dispuestas para conseguir el respeto simultáneo de las exigencias del principio de jurisdicción estatal y las provenientes del principio de inmediación. Esto puede tener lugar mediante la realización de actos compartidos que cuenten con la presencia de personal jurisdiccional del órgano requirente y el órgano requerido. La provisión de ayuda en las videoconferencias directas ya está recogida en el art. 20.2 —aunque solo se refiere a la asistencia sobre aspectos prácticos—. Con la fórmula propuesta se hace posible armonizar el respeto a la soberanía, la jurisdicción y lo más importante, la optimización de la garantía de inmediación en los casos en los que la iniciativa de ayuda coincida con el órgano enjuiciador del caso.

La puesta en marcha de la herramienta de la videoconferencia ha supuesto una revolución conceptual que alcanza lo terminológico, de manera que se habla de *apreciación directa* por el tribunal como estándar de inmediación. Hoy día, no obstante, cabe distinguir entre presencia física y presencia virtual como dos formas que conducen a aquella. En el terreno de la cooperación judicial internacional en la obtención de pruebas, cuando el requirente es el órgano conocedor del litigio, el recurso a la videoconferencia directa (dirigida por el órgano requirente) ha supuesto un auténtico acercamiento a la inmediación, porque se pasa de ninguna apreciación directa a la apreciación directa que proporciona la videoconferencia.

No obstante, hay que tener en cuenta que estudios recientes que se han ocupado de evaluar la percepción de las personas que intervienen en las

---

311 Jordi NIEVA FENOLL, *Derecho Procesal I. Introducción*, Tirant Lo Blanch, 2019, pág. 157.

312 Ignacio SANCHO GARGALLO, *La incidencia de los sesgos cognitivos en el enjuiciamiento*, Tirant Lo Blanch, 2024, pág. 19.

audiencias en línea, basado en encuestas, proyectan incertidumbre sobre la idoneidad del uso de la videoconferencia en todos los supuestos. Así, al recabar información sobre el impacto de las teleaudiencias encontramos, por ejemplo, el informe relativo a las audiencias remotas durante el Covid 19 en el Reino Unido de 2021 de CLARK. En él se plasma la opinión de la judicatura en el Reino Unido sobre su preferencia para la judicatura y resulta que no es siempre el recurso preferido porque más de un tercio de las personas juzgadoras (36 %) afirmaron que preferían las vistas en persona, mientras que un 45 % dijeron que, según las circunstancias que el propio estudio detalla, las prefieren en persona o remotas[313]. También, concluye que, a diferencia de los usuarios del servicio público de la justicia –testigos, peritos, etc.–, que perciben como aceptable la misma, «los jueces y resto de profesionales de la justicia consideran que los actos más complejos y los que pueden alterar la vida de las personas (...) son menos apropiados para ser tratados a distancia»[314]. Por otra parte, señala dicha investigación que los jueces de los tribunales civiles y de familia son más propensos a señalar que las vistas a distancia habían tenido un impacto en su salud y bienestar en comparación con otras jurisdicciones. Añade que los representantes legales que trabajan en tribunales eran menos propensos a manifestar su preferencia por las vistas a distancia[315]. Además, se recoge que los jueces y otros profesionales opinaron que las audiencias a distancia funcionan peor para los usuarios del servicio público que necesitan un intérprete[316]. Otro aspecto evaluado es la comunicación con los representantes legales durante las audiencias a distancia. Este asunto fue un tema que preocupó especialmente a algunos usuarios, donde destacan las personas vulnerables. Además, a la judicatura le preocupa que las audiencias a distancia no parezcan lo suficientemente formales ni transmitan bien la seriedad de los procedimientos judiciales[317].

2.7. Aspectos prácticos del empleo de la videoconferencia para la obtención de prueba

Uno de los asuntos en los que la coordinación europea resulta crucial es el relativo a las modalidades de presentación de documentos durante la obtención de pruebas por videoconferencia. Sobre este extremo cabe constatar la existencia de informes sobre el empleo de las videoconferencias que identifican quejas ocasionadas ante la imposibilidad de no disponer de «un sistema

313 Janet CLARK, *Evaluation of remote hearings during the Covid 19 pandemic,* en Research report, HM Courts&Tribunal Service, United Kingdom, 2021, pág. 67.

314 *Ibid.*, pág. 90.

315 *Ibid.*, pág. 92.

316 *Ibid*, pág. 94.

317 *Ibid.*, pág. 96.

para que las partes puedan examinar los documentos aportados por medios electrónicos, déficits que se espera sean subsanados durante el ejercicio en curso»[318]. El Reglamento se limita a indicar que el órgano jurisdiccional que conozca del asunto debe proporcionar a las partes y a sus representantes legales instrucciones relativas al procedimiento de presentación de documentos u otro material cuando la toma de declaración o el interrogatorio se efectúe por videoconferencia o por otra tecnología de telecomunicaciones adecuada (Consideración (23) del REOP 2020). Sostenemos que la entrega de documentos por las partes al tribunal y al resto de partes debe ser realizada en los instantes que las leyes procesales aplicables al caso determinen y, en su caso, en el acto oral si así se fija. Por ello, ha de articularse una tecnología avanzada que procure la subida, entrega y visionado inmediato por el tribunal y las partes durante el acto oral realizado mediante videoconferencia cuando los actos realizados así lo requieran[319].

Cabe destacar el valor que el REOP 2020 otorga al consenso entre los órganos jurisdiccionales requirentes, centrales y requeridos en cuanto a «los aspectos prácticos». Este término legal puede ser indeterminado y provocar confusión. Por eso, debemos distinguir entre los asuntos meramente organizativos y los aspectos de la práctica probatoria. El REOP 2020, al aludir a los «aspectos prácticos» se refiere, en realidad, a los asuntos meramente organizativos, porque alude a la gestión meramente logística o de medios a utilizar (art. 20.2); así, sin ánimo de exhaustividad, se engloban en esta denominación aspectos tales como las referencias del asunto, las denominaciones de los órganos intervinientes, datos técnicos del requirente, forma de conexión preferida, la fecha y hora de conexión preferida, la necesidad de interprete, la mención sobre la grabación o no de la práctica, y otras informaciones semejantes (art. 12.4 y 20 y Formulario N). Otro aspecto práctico es la necesidad de proveer de ayuda al órgano judicial requirente para encontrar un intérprete que intervenga en la toma de declaración por videoconferencia (Consideración (22) y Art. 20.2, 2.° Párrafo).

Y respecto a los detalles referentes a la práctica probatoria, asuntos tales como el turno de preguntas entre los asistentes, a la admisibilidad o no de las cuestiones planteadas, a las facultades del tribunal de retirar la pregunta o de formular él mismo preguntas al interrogable, la necesidad de requerir previo juramento o promesa al interrogable, son aspectos que rigen la práctica de la prueba como acto procesal y, por tanto, no son los «aspectos prácticos» que

318 Tribunal Superior de Justicia de Asturias, *Memoria Judicial 2022* (Portal del poder Judicial de España, 2023) 31. Acceso abierto: https://www.poderjudicial.es/cgpj/es/Poder-Judicial/Tribunales-Superiores-de-Justicia/TSJ-Asturias/Actividad-del-TSJ-Asturias/Memoria-Judicial/

319 María José Fernández-Fígares Morales, *Audiencias Telemáticas en la Justicia. Presente y futuro,* Tirant Lo Blanch, Valencia, 2021, pág. 136.

menciona el REOP 2020, ya que, como señala BUENO BENEDÍ, estos vendrán determinados por las normas procesales del país requirente en el caso de prueba directa[320].

Volviendo a los «aspectos prácticos» —o, mejor dicho, organizativos—, el REOP 2020 prevé el Formulario N sobre aspectos técnicos asociados a la realización de una videoconferencia o a la utilización de otra tecnología de telecomunicaciones. Este formulario es necesario para solicitar el empleo de dicha herramienta. El REOP 2020 determina la necesaria ayuda al órgano jurisdiccional requirente para encontrar un intérprete, previa solicitud del órgano que lleva la iniciativa (art. 20.2). Una previsión aplaudida, dado que, en ciertos casos, el hallazgo del profesional idóneo no es fácil. Sobre este aspecto se pronunció la *Guía sobre videoconferencias en procedimientos transfronterizos*, donde se reconocía que «es posible que el testigo no esté acostumbrado a trabajar con intérpretes, y la sensación de lejanía puede dificultar la interpretación. Para los intérpretes puede ser útil que el juez coordine el orden de intervención de los participantes», donde, además, se decantó por la interpretación consecutiva frente a la simultánea y pone especial atención a sus tareas preparativas[321].

Por otra parte, resulta afectante el asunto del acceso e identificación de los intervinientes en la videoconferencia. En este sentido, el *Reglamento 910/2014 del Parlamento Europeo y del Consejo de 23 de julio de 2014 relativo a la identificación electrónica y los servicios de confianza para las transacciones electrónicas en el mercado interior*, incorporó nuevas posibilidades de utilidad para el sistema de justicia digital. Así, tal y como se señala por ESTEBAN DE LA ROSA Y OTROS se ha planteado la posibilidad de incorporar sistemas de biometría facial, pero, estos «se enfrentan a la necesidad de incorporar elementos de seguridad de nivel alto con el objetivo de excluir usos fraudulentos (máscaras, fotografías, avatares) que puedan propiciar la suplantación de identidad». A esto se añade que su utilización «plantea dificultades de fiabilidad, tanto de los datos como respecto del sistema de captación y reconocimiento de estos datos, pudiendo producirse errores en supuestos de falsos positivos (por ejemplo, hermanos gemelos) o falsos negativos (por ejemplo, si no se reconoce a una persona por tener nuevos rasgos originados con la edad)». Por esta razón se trata de un sistema que, en el ámbito de la Administración de Justicia, «no debería ser utilizado de forma autónoma, sino, en su caso, solo de modo complementario y dejando abierta la entrada de sistemas subsidiarios»[322]. Como ejemplo de este tipo de propuestas, encontramos la

---

320 Miguel BUENO BENEDÍ, *Videoconferencia y juicios telemáticos*, La Ley, 2023, pág. 250.

321 COUNCIL OF THE EUROPEAN UNION, GENERAL SECRETARIAT OF THE COUNCIL, *Guide on videoconferencing in cross-border proceedings*, European e-justice, Publications Office, 2013, pág. 11. Acceso: https://data.europa.eu/doi/10.2860/76243

322 Fernando ESTEBAN DE LA ROSA Y OTROS, *Justicia Digital, Guía para el diálogo sobre el diseño y uso eficiente, da calidad y ético de herramientas tecnológicas en la justicia civil*, Fundación COTEC, 2022, pág. 33.

puesta en marcha experimental de un sistema de verificación doble: documental y biométrico destinado a la realización de comparecencia *apud acta* en los Juzgados de Canarias (España)[323].

3. Garantía de los derechos de defensa a través de la regulación europea de coordinación para el empleo de la videoconferencia destinada a la obtención de pruebas en la cooperación judicial europea en materia civil

El Tribunal Europeo de Derechos Humanos ha sentado que se admite el uso de la videoconferencia en los actos del proceso cuando se cumplan dos requisitos: 1) que se persiga una finalidad legítima y 2) que se respecten los derechos de defensa[324]. Por su parte, según el REOP 2020, los procedimientos de obtención, conservación y presentación de pruebas deben garantizar el respeto de los derechos de defensa (Consideración 30), los derechos procesales (considerando número 31) y el derecho a la privacidad, confidencialidad y la protección de datos (considerando número 32). Además, el artículo 32 del Reglamento 2020/1784 de notificaciones[325] confirma la protección de los principios de igualdad de acceso a la justicia.

El principio de no discriminación es un principio fundamental de la Unión Europea y es la condición previa necesaria para la realización del espacio de libertad, seguridad y justicia, que configura el art. 67 del TFUE[326], del que la cooperación transfronteriza en materia de investigación es una manifestación directa. Además, el acceso a la justicia civil está garantizado por el artículo 47 de la Carta de los Derechos Fundamentales de la Unión Europea (CDFUE)[327], así como el artículo 6, apartado 1, del Convenio Europeo de Derechos Humanos (CEDH)[328]y[329]. De ambos preceptos, se obtienen los elemen-

323 Véase: http://www.gobiernodecanarias.org/platino/servicios/SFB/

324 *Marcello Viola v Italia*, 2006, ECHR 5 October 2006, 72.

325 Reglamento (UE) 2020/1784 del Parlamento Europeo y del Consejo, de 25 de noviembre de 2020, relativo a la notificación y al traslado en los Estados miembros de documentos judiciales y extrajudiciales en materia civil o mercantil (notificación y traslado de documentos), DO I 405/40.

326 Tratado de Funcionamiento de la Unión Europea de 25 de marzo de 1957, 2010, DO C 83/47.

327 Carta de los Derechos Fundamentales de la Unión Europea de 18 de diciembre de 2000, DO C 364/1.

328 Convenio para la Protección de los Derechos Humanos y de las Libertades Fundamentales de 4 de noviembre de 1950.

329 Véase en https://www.coe.int/en/web/human-rights-convention.

tos mínimos e indispensables para un ejercicio adecuado de la jurisdicción, basado en la concepción de un *juicio justo*.

En la concepción de juicio justo se encuentra el *derecho de defensa*. Como ha advertido Picó i Junoy, este derecho «asegura a las partes la posibilidad de sostener argumentalmente sus respectivas pretensiones y rebatir los fundamentos que la parte contraria haya podido formular en apoyo de las suyas, pero sin que sea necesario que *de facto* tenga lugar una efectiva controversia argumental entre los litigantes, que, por unas u otras razones, puede no producirse»[330]. Una videoconferencia que, debido a sus limitaciones técnicas, restrinja cualquiera de estas facultades, conculcará el citado derecho.

La política de la Unión comporta que la división de la UE en Estados distintos no puede perjudicar el ejercicio de los derechos de los particulares ante las autoridades judiciales. Además, las normas de Derecho internacional privado de los Estados miembros suelen vincular la cooperación judicial internacional con el derecho a la tutela efectiva. Para Font i Segura, dicho vínculo se materializa «estableciendo en este contexto una clara aproximación orientada a la protección» y respeto de «los derechos e intereses legítimos de los particulares»[331]. Asimismo, Picó i Junoy destaca que el auxilio probatorio se encuadra dentro del derecho a la prueba, por cuanto constituye «aquel que poseen las partes, consistente en la utilización de los medios probatorios necesarios para formar la convicción del órgano jurisdiccional acerca de lo discutido en el proceso, por lo que todas las pruebas pertinentes solicitadas cumpliéndose los requisitos legales deben ser admitidas y practicadas»[332]. Sustentada en dicho fundamento, según DE Blas Javaloyas y García Mireop, la práctica audiovisual conlleva ventajas cuando se aplica a la cooperación jurisdiccional internacional, pues «reduce sustancialmente la necesidad de realizar costosos desplazamientos y facilita el desarrollo de los procedimientos»[333].

Por otra parte, Ramírez Benavente ha advertido que «el derecho de los ciudadanos a obtener la tutela de los tribunales cobra una especial singularidad cuando el conflicto presenta una dimensión internacional en la medida en que su garantía podría verse limitada; por esta razón, a nivel europeo se

---

330 Joan Picó i Junoy, «Derecho a la defensa», en *Las garantías constitucionales del proceso*, obra colectiva, in Joan Picó I Junoy (eds), Boch, Barcelona, 2012, pág. 121.

331 Albert Font i Segura, «Artículo 3. Principio General favorable de cooperación, en *Comentarios a la Ley de Cooperación Jurídica Internacional en materia civil»*, obra colectiva, Fernando Pedro Méndez González y Guillermo Palao Moreno (eds.), Tirant Lo Blanch, Valencia, 2017, pág. 77.

332 Joan Picó i Junoy, *Las garantías constitucionales del proceso,* Bosch, 2.ª ed., Barcelona, 2012, pág. 177.

333 José Ramón de Blas Javaloyas y Carmen María García Mireop, «El futuro de la cooperación judicial civil en la Unión Europea. Una perspectiva», en *Actualidad Civil 1*, 2022.

refuerza este derecho fundamental»[334]. Quizás por dicho motivo, ha adquirido especial relevancia el papel otorgado al uso audiovisual telemático con la finalidad de la obtención de pruebas personales en el ámbito de la cooperación jurisdiccional internacional y, muy concretamente, en el ámbito de la Unión Europea. Como muestra, el REOP 2020 contempla su utilización para salvar las barreras espaciales que traspasan las fronteras. Según indica el propio Reglamento, actualmente «no se aprovecha todo el potencial de la tecnología de comunicaciones moderna, por ejemplo, la videoconferencia, que constituye un medio importante para simplificar y acelerar la obtención de pruebas».

El régimen de la cooperación judicial europea en materia civil del empleo de la videoconferencia para la obtención de pruebas no persigue la creación de un régimen procesal europeo común completo, sino que desea conseguir una coordinación con objeto de hacer posible que se lleven a cabo las videoconferencias probatorias en la que seguirán siendo de aplicación, respecto de cuestiones variadas, los sistemas procesales de los Estados miembros. Por eso, la regulación del particular régimen de ejecución de las pruebas a través de videoconferencia no es plenamente coincidente. Es así porque el criterio general para la obtención de pruebas mediante videoconferencia es de aplicación la normativa procesal nacional del órgano jurisdiccional responsable de conducirla. A estas normativas nacionales les corresponde decidir sobre cuestiones como la exigencia de presencia judicial durante la práctica probatoria virtual, el nivel más o menos explícito de requerimientos especiales de formato y calidad de la retransmisión, o la necesaria posibilidad de comunicación bilateral durante su trascurso. También cabe diversidad de alcance regulatorio en cuanto al propio tratamiento nacional del reconocimiento del derecho de defensa y su incidencia durante estas prácticas a distancia. Este derecho supone que las partes, o sus representantes, puedan presenciar e intervenir en la práctica remota en defensa de sus respectivos intereses en el litigio. En este sentido, la coordinación del REOP 2020, en su consideración 18, supone facilitar el efectivo ejercicio del derecho de defensa, al determinar que las partes deben poder estar presentes durante la obtención de pruebas si así lo prevé el Derecho del Estado miembro del órgano jurisdiccional requirente, para poder seguir los procedimientos de manera comparable al supuesto en que la prueba se hubiera obtenido en el Estado miembro del órgano jurisdiccional requirente. Ahora bien, debe corresponder al órgano jurisdiccional requerido determinar, de conformidad con su Derecho nacional, las condiciones en las que puedan participar.

334 María Dolores Ramírez Benavente, «La obtención de prueba en la unión europea: evolución y análisis del Reglamento (UE) 2020/1783 relativo a la cooperación entre los órganos jurisdiccionales de los estados miembros en el ámbito de la obtención de pruebas en materia civil o mercantil», en *Revista General de Derecho Europeo 1*, 2021.

4. Exigencias tecnológicas dimanantes de la protección de las garantías y los derechos

La falta de homogeneidad de las regulaciones procesales nacionales debe traducirse en la necesidad de que la equiparación tecnológica utilizada sea apta para cumplir con todas las exigencias que puedan concurrir. Hay que contar con los equipos necesarios para que la videoconferencia probatoria se desarrolle de forma acorde a todos los requisitos procesales nacionales. A falta de ellas, y en aras de que no queden conculcados derechos procesales, será mejor que el empleo de la videoconferencia sea descartado.

Cuando se lleva a cabo una videoconferencia con fines probatorios resulta imprescindible demandar una calidad tecnológica extrema, unos requerimientos de interfaz seguros, un sistema sólido de identificación de interlocutores remotos y de medios de control de la falta de contaminación de la deposición, una configuración visual y organizativa de la presentación que evoque del modo más fidedigno los aspectos aparentes y formales de las audiencias en el régimen de presencia física. Sólo de este modo, podrá hablarse de auténtica presencia; a partir de ahí, el grado de protección de las garantías procesales dejará de someterse a la deriva de las limitaciones técnicas y estará sólo en manos del tribunal responsable, tal y como sucede en las vistas de presencia física. Por nuestra parte, mantenemos la necesidad de que se requiera una tecnología con funcionalidades mejoradas respecto a la tecnología convencional de la videoconferencia.

Para que el empleo de la videoconferencia destinada a la obtención de pruebas en la cooperación judicial europea tenga lugar de forma satisfactoria la tecnología utilizada, a nuestro juicio y según un estudio que hemos efectuado, debe: dar soporte a la vez a alta calidad de la imagen y el sonido, que deben ofrecerse sincronizados y sin desfase y con conexión continua y sin interrupciones; permitir la fácil identificación en la imagen por escrito de las personas intervinientes y la calidad con la que intervienen; permitir la comunicación bilateral y simultánea garantizando la continuidad, sin interrupciones, del canal audiovisual; hacer posible la interacción visual, auditiva y verbal entre dos personas o grupos de personas; dar oportunidad para cuestionar o contradecir a las partes y oportunidad de ejercer su respectivo derecho de defensa; conseguir que durante el flujo de la señal queden preservados los derechos a la intimidad, dignidad y protección de datos; y hacer posible la grabación completa del acto como forma de documentarlo. Además, la persona interrogada de forma remota debe prestar declaración de manera que su intervención se encuentre sujeta a control judicial y con apariencia de formalidad, como puede ser desde una Sala de un órgano judicial competente o en un punto de acceso seguro que cuente con idénticas precauciones y símbolos jurisdiccionales[335].

335 María José Fernández-Fígares Morales, *Audiencias Telemáticas en la Justicia. Presente y futuro, Op. Cit.,* pág. 136.

Este es un régimen deseable. Algunas legislaciones procesales autorizan al tribunal a que dé luz verde a que la intervención probatoria se realice «desde cualquier lugar». Es el caso de España, donde así lo permite la reciente introducción del artículo 137 bis.3 LEC[336]; solo precisa del preceptivo acuerdo del órgano judicial en tal sentido que deberá atender a las circunstancias concurrentes, con el único requerimiento de que se disponga de los medios que permitan asegurar la identidad del interviniente conforme a lo que se determine reglamentariamente. Paralelamente, el punto II, párr. 18 de la Exposición de Motivos del RDL 6/2023 dispone que las conexiones podrán efectuarse desde lugares y puntos seguros, para los cuales despliega un considerable número de cautelas. Debería haberse aprovechado para determinar la obligatoriedad de conexión desde esos lugares y puntos y tan sólo permitir cualquier lugar en casos muy excepcional y tasados. De ello nos hemos ocupado en el capítulo precedente. Como comentario a dicha alternativa de conexión desde cualquier lugar, debe deparase que en el caso de la utilización de un dispositivo casero, existe gran incertidumbre acerca de la calidad general de la conexión, pero, sobre todo, del efectivo dominio o control sobre la indemnidad de la prueba por parte del órgano jurisdiccional pues pueden presentarse prácticas desleales por parte del interrogado; por ejemplo, aquellas consistentes en recibir instrucciones o dictados síncronos por parte de un tercero sobre las respuestas que debe ofrecer la persona interrogada durante su declaración[337].

Además, resulta recomendable la instalación en el lugar de recepción de la declaración de una cámara panorámica o móvil que capte la amplitud de campo y no permita puntos ciegos, todo ello con el fin de asegurar que el juzgador tenga en todo momento control técnico sobre el desempeño del acto, de manera que cuente con el mando efectivo. La *Guía sobre videoconferencias en procedimientos transfronterizos del Consejo de la Unión Europea* de 2013, define cómo ha de perfilarse la imagen, que será del siguiente modo: «En las videoconferencias transfronterizas, se espera que la pantalla pueda emplearse para tres planos distintos»[338] y, en cualquier caso, en línea con García Sanz y González Guimaraes-Da Silva, «el juez tiene que tener capacidad técnica para dirigir el desarrollo del acto»[339].

---

336 Véase Artículo 137 bis.3 de la Ley 1/2000, de 7 de enero, de Enjuiciamiento Civil, en su versión dada por Real Decreto-ley 6/2023, de 19 de diciembre, por el que se aprueban medidas urgentes para la ejecución del Plan de Recuperación, Transformación y Resiliencia en materia de servicio público de justicia, función pública, régimen local y mecenazgo.

337 María José Fernández-Fígares Morales, *Audiencias Telemáticas en la Justicia. Presente y futuro, Op. Cit.,* pág.63.

338 Council of the European Union, General Secretariat of the Council, *Guide on videoconferencing in cross-border proceedings*, *Op. Cit.*, pág. 18.

339 Javier García Sanz y Javier González Guimaraes-Da Silva, «Las "vistas telemáticas" en el proceso civil español: visión comparada, regulación y cuestiones prácticas que suscita su celebración», en Diario La Ley, 2020, pág. 16.

Los requisitos técnicos mencionados tienen por intención especial garantizar al juez la apreciación directa sobre la prueba. Este control judicial directo facilita, que puedan cuidarse los mismos principios, las mismas garantías y los mismos derechos procesales que los ideados para conservarse en un entorno oral de presencia física. En este sentido, la Comisión Europea advierte que el uso de la videoconferencia no debe vulnerar el derecho a un juez imparcial ni los derechos de defensa, incluido el derecho a asistir al juicio, a comunicarse de forma confidencial con el abogado, a interrogar a los testigos y a impugnar pruebas[340]. Además, cuando el control del acto lo asume el órgano requirente, el competente para decidir el caso, la apreciación directa a través del canal virtual optimiza el cumplimiento de las exigencias que derivan del principio de inmediación. Desde cierta doctrina, LARO GONZÁLEZ entre otras, se afirma que la realización telemática completa —el acto de juicio entero— «podría comprometer los derechos y garantías afectados, que solo deberían sacrificarse de forma excepcional y cuando resulte materialmente imposible la presencia física del declarante»[341]. Dichos recelos hacia la videoconferencia pierden sentido en el ámbito de la cooperación judicial probatoria porque se trata de actos probatorios concretos donde esta licencia legal, precisamente, permite sustituir la falta de inmediación correspondiente al sistema de auxilio judicial tradicional por el acercamiento de la fuente de prueba a la persona juzgadora inherente a la utilización de videoconferencia para la extensión fuera de su territorio competencial. Por eso, algunos ordenamientos, como el caso de España, optan por admitir abiertamente el empleo de la videoconferencia cuando se trate de actuaciones probatorias en las que deban declarar personas situadas fuera de la demarcación territorial del tribunal —ya sea nacional o trasnacional—, de manera que se ordena este medio como preferente frente al auxilio judicial tradicional; este último queda relegado a medio residual, dada su deficiencia de inmediación[342].

---

340 Comunicación de la Comisión al Parlamento Europeo, al Consejo, al Comité Económico y Social Europeo y al Comité de las Regiones, «La digitalización de la justicia en la Unión Europea. Una caja de herramientas llena de oportunidades», COM (2020) 710 final.

341 María Elena LARO GONZÁLEZ, «Una justicia eficiente y digital para una administración de justicia obsoleta», *Digitalización de la Justicia: Prevención, investigación y enjuiciamiento,* obra colectiva, in Mercedes LLORENTE SÁNCHEZ-ARJONA and Sonia CALAZA LÓPEZ (dirs.), Thomson Reuters Aranzadi, Cizur Menor (Navarra), 2022, pág. 322.

342 Véase art. 129 y 177 de la Ley 1/2000, de 7 de enero, de Enjuiciamiento Civil, en su versión dada por Real Decreto-ley 6/2023, de 19 de diciembre, por el que se aprueban medidas urgentes para la ejecución del Plan de Recuperación, Transformación y Resiliencia en materia de servicio público de justicia, función pública, régimen local y mecenazgo.

5. Alcance del modelo descentralizado europeo para la transmisión de solicitudes de práctica de prueba en el ámbito de la cooperación judicial europea en materia civil

El REOP 2001, en su artículo 2, determinó que la solicitud por parte del órgano requirente de la práctica de diligencias de obtención de pruebas —donde se incluyen aquellas que pretendan practicarse mediante videoconferencia— por parte del órgano jurisdiccional competente de otro Estado miembro –órgano requerido– se transmitiría directamente, pero solo contemplaba, en su artículo 6, un mero mandato general referido a que «se transmitirán por la vía más rápida, que haya sido aceptada por el Estado miembro requerido».

Por su parte, el REOP 2020 conserva el requerimiento de la transmisión directa de solicitudes de su antecesor de 2001 —y, para tal fin, se elaborará una lista de órganos y su respectiva competencia (artículo 3)—, pero avanza con un gran paso: la verdadera innovación introducida por el último REOP 2020 es el mandato de la puesta en práctica, en el contexto de la ayuda judicial internacional, de un sistema informático descentralizado vinculado al respeto de garantías. Así, las solicitudes y las comunicaciones referidas se transmitirán a través de un sistema informático descentralizado seguro y fiable, que ha de respetar plena y debidamente los derechos y libertades fundamentales. Dicho sistema informático descentralizado fue concebido como una solución interoperable, e-CODEX (artículo 7 REOP 2020).

Como necesario complemento del REOP 2020 fue aprobado el Reglamento (UE) 2022/850 de 30 de mayo de 2022[343], que regula, precisamente, un sistema informatizado para el intercambio electrónico transfronterizo de datos en el ámbito de la cooperación judicial en materia civil y penal (sistema e-CODEX). Este Reglamento implica la estampación definitiva del sello comunitario en el sistema e-CODEX. Pero hay que advertir que Dinamarca no participa en dicho Reglamento y no queda vinculada por este ni sujeta a su aplicación (48). La renegación de este país supone un efecto desfavorable respecto a la pretendida unidad europea, hasta el punto de haber sido configurada una Europa a «dos velocidades», dado el diferente avance en equiparación que conlleva en asistencia judicial entre los países miembros de la UE.

De este modo, advierte CONTINI Y LANZARA que *e- Justice Communication via Online Data Exchange* (e-CODEX) constituye una especie de constelación de puntos de acceso situados en los Estados miembros, que se interconectan entre sí mediante protocolos electrónicos unificados y formularios digitales

343 Reglamento (UE) 2022/850 del Parlamento Europeo y del Consejo, de 30 de mayo de 2022, relativo a un sistema informatizado para el intercambio electrónico transfronterizo de datos en el ámbito de la cooperación judicial en materia civil y penal (sistema e-CODEX) y por el que se modifica el Reglamento (UE) 2018/1726, OJ L 150.

normalizados. Idealmente, e-CODEX no implica costosas modificaciones o la sustitución de los actuales sistemas nacionales de información *back-end*[344]. Es, por tanto, una medida de gran calado, pues representa una metodología que va a agilizar enormemente la tramitación de dichas solicitudes, lo que revertirá en la mejor observanza del principio de economía procesal y el principio de eficiencia. Plantea una solución a los obstáculos interpuestos en las conexiones y su interoperabilidad.

Ha de considerarse que, aunque el REOP 2020 entró en vigor a partir del 1 de julio de 2022 (art. 35), sin embargo, las disposiciones relativas al establecimiento de un sistema informático descentralizado de comunicación de datos entre órganos serán de aplicación a partir de una fecha más avanzada. Así, según su artículo 35.3, las reglas sobre «transmisión de las solicitudes y de otras comunicaciones»—se aplicarán «a partir del primer día del mes siguiente al período de tres años después de la fecha de entrada en vigor de los actos de ejecución a que se refiere el artículo 25»—. Este último precepto señala que dichos actos se adoptarán el 23 de marzo de 2022, por tanto, la fecha resultante de vigencia es el día 1 de abril de 2025. Y ello, a pesar de que la página oficial de la Unión Europea informa de que la fecha de aplicación en este asunto será el 1 de mayo de 2025, porque dicha información no se corresponde exactamente con el criterio fijado por el Reglamento[345]. Mientras tanto, como determina el art. 34.1 el REOP 2020, se establece una *vacatio legis* durante la cual seguirán aplicándose los medios tradicionales de envío de solicitudes y demás comunicaciones, que son los previstos en el anterior artículo 6 del precedente Reglamento (CE) n.º 1206/2001.

Por otra parte, es destacable que, respecto al programa informático de referencia que prevé el REOP 2020, este determina que los Estados miembros han de poder utilizar este en lugar de un sistema informático nacional —según establece su Consideración (9) y el artículo 27—, pero la misma no menciona especialmente que este programa —denominado de fondo o *Back end*— englobe particularmente el recurso técnico imprescindible para la realización de vistas telemáticas. Es más, por la dicción de la citada consideración, parece referirse genéricamente a la interoperabilidad en los «intercambios de información». De hecho, la obtención directa de pruebas personales por parte del órgano judicial requirente mediante videoconferencia está condicionada a que dicha tecnología esté disponible por parte del órgano jurisdiccional requerido y que este estime adecuada la utilización de dicha tecnología, habida cuenta de las circunstancias específicas del caso y el correcto desarrollo del procedimiento; incluso el órgano requerido puede requerir determinadas condiciones necesarias y, al contrario, denegar la

344 Francesco Contini y Giovani Francesco Lanzara, *Building interoperability for european civil proceedings online*, CLUEB, 2013, pág. 107.

345 Véase https://e-justice.europa.eu/38581/ES/taking_evidence_recast

obtención directa planteada si dicha obtención directa de pruebas es contraria a algún principio fundamental del Derecho de dicho Estado miembro —Consideración (21)—.

Dicha regulación nos lleva a concluir que, ante la posible existencia de trabas u obstáculos técnicos por parte de los órganos jurisdiccionales de los Estados miembros en cuanto a la tecnología audiovisual, ello podría provocar la cancelación del recabo, por ejemplo, de la prueba directa, lo que no sería buena noticia. Desde luego, la solución podría venir de la mano de la disposición de la plataforma común fuera debidamente dotada también para llevar a cabo las comunicaciones audiovisuales a distancia, a la que tuvieran acceso todos los órganos judiciales integrantes del ámbito subjetivo del REOP 2020.

6. El régimen de protección de datos en la obtención de pruebas mediante videoconferencia en la cooperación judicial europea en materia civil

El programa informático de referencia creado por el REOP 2020 ha de adecuarse a los requisitos y principios en materia de protección de datos de conformidad con el Derecho de la Unión y el nacional (consideración 9). Además, dicho reglamento destaca que es esencial disponer de medios eficaces para obtener, conservar y presentar pruebas y tener debidamente en cuenta los derechos de defensa y la necesidad de proteger la información confidencial (consideración 32). En este contexto, también se enfatiza la importancia de fomentar el uso de las tecnologías modernas. Determina, también, la trascendencia de velar porque dicho Reglamento se aplique de acuerdo con la legislación de la Unión relativa a la protección de datos y porque respete la vida privada, tal como se establece en la Carta de los Derechos Fundamentales de la Unión Europea. También es importante garantizar que todo tratamiento de datos personales en el marco del Reglamento referido se lleve a cabo de conformidad con la Directiva 2002/58/CE del Parlamento Europeo y del Consejo[346].

Se añade que el REOP 2020 exige a las autoridades competentes, como responsables del tratamiento de datos, con arreglo al artículo 30.2, que supriman los datos personales recogidos que no sean adecuados, pertinentes y limitados a lo necesario en relación con los fines para los que son tratados. Los datos personales deben ser objeto de tratamiento en el marco del citado Reglamento de 2020 únicamente para los objetivos específicos establecidos en él.

346 Directiva 2002/58/CE del Parlamento Europeo y del Consejo, de 12 de julio de 2002, relativa al tratamiento de los datos personales y a la protección de la intimidad en el sector de las comunicaciones electrónicas (Directiva sobre la privacidad y las comunicaciones electrónicas), DO L 201/37.

En todo caso, en cuanto al manejo de los datos, debemos acudir a las *Directrices del Supervisor Europeo de Protección de Datos 3/2019*[347], donde establece los siguientes criterios: a) habrán de recabarse únicamente los datos necesarios para la identificación y durante el tiempo mínimo para esta; b) deberá impedirse el uso posterior de dichos datos para usos secundarios no compatibles, y establecer medidas de garantía a estos efectos; c) los datos deberán procesarse y, en su caso, conservarse en un entorno digital seguro, que garantice la integridad, confidencialidad y disponibilidad de los datos; y d) los datos en bruto (por ejemplo, imágenes) y aquellos cuya conservación no esté justificada deberán borrarse a la mayor brevedad. Todo ello, responde a la atención al denominado principio de minimización que rige la protección de datos[348].

En cuanto a la preservación de la confidencialidad de los datos, deberían adoptarse las siguientes medidas: a) el acceso a los archivos judiciales —que incluye el acceso a la grabación de las vistas telemáticas— debe ir asociado a medidas de seguridad activas de alto nivel; b) el acceso debe quedar habilitado exclusivamente para las partes legitimadas o los profesionales que los representen o asistan; c) la configuración adecuada del acceso al EJE requiere establecer niveles de permiso para el acceso concretando si este tiene lugar como parte interesada, como interesado con interés legítimo, como abogado o como procurador, juez o personal de la Administración de Justicia. El sistema tecnológico debe establecer vías de acceso diferentes para cada sujeto discriminando los documentos a los que puede acceder, identificando a los usuarios y el tipo de información que manejan y a la que tienen acceso; d) a la vista del alcance del acceso, el permiso debería ser otorgado por el juez; f) el acceso debe tener lugar haciendo necesaria la autenticación web electrónica del usuario; g) para los supuestos de imposibilidad de utilizar algún sistema de autenticación debe existir algún procedimiento alternativo, como la solicitud de copia del expediente; h) los criterios de acceso y autenticación deben ser publicados adecuadamente y de manera comprensible; i) cuando los usuarios accedan a información sobre los archivos judiciales es necesario que se les informe de la necesidad de guardar confidencialidad sobre la información proporcionada que se refiera a otras personas; j) se debe informar al usuario de que se está produciendo el acceso a datos protegidos respecto de los cuales existe obligación de guardar confidencialidad. Debería establecerse un diseño web que obligue a marcar como leída esta información en el momento de acceder; y k) se recomienda la utilización de marcas de agua,

347 The European Data Protection Board, *Guidelines 3/2019 on processing of personal data through video devices*, The European Data Protection Board, 2020, pág.15.

348 The European Data Protection Board and the European Data Protection Supervisor, *Joint Opinion 5/2021 on the proposal for a Regulation of the European Parliament and of the Council laying down harmonised rules on artificial intelligence (Artificial Intelligence Act)*, The European Data Protection Board and the European Data Protection Supervisor, 2021.

sistemas anticopia o versiones personalizadas de documentos para permitir detectar a la persona autora de la difusión de forma no autorizada[349].

En lo referente a la seguridad de los datos, es conveniente que cuando el sistema de videollamadas esté externalizado, se tomen las medidas de protección oportunas en los contratos de suministro, así como implementar medidas que impidan la fuga de datos personales fuera del entorno digital seguro de la conexión telemática o la comunicación electrónica concreta. También conviene incorporar advertencias suficientemente visibles, dirigidas a las partes que acceden al entorno de la conexión telemática o la comunicación electrónica, de no compartir o transmitir a terceros ajenos al litigio la información personal a la que acceden. Esta medida puede reforzarse, en coherencia con el diseño *privacy by design*, si se exige que cada interesado cliqué haber leído y comprendido la advertencia mencionada[350].

---

349 Fernando Esteban de la Rosa y otros, *Justicia Digital, Guía para el diálogo sobre el diseño y uso eficiente, da calidad y ético de herramientas tecnológicas en la justicia civil*, *Op. Cit.*, pág. 36.

350 *Ibid*, pág. 73.

BIBLIOGRAFÍA

AA. VV., *Guía de buenas prácticas para la toma de declaración de víctimas de violencia de género*, Consejo General del Poder Judicial (España). Grupo de Expertos en Violencia Doméstica y de Género, 2019.

AA. VV., *Guía para la celebración de actuaciones judiciales telemáticas* 25-05-2020, aprobada por la Comisión Permanente del CGPJ el 27-05-2020.

AA. VV., *Memento Procesal*, Alfonso MELÓN MUÑOZ (dir.), Ediciones Francis Lefebvre, Madrid, 2020.

ABEL LLUCH, XAVIER, *Derecho Probatorio*, Bosch, Vallirana (Barcelona).

ABELLÁN TOLOSA, LUIS, «Arbitraje de consumo: balance y retos del siglo XXI», en *Arbitraje y Justicia en el siglo XXI,* obra colectiva, Silvia BARONA VILAR (dir.), Thomson-Civitas, Madrid, 2007.

AGUILAR ARGEÑAL, ÓSCAR, «La cámara Gesell», *Anuario de Justicia de Menores*, n.º 10, 2010.

AGUILERA MORALES, MERIEN, «La cooperación judicial civil en la Unión Europea: el llamado principio digital by default», en *Retos normativos del mercado único digital europeo,* obra colectiva, Luz M. MARTÍNEZ VELENCOSO, y Javier PLAZA PENADÉS, (Eds.), Tirant lo Blanch, Valencia, 2022.

ALCALÁ-ZAMORA Y CASTILLO, Niceto, «La teoría de las crisis del proceso, aplicada al proceso penal», *Revista de Derecho Procesal, núm. 3,* 1951.

ALISTE SANTOS, TOMÁS J., «Hacia un sistema de justicia digitalizado: problemas y desafíos», en *Digitalización de la Justica: prevención, investigación y enjuiciamiento*, obra colectiva, Mercedes LLORENTE SÁNCHEZ-ARJONA y Sonia CALAZA LÓPEZ (Dirs.), Arazadi, 2022.

ÁLVAREZ ALARCÓN, ARTURO, *El sistema español de arbitraje de consumo*, Instituto Nacional de Consumo, 1999.

Álvarez Sánchez De Movellán, Pedro, «Procedimiento arbitral en la Ley de arbitraje 60/2003 y supletoriedad en el arbitraje de consumo», en *Protección de los consumidores e inversores, arbitraje y proceso,* M. J. Ariza Colmenarejo, y C. Galán González (dirs.), Reus, Madrid, 2009.

Ariza Colmenarejo, María Jesús, «El deber o el derecho a las comunicaciones electrónicas en relación con el primer emplazamiento», en *Next Generation Justice: Digitalización e inteligencia artificial*, obra colectiva, Sonia Calaza López y Ixusko Ordeñana Gezuraga (dirs), La Ley, Madrid, 2024.

Asencio Mellado, José María, «La prueba», *Proceso Civil Práctico*, T. IV, La Ley, Madrid, 2010.

Bacigalupo Zapater, Enrique, «La noción de un proceso penal con todas las garantías», en *Derechos procesales fundamentales, Manuales de Formación Continuada de la Escuela Judicial*, CGPJ, Madrid, 2005.

Barona Vilar, Silvia, «Tribunales competentes para las funciones de apoyo y control del arbitraje», *Comentarios a la Ley de Arbitraje,* Silvia Barona Vilar (Coord.), Civitas, Madrid, 2004.

Barona Vilar, Silvia, *Nociones y Principios de las RAL. (Solución Extrajurisdiccional de Conflictos)*, Tirant Lo Blanch, Valencia, 2018.

Blackaby, Nigel, Partasides, Constantine, Redfern, Alan y **Hunter, Martin**, *Redfern and Hunter on International Arbitration*, 5.ª ed., Oxford University Press, 2009.

Bonet Navarro, José, *Litigación y teoría de la prueba*, Tecnos, Madrid, 2019.

Bueno Benedí, Miguel, *Videoconferencia y juicios telemáticos*, La Ley, 2023.

Bueno de la Mata, Federico, «Actos procesales mediante presencia telemática y eficiencia procesal», en *Next Generation Justice: Digitalización e inteligencia artificial*, obra colectiva, Sonia Calaza López y Ixusko Ordeñana Gezuraga (dirs), La Ley, Madrid, 2024.

Cabezudo Rodríguez, Nicolas «Principio de inmediación medios de prueba: el principio de inmediación como técnica demostrativa y como método de conocimiento judicial», en *Del Principio de Inmediación, sus excepciones, y los instrumentos tecnológicos*, Tirant Lo Blanch, Valencia, 2010.

Calaza López, Sonia, «Derecho procesal: concepto, fuentes y regulación», *Introducción al Derecho Procesal*, Tirant Lo Blanch, Valencia, 2020.

Calaza López, Sonia, «Extrajudicial &Judicial Tech», en *El impacto de la oportunidad sobre los principios procesales clásicos: Estudios y diálogos,* obra colectiva, Sonia Calaza López, José Carlos Muinelo y Mercedes de Prada Rodríguez (coords.), Iustel, 2021.

Calderon Cuadrado, M.ª Pía, «Arbitraje e insuficiencia económica sobrevenida», *Revista General de Derecho Procesal* 55, 2021.

Caro Catalán, José, *El aseguramiento de la prueba en el arbitraje*, *Revista Vasca de Derecho Procesal y Arbitraje,* 2020.

Carreras Llansana, Jorge, «Las fronteras del Juez», *Estudios de Derecho Procesal*, 1962.

Castro Durán, Emilio. «Cooperación Judicial Civil internacional: notificación y obtención de pruebas electrónicas», en *Cooperación Judicial Internacional a la luz de las nuevas tecnologías: riesgos, utilidades y protección de derechos fundamentales*, obra colectiva, Suarez Xavier, Paulo Ramón, y Vicario Pérez, Ana María (dirs), Colex, A Coruña, 2023.

Clark, Janet, *Evaluation of remote hearings during the Covid 19 pandemic,* en Research report, HM Courts&Tribunal Service, United Kingdom, 2021.

Comité Técnico Estatal de la Administración Judicial Electrónica, *Guía técnica de interoperabilidad y seguridad de requisitos de puntos de acceso seguro y lugares seguros,* Ministerio de la Presidencia, Justicia y Relaciones con las Costes, 2024.

Consejo General del Poder Judicial, «Los instrumentos de reconocimiento y ejecución de documentos judiciales y de auxilio judicial internacional en el orden civil a la luz de la Estadística Judicial 2021», *CGPJ, Boletín de Información Estadística 5*, 2022.

Consejo General del Poder Judicial, Informe Jurídico de 11 de junio de 2015.

Consejo General del Poder Judicial, *Judicial Statistics Statistics by Topic Key Indicators, 2020,* CGPJ

Contini, Francesco y **Lanzara, Giovani Francesco**, *Building interoperability Council of the European Union, General Secretariat of the Council, Guide on videoconferencing in cross-border proceedings,* European e-justice, Publications Office, 2013.

Council of The European Union, General Secretariat of The Council, *Guide on videoconferencing in cross-border proceedings,* European e-justice, Publications Office, 2013.

Cucarella Galiana, Luis, *El procedimiento arbitral*, ed. Cometa, 2004.

Cuenca García, Ángeles, «Los principios de transparencia, eficacia, equidad, libertad y legalidad en la directiva 2013/11/UE del parlamento europeo y del consejo de 21 de mayo de 2013, relativa a la resolución alternativa de litigios en materia de consumo, y su incidencia en el sistema de arbitraje de consumo español», en *Los nuevos instrumentos* *europeos en materia de conciliación, mediación y arbitraje de consumo. Su incidencia en España, Irlanda y el Reino Unido,* obra colectiva, G. Palao Moreno (edit.), Tirant Lo Blanch, Valencia, 2016.

Damián Moreno, Juan, *Introducción al Sistema Judicial Español. Organización Judicial. Proceso Civil*, Dykinson, 3.ª Edición, Madrid, 2013.

De Blas Javaloyas, José Ramón y **García Mireop, Carmen María**, «El futuro de la cooperación judicial civil en la Unión Europea. Una perspectiva», en *Actualidad Civil 1*, 2022.

Del Águila Martínez, Jesús, «La mediación de consumo», *Práctica de Tribunales*, n.º 128, 2017.

Delgado Martín, Joaquín, *Derecho Procesal Digital. Problemas derivados de la aplicación de tecnologías al proceso judicial,* La Ley, Madrid, 2024.

Diez Sastre, Silvia, *Informe sobre la Justicia Administrativa 2021*, Centro de Investigación sobre Justicia Administrativa de la Universidad Autónoma de Madrid CIJA-UAM, 2021.

Esteban de la Rosa, Fernando y otros, *Justicia Digital, Guía para el diálogo sobre el diseño y uso eficiente, da calidad y ético de herramientas tecnológicas en la justicia civil*, Fundación COTEC, 2022.

European Commission for the Efficiency of Justice Council of Europe, *European judicial systems Evaluation Report, Evaluation cycle (2020 data), Part 1, Tables, graphs and analyses*, CEPEJ, 2022.

European Commission for the Efficiency of Justice Council of Europe, *European judicial systems Evaluation Report, Evaluation cycle (2020 data), Part 2, Country profiles*, CEPEJ, 2022.

Fairén Guillén, Víctor, «Notas sobre el principio de concentración», en *Estudios de Derecho Procesal*, *Revista de Derecho Privado*, 1955.

Fernández Urzainqui, Francisco Javier, «Comentarios al artículo 287 LEC», *Comentarios a la nueva Ley de Enjuiciamiento Civil*, T. II, Fernández Ballesteros, Rifá-Soler y Valls Gombau (Coords.), Atelier, Barcelona, 2000.

Fernández-Fígares Morales, María José, «Alcance y referencias comparativas de la mediación hipotecaria sobre la vivienda en Andalucía», en *Los Contratos de crédito inmobiliario. Novedades Legislativas y problemas prácticos,* obra colectiva, K. J. Albiez Dohrmann y M. L. Moreno-Torres Herrera (dirs.), Thomson Reuters Aranzadi, 2017.

Fernández-Fígares Morales, María José, «El papel de las guías del Consejo General del Poder Judicial en el marco del principio de legalidad procesal», en obra colectiva, *Revisión del sistema de fuentes y su repercusión en el derecho procesal*, María Jesús Ariza Colmenarejo (dir.), Dykinson, Madrid, 2021.

Fernández-Fígares Morales, María José, «Los derechos y garantías procesales y lo métodos de resolución alternativa de litigios de consumo», en *Justicia Digital, Mercado y resolución de litigios de consumo. Innovación en el diseño del acceso a la justicia,* obra colectiva, Fernando Esteban de la Rosa (Dir), Thomson Reuters Aranzadi, 2021.

Fernández-Fígares Morales, María José, *Alcance y límites del interrogatorio de testigos en el proceso civil (con revisión de las tecnologías aplicadas)*, Dykinson, Madrid, 2022.

Fernández-Fígares Morales, María José, *Audiencias telemáticas en la Justicia. Presente y futuro*, Tirant Lo Blanch, 2021.

Font i Segura, Albert, «Artículo 3. Principio General favorable de cooperación, en *Comentarios a la Ley de Cooperación Jurídica Internacional en materia civil»*, obra colectiva, Fernando Pedro Méndez González y Guillermo Palao Moreno (eds), Tirant Lo Blanch, Valencia, 2017.

Fuentes Gómez, Julio Carlos, «La mediación en materia de consumo. Un comentario crítico a la nueva Ley 7/2017, de 2 de noviembre, relativa a la resolución alternativa de litigios en materia de consumo», *Diario La Ley*, n.º 9104, Sección Tribuna, 2017.

Fumagalli, Luigi, «Problemi vecchi e nuovi nella cooperazione per l'assunzione delle prove all'estero in materia civile: la rifusione della disciplina nell'Unione europea», *Rivista di diritto internazionale privato e processuale* 4, 2021.

Galič, Aleš, «Open issues concerning the non-mandatory character of the Cross-Border Taking of Evidence Regulation», *Era Forum 3,* 2017.

Garberí Llobregat, José y **Buitrón Ramírez, Guadalupe**, *La prueba civil,* Tirant lo Blanch, Valencia, 2003.

García De Pablos, Jesús Félix, «La resolución alternativa de litigios en materia de consumo», *Diario La Ley, n.º 9108, Sección Tribuna,* 2017.

García Sanz, Javier y **González Guimaraes-Da Silva, Javier**, «Las `vistas telemáticas` en el proceso civil español: visión comparada, regulación y cuestiones prácticas que suscita su celebración», en *Diario La Ley*, 2020.

Gimeno Sendra, Vicente Conde Pumpido, Cándido y **Garberí Llobregat, José**, *Los procesos penales*, Bosch, Barcelona, 2000.

Gómez Aguilera, Ángel Marcos, «La práctica de pruebas en materia civil y mercantil en la Unión Europea: el Reglamento (CE) 1206/2001», en *Revista de Derecho VLex*, 2020.

González Vaqué, Luis, «Modificación del régimen de la cooperación en materia de protección de los consumidores: el Reglamento (UE) 2017/2394 de 12 de diciembre de 2017», *La Ley Unión Europea*, n.º 57, 2018.

González-Montes Sánchez, José Luis, «Intervención judicial en el procedimiento arbitral de consumo», en *Mediación y arbitraje de consumo. Una perspectiva española, europea y comparada*, obra colectiva, Fernando Esteban de la Rosa y Guillermo Orozco Pardo (dirs.), Tirant lo Blanch, Valencia, 2010.

González-Montes Sánchez, José Luis, *La asistencia Judicial al arbitraje (Ley 600/2003, de 23 de diciembre)*, Reus, Madrid, 2009.

González-Montes Sánchez, José Luis, *La intervención de abogado y procurador en el proceso civil*, Tecnos, Madrid, 2005.

Guasp Delgado, Jaime, *Comentarios a la Ley de Enjuiciamiento Civil, I*, Aranzadi, 2011.

Herrera Petrus, Christian, «Reflexiones sobre el auxilio judicial al arbitraje internacional en materia de prueba», *Arbitraje comercial: Nuevas tendencias y oportunidades,* obra colectiva, Christian Herrera Petrus y Miquel Montañá Mora (Coord.), Bosh, 2024.

Hinojosa Segovia, Rafael «La Judicialización del Arbitraje», *La Ley Mediación y Arbitraje*, n.º 12, Sección Doctrina, 2022.

Hirsch, Günter, «Oralidad e Inmediación del proceso. Tensión entre los parámetros constitucionales y los parámetros de la Economía Procesal en el procedimiento judicial», *Biblioteca Jurídica Virtual del Instituto de Investigaciones Jurídicas de la UNAM*, 202.

Jiménez Asenjo, Enrique, «Economía Procesal», en *NEJ Seix* (Nueva Enciclopedia Jurídica Seix), T. VII.

Jiménez Asensio, Rafael, *Imparcialidad, judicial y derecho al juez imparcial*, Colex, Madrid, 2002.

Jimenez Conde, Fernando, «Interrogatorio de testigos en el proceso civil», en *La aplicación práctica de la Ley de Enjuiciamiento Civil de 2000*, Gómez Colomer, Juan Luis (Dir.), Tirant Lo Blanch, Valencia, 2002.

Jordá Capitán, Eva, «La resolución alternativa de conflictos en materia de consumo en los trabajos de transposición al derecho interno español», *Ley Mercantil*, n.º 19, Sección Contratación mercantil, comercio electrónico y TICs, 2015.

Jueces de Primera Instancia de Barcelona, Criterios orientadores de 8 de mayo de 2024 con motivo del Real Decreto-Ley 6/2023, de 19 de diciembre, por el que se aprueban medidas urgentes para la ejecución del plan de recuperación, transformación y resiliencia en materia de servicio público de justicia, función pública, régimen local y mecenazgo.

Lapiedra Alcamí, Rosa. «Intervención judicial en el arbitraje y tutela cautelar», *Mediación, arbitraje y jurisdicción en el actual paradigma de la justicia,* obra colectiva, Silvia Barona Vilar (Coord.), Civitas, Madrid, 2016.

Laro Gonzalez, Elena, «Una justicia eficiente y digital para una administración de justicia obsoleta», en *Digitalización de la Justica: prevención, investigación y enjuiciamiento*, obra colectiva, Mercedes Llorente Sánchez-Arjona y Sonia Calaza López (Dirs.), Aranzadi, 2022.

López Barja De Quiroga, Jacobo, «El derecho procesal como límite al Estado», *Tratado de Derecho procesal penal*, Ed. Aranzadi, 4.ª edición, Pamplona. 2010.

López Fragoso, Tomás, «Comentario al art. 33 LA», AA. VV., *Comentarios a la Ley 60/2003 de 23 de diciembre de arbitraje*, obra colectiva, José Garberí Llobregat (dir.), Bosh, Barcelona, Tomo I, 2004.

Lorca Navarrete, Antonio María, *Derecho de Arbitraje interno e internacional*, Tecnos, Madrid, 1989.

Lozano Eiroa, Marta, «Identificación de los intervinientes en la celebración telemática de los actos procesales», en *Next Generation Justice: Digitalización e inteligencia artificial*, obra colectiva, Sonia Calaza López y Ixusko Ordeñana Gezuraga (dirs), La Ley, Madrid, 2024.

Luances Gutierrez, Ana Isabel, «La práctica de actuaciones judiciales por videoconferencia en el Real Decreto 6/2023: especial referencia a los "lugares seguros" y "puntos de acceso seguro"», en *Next Generation Justice: Digitalización e inteligencia artificial*, obra colectiva, Sonia Calaza López y Ixusko Ordeñana Gezuraga (dirs), La Ley, Madrid, 2024.

Maluquer de Motes Bernet, Jordi, «Comentario al artículo 31», en *Ley General para la defensa de los consumidores y usuarios. Comentarios y jurisprudencia de la ley veinte años después*, obra colectiva, E. Llamas Pombo (coord.), La Ley Actualidad, Madrid, 2005.

Marcos Francisco, Diana, «Especialidades en la formulación del objeto del proceso arbitral de consumo: la pretensión, la reconvención y la modificación de las pretensiones», *Revista General de Derecho Procesal*, núm. 21, 2010.

Marcos Francisco, Diana, «Principales cambios del nuevo proyecto de real decreto regulador del sistema arbitral de consumo: ¿hacia un arbitraje de consumo más eficaz?», *Revista General de Derecho Administrativo* 66, 2024.

Marcos Francisco, Diana, *El arbitraje de consumo y sus nuevos retos*, Tirant Lo Blanch, Valencia, 2010.

Martín González, Marina, «La completa digitalización de las comunicaciones judiciales por el Real Decreto-Ley 6/2023, de 19 de diciembre», en *Next Generation Justice: Digitalización e inteligencia artificial*, obra colectiva, Sonia Calaza López y Ixusko Ordeñana Gezuraga (dirs), La Ley, Madrid, 2024.

Martínez Gayoso, M.ª Nieves, «Comentario a la STC 1/2018 sobre arbitraje obligatorio en el seguro de asistencia jurídica», *Revista General de Derecho del Trabajo y de la Seguridad Social* 49, 2018.

Matheus López, Carlos Alberto, «Fundamentos, contenido y análisis comparado de la independencia e imparcialidad del árbitro en el arbitraje internacional», *Revista Vasca de Derecho Procesal y Arbitraje*, Sección Doctrinal, Tomo XXX, n.º 2, 2018.

Merino Merchán, José Fernando, «Cuestiones de relevancia constitucional, parlamentaria y judicial en la nueva LA (Ley 60/2003, de 23 de diciembre)», *Revista Parlamentaria de la Asamblea de Madrid*, n.º 10, 10 junio 2004.

Mira Ros, María Corazón, «Sistemas electrónicos de comunicación procesal: nuevo régimen introducido en la LEC por el Real Decreto-Ley 6/2023, de 19 de diciembre», en *Next Generation Justice: Digitalización e inteligencia artificial*, obra colectiva, Sonia Calaza López y Ixusko Ordeñana Gezuraga (dirs), La Ley, Madrid, 2024.

Montesinos García, Ana, «La prueba en el arbitraje (las nuevas pruebas electrónicas)», *Revista General de Derecho Procesal,* núm. 13, 2007.

Moreno Catena, Víctor y **Cortes Domínguez, Valentín**, *Introducción al Derecho Procesal*, Tirant Lo Blanch, Valencia, 2024.

Munné Catalina, Frederic, «Las pruebas personales en el arbitraje», *en La prueba a debate. Diálogos hispano-cubanos*, obra colectiva, Joan Picó i Junoy y Carlos de Miranda Vázquez (dirs). Bosh, 2021.

Nieva Fenoll, Jordi, «Contra el elitismo y la posmodernidad en el arbitraje», en *Revista General de Derecho Procesal n.º* 62, 2024.

Nieva Fenoll, Jordi, *Derecho Procesal I. Introducción*, Tirant Lo Blanch, Valencia, 2019.

NIEVA FENOLL, JORDI, *Derecho Procesal II, proceso civil*, Marcial Pons, Madrid, 2015.

NIEVA FERROL, JORDI, *Derecho Procesal I (Introducción)*, Marcial Pons, Madrid, 2014.

NIEVA-FENOLL, JORDI, «Contra el elitismo y la posmodernidad en el arbitraje», *Revista General de Derecho Procesal* 62, 2024.

ORDOÑO ARTÉS, CARMEN, «Asistencia judicial para la práctica de la prueba en la Ley de Arbitraje», *Estudios sobre arbitraje: los temas claves*, José Luis GONZÁLEZ MONTES (Coord.), La Ley, 2008.

OROZCO PARDO, GUILLERMO y **PÉREZ-SERRABONA GONZALEZ, JOSÉ LUIS**, «El arbitraje de consumo», en *Estudios sobre el arbitraje: los temas clave*, obra colectiva, José Luís GONZÁLEZ MONTES (Coord.), La Ley, Madrid, 2008.

ORTELLS RAMOS, MANUEL, *Derecho Procesal Civil*, Aranzadi, Cizur Menor (Navarra), 2016.

ORTUÑO NAVALÓN, MARÍA DEL CARMEN, «Introducción y cuestiones generales», en *La prueba electrónica ante los Tribunales*, obra colectiva, María del Carmen ORTUÑO NAVALÓN (Coord.), Tirant Lo Blanch, Valencia, 2014.

PEÑA ADASME, ANDRÉS, «La flexibilidad procesal del arbitraje en Ley 60/2003», en *Anuario de Justicia Alternativa*, núm. 14, 2017.

PÉREZ DAUDÍ, VICENTE, «Los RAL obligatorios y el derecho a la tutela judicial efectiva», *El sistema de RAL/ODR en conflictos de consumo: aproximación crítica y prospección de futuro,* Atelier, Barcelona, 2019.

PÉREZ-CRUZ MARTÍN, AGUSTÍN-JESÚS, «Juicios telemáticos. Especial consideración de la videoconferencia: ¿principios procesales y garantías en peligro?», en *Next Generation Justice: Digitalización e inteligencia artificial*, obra colectiva, Sonia CALAZA LÓPEZ y Ixusko ORDEÑANA GEZURAGA (dirs), La Ley, Madrid, 2024.

PESQUEIRA ZAMORA, María Jesús, *La suspensión de los juicios orales especial atención a sus causas y tratamiento procesal,* Bosch, Barcelona, 2015.

PICÓ I JUNOY, JOAN, «Derecho a la defensa», *Las garantías constitucionales del proceso*, Boch, Barcelona, 2012.

PICÓ I JUNOY, JOAN, «Derecho a la no indefensión», *Las garantías constitucionales del proceso*, Boch, Barcelona, 2012.

PICÓ I JUNOY, JOAN, «Derecho a la tutela judicial efectiva», en *Las garantías constitucionales del proceso*, Boch, Barcelona, 2012.

Picó i Junoy, Joan, «Derecho a un proceso público», en *Las garantías constitucionales del proceso*, Boch, Barcelona, 2012.

Picó i Junoy, Joan, *Las garantías constitucionales del proceso,* Bosch, 2.ª ed., Barcelona, 2012.

Picó Junoy, Joan, «La prueba ilícita en el arbitraje», *La Ley Probática* 15, 2024.

Pillado González, Esther, «Incidencia de la Ley 7/2017, de 2 de noviembre, por la que se incorpora al ordenamiento jurídico español la Directiva 2031/11/UE, del Parlamento Europeo y del Consejo, de 21 de mayo de 2013, sobre métodos alternativos de resolución de conflictos en materia de consumo», en *La resolución alternativa de litigios en materia de consumo,* obra colectiva, María Jesús Ariza Colmenarejo y María José Fernández-Fígares Morales (dirs.), Thomson Reuters Aranzadi, 2018.

Prendes Valle, María, «Algunas reflexiones sobre los juicios telemáticos», *El Derecho 6*, 2022.

Puig Blanes, Francisco de Paula, «Juicios telemáticos entre distintos países de la Unión Europea» Diario La Ley, 2021.

Ramírez Benavente, María Dolores, «La obtención de prueba en la unión europea: evolución y análisis del Reglamento (UE) 2020/1783 relativo a la cooperación entre los órganos jurisdiccionales de los estados miembros en el ámbito de la obtención de pruebas en materia civil o mercantil», en *Revista General de Derecho Europeo 1*, 2021.

Ramos Mendez, Francisco, «Comentarios a la STSJ de Madrid 27/1/2012», *Anuario de Justicia Alternativa*, Bosch 2012.

Richard González, Manuel, «Elogio del juicio oral (presencial) escrito por un profesor partidario del uso de la tecnología en el sistema judicial», *Diario La Ley*, N.º 9654, Sección Plan de Choque de la Justicia / Tribuna, 16 de junio de 2020.

Richard Gonzalez, Manuel, «Los sistemas biométricos de reconocimiento facial en la Unión Europea en el marco del desarrollo de la Inteligencia Artificial», *Justicia Revista de Derecho Procesal*, 1-2023.

Rodriguez Tirado, Ana María, «Práctica del interrogatorio de testigos», en *El interrogatorio de testigos en la Ley 1/2000, de 7 enero, de Enjuiciamiento Civil,* Dykinson, Madrid, 2003.

Salorio Díaz, Juan M, «Procedimiento», en *Arbitraje de Consumo: sistema y procedimiento»*, Aranzadi, 2019.

Samanes Ara, Carmen, «La intervención judicial», en *El Sistema Arbitral de Consumo. Comentarios al Real Decreto 636/1993, de 3 de mayo*, obra colectiva, Ignacio Quintana Carlos, y Ángel Bonet Navarro (dirs.), Aranzadi, Elcano (Navarra), 1997.

Sanchez Lorenzo, Sixto, «El principio de mínima intervención judicial en el arbitraje comercial internacional», *Arbitraje,* vol. IX, n.º 1, 2016.

Sancho Gargallo, Ignacio, *La incidencia de los sesgos cognitivos en el enjuiciamiento*, Tirant Lo Blanch, 2024.

Sande Mayo, María Jesús, «El potencial de las tecnologías disruptivas en la resolución extrajudicial de conflictos de consumo: los Smart ODR», en *Next Generation Justice: Digitalización e inteligencia artificial*, obra colectiva, Sonia Calaza López y Ixusko Ordeñana Gezuraga (dirs), La Ley, Madrid, 2024.

Santos Martínez, Alberto Manuel, «Principios y garantías el proceso judicial en entornos virtuales», en *El futuro de la abogacía ante la transformación digital y las necesidades de la era postcovid*, Dykinson, 2022.

Signorin, Stefano, «La digitalizzazione della cooperazione giudiziaria in materia civile e commerciale nell'Unione europea: L'assunzione transfrontaliera delle prove nel prisma della piattaforma informatica decentrata e-CODEX», en *Cuadernos de Derecho Transnacional 1*, 2024.

Sigüenza López, Julio, «Arbitraje de consumo: una posibilidad poco conocida, sumamente práctica y de claro interés para la ciudadanía», *Revista General de Derecho Procesal* 61, 2023.

Sourdin, Tania y **Zeleznikow, John**, «Courts, Mediation and COVID-19» *Australian Business Law Review*, 2020.

Távara Zariquiey, Juan Antonio, «La prueba anticipada y el aseguramiento de la prueba para el arbitraje comercial», en *Economist&Iuris*, 8 de febrero de 2019.

The European Data Protection Board and the European Data Protection Supervisor, *Joint Opinion 5/2021 on the proposal for a Regulation of the European Parliament and of the Council laying down harmonised rules on artificial intelligence (Artificial Intelligence Act),* The European Data Protection Board and the European Data Protection Supervisor, 2021.

The European Data Protection Board and the European Data Protection Supervisor, *Joint Opinion 5/2021 on the proposal for a Regulation of the European Parliament and of the Council laying down harmonised rules on artificial intelligence (Artificial Intelligence Act),* The European Data Protection Board and the European Data Protection Supervisor, 2021.

The European Data Protection Board, *Guidelines 3/2019 on processing of personal data through video devices*, The European Data Protection Board, 2020.

The European Data Protection Board, *Guidelines 3/2019 on processing of personal data through video devices*, The European Data Protection Board, 2020.

Torres RoselL, Nuria, «Medidas ¿organizativas y tecnológicas? aprobadas en el RD-L 16/2020», *Diario La Ley*, N.° 9641, Sección Tribuna, 27 de mayo de 2020.

Tribunal Superior de Justicia de Andalucía, *Memoria Judicial 2022,* Portal del Poder Judicial de España, 2023.

Tribunal Superior de Justicia de Asturias, *Memoria Judicial 2022*, Portal del poder Judicial de España, 2023

Tribunal Superior de Justicia de Castilla y León, *Memoria Judicial 2022*, Portal del poder Judicial de España, 2023

Tribunal Superior de Justicia de Extremadura, *Memoria Judicial 2022*, Portal del poder Judicial de España, 2023.

Trocker, Nicolo, «Il regolamento (CE) n. 1206/2001 del Consiglio, del 28 maggio 2001, relativo alla cooperazione fra le autorità giudiziarie degli Stati membri nel settore dell'assunzione delle prove in materia civile e commerciale», en *Manuale di diritto processuale civile europeo,* obra colectiva, Michele Taruffo and Vicenzo Varano (eds), Giappichelli, 2011.

Valderas, Juan J., «Cómo proteger la confidencialidad de información comercial o personal "delicada" necesaria para la prueba pericial en un litigio», *Diario La Ley* 8925, 2017.

Velasco Nuñez, Eloy y **Alonso Cebrián, José María**, «Delitos por/con inteligencia artificial: presente y futuro», *Diario La Ley*, n.° *82, 5 de abril de 2024.*

Velez Toro, Antonio José, «Procedimiento arbitral y su relación con el proceso», en *Alternative justice: arbitraje 5.0,* Obra colectiva, Sonia Calaza López y Leticia Fontestad Portalés (Dirs), Dykinson, 2024.

Vidal Fernández, Begoña, «Obtención de pruebas», in *La cooperación judicial civil y penal en el ámbito de la Unión Europea: instrumentos procesales,* obra colectiva, Mar Jimeno Bulnes (eds), Bosch, Barcelona, 2007.

Zafra Espinosa De Los Monteros, Rocío, «Vistas telemáticas, punto de inflexión para la ansiada agilización de la justicia», en *Next Generation Justice: Digitalización e inteligencia artificial*, obra colectiva, Sonia Calaza López y Ixusko Ordeñana Gezuraga (dirs), La Ley, Madrid, 2024.

LEGISLACIÓN CITADA Y COMENTADA

- Anteproyecto de la ley la que se incorpora al ordenamiento jurídico español la Directiva 2013/11/UE, del Parlamento Europeo y del Consejo, de 21 de mayo de 2013, relativa a la resolución alternativa de litigios en materia de consumo.
- Carta de los Derechos Fundamentales de la Unión Europea de 18 de diciembre de 2000, OJ C 364/1.
- Comunicación de la Comisión al Parlamento Europeo, al Consejo, al Comité Económico y Social Europeo y al Comité de las Regiones, «La digitalización de la justicia en la Unión Europea. Una caja de herramientas llena de oportunidades», COM (2020) 710 final.
- Comunicación de la Comisión al Parlamento Europeo, al Consejo, al Comité Económico y Social Europeo y al Comité de las Regiones, «La digitalización de la justicia en la Unión Europea. Una caja de herramientas llena de oportunidades», COM (2020) 710 final.
- Constitución Española de 29 de diciembre de 1978.
- Convenio para la Protección de los Derechos Humanos y de las Libertades Fundamentales de 4 de noviembre de 1950,
- Convenio relativo a la asistencia judicial en materia penal entre los Estados miembros de la Unión Europea de 29 de mayo de 2000.
- Convention on the taking of evidence abroad in civil or commercial matters de 18 marzo de 1970.
- Declaración Europea sobre Derechos Digitales y Principios para la Década Digital 2023/C 23/01, DO C 23/1.
- Directiva 2002/58/CE del Parlamento Europeo y del Consejo, de 12 de julio de 2002, relativa al tratamiento de los datos personales y a la protección de la intimidad en el sector de las comunicaciones electrónicas (Directiva sobre la privacidad y las comunicaciones electrónicas), DO L 201/37.

- Directiva 2013/11/UE del Parlamento Europeo y del Consejo, de 21 de mayo de 2013, relativa a la resolución alternativa de litigios en materia de consumo y por la que se modifica el Reglamento (CE) n.º 2006/2004 y la Directiva 2009/22/CE (Directiva sobre resolución alternativa de litigios en materia de consumo).
- Directiva 2013/11/UE del Parlamento Europeo y del Consejo, de 21 de mayo de 2013, relativa a la resolución alternativa de litigios en materia de consumo y por la que se modifica el Reglamento (CE) n.º 2006/2004 y la Directiva 2009/22/CE (Directiva sobre resolución alternativa de litigios en materia de consumo).
- Instrucción 1/2021, del secretario general de la administración de justicia, relativa a la identificación de los intervinientes en actuaciones realizadas mediante videoconferencia a través de la herramienta cl@vejusticia.
- La Ley 4/2015, de 27 de abril, del Estatuto de la víctima del delito.
- Ley 1/2000, de 7 de enero, de Enjuiciamiento Civil.
- Ley 18/2011, de 5 de julio, reguladora del uso de las tecnologías de la información y la comunicación en la Administración de Justicia
- Ley 26/1984, de 19 de julio, General para la Defensa de los Consumidores y Usuarios.
- Ley 3/2020, de 18 de septiembre, de medidas procesales y organizativas para hacer frente al COVID-19 en el ámbito de la Administración de Justicia
- Ley 7/2017, de 2 de noviembre, por la que se incorpora al ordenamiento jurídico español la Directiva 2013/11/UE, del Parlamento Europeo y del Consejo, de 21 de mayo de 2013, relativa a la resolución alternativa de litigios en materia de consumo.
- Ley Orgánica 1/1982, de 5 de mayo, de protección civil del derecho al honor, a la intimidad personal y familiar y a la propia imagen
- Ley Orgánica 1/2025, de 2 de enero, de medidas en materia de eficiencia del Servicio Público de Justicia.
- Ley Orgánica 13/2003, de 24 de octubre, de reforma de la Ley de Enjuiciamiento Criminal en materia de prisión provisional.
- Ley Orgánica 6/1985, de 1 de julio, del Poder Judicial.
- Ley Orgánica 8/2006, de 4 de diciembre, por la que se modifica la Ley Orgánica 5/2000, de 12 de enero, reguladora de la responsabilidad penal de los menores, en su Disposición Adicional Primera. 3, reformó dicho artículo de la Ley de Enjuiciamiento Criminal. Con ello se supera la regulación precedente que requería que dicha medida fuera acordada por el órgano judicial a través de una resolución motivada y previo informe pericial favorable.

- Ley Orgánica 8/2006, de 4 de diciembre, por la que se modifica la Ley Orgánica 5/2000, de 12 de enero, reguladora de la responsabilidad penal de los menores, reformó dicho artículo de la Ley de Enjuiciamiento Criminal.
- Proyecto de Ley Orgánica de Eficiencia Organizativa del Servicio Público de Justicia, BOCD 22-04-2022
- Real Decreto 231/2008, de 15 de febrero, por el que se regula el Sistema Arbitral de Consumo,
- Real Decreto 400/2023, de 29 de mayo, de disolución del Congreso de los Diputados y del Senado y de convocatoria de elecciones.
- Real Decreto 713/2024, de 23 de julio, por el que se aprueba el Reglamento que regula el Sistema Arbitral de Consumo.
- Real Decreto de 14 de septiembre de 1882 por el que se aprueba la Ley de Enjuiciamiento Criminal.
- Real Decreto de 24 de julio de 1889 por el que se publica el Código Civil.
- Real Decreto-ley 6/2023, de 19 de diciembre, por el que se aprueban medidas urgentes para la ejecución del Plan de Recuperación, Transformación y Resiliencia en materia de servicio público de justicia, función pública, régimen local y mecenazgo.
- Recomendación 98/257/CE de la Comisión de 30 de marzo de 1998, relativa a los principios aplicables a los órganos responsables de la solución extrajudicial de los litigios en materia de consumo.
- Reglamento (CE) n.º 1206/2001 del Consejo, de 28 de mayo de 2001, relativo a la cooperación entre los órganos jurisdiccionales de los Estados miembros en el ámbito de la obtención de pruebas en materia civil o mercantil, DO L 174/1.
- Reglamento (UE) 2017/2394 del Parlamento Europeo y del Consejo de 12 de diciembre de 2017 sobre la cooperación entre las autoridades nacionales responsables de la aplicación de la legislación en materia de protección de los consumidores y por el que se deroga el Reglamento (CE) n.º 2006/2004.
- Reglamento (UE) 2019/1111 del Consejo, de 25 de junio de 2019, relativo a la competencia, el reconocimiento y la ejecución de resoluciones en materia matrimonial y de responsabilidad parental, y en materia de sustracción internacional de menores, DO L 178/1.
- Reglamento (UE) 2020/1783 del Parlamento Europeo y del Consejo, de 25 de noviembre de 2020, relativo a la cooperación entre los órganos jurisdiccionales de los Estados miembros en el ámbito de la obtención de pruebas en materia civil o mercantil (obtención de pruebas), DO L 405/1.

- Reglamento (UE) 2020/1784 del Parlamento Europeo y del Consejo, de 25 de noviembre de 2020, relativo a la notificación y al traslado en los Estados miembros de documentos judiciales y extrajudiciales en materia civil o mercantil (notificación y traslado de documentos), DO I 405/40.
- Reglamento (UE) 2022/850 del Parlamento Europeo y del Consejo, de 30 de mayo de 2022, relativo a un sistema informatizado para el intercambio electrónico transfronterizo de datos en el ámbito de la cooperación judicial en materia civil y penal (sistema e-CODEX) y por el que se modifica el Reglamento (UE) 2018/1726, OJ L 150.
- Reglamento (UE) 2023/2844 del Parlamento Europeo y del Consejo, de 13 de diciembre de 2023, sobre la digitalización de la cooperación judicial y el acceso a la justicia en materia civil, mercantil y penal transfronterizos y por el que se modifican determinados actos en el ámbito de la cooperación judicial, DO L 2023/2844.
- Reglamento (UE) 2024/1689 del Parlamento Europeo y del Consejo, de 13 de junio de 2024, por el que se establecen normas armonizadas en materia de inteligencia artificial y por el que se modifican los Reglamentos (CE) nº 300/2008, (UE) nº 167/2013, (UE) nº 168/2013, (UE) 2018/858, (UE) 2018/1139 y (UE) 2019/2144 y las Directivas 2014/90/UE, (UE) 2016/797 y (UE) 2020/1828 (Reglamento de Inteligencia Artificial).
- Resolución de 26 de mayo de 2021, de la Secretaría General para la Innovación y Calidad del Servicio Público de Justicia, por la que se habilita a Cl@veJusticia y se establecen sus condiciones de uso, como mecanismo de identificación y firma de los interesados en las actuaciones realizadas mediante presencia telemática con los órganos judiciales y demás órganos pertenecientes a la Administración de Justicia.
- Tratado de Funcionamiento de la Unión Europea de 25 de marzo de 1957, 2010, DO C 83/47.

AGRADECIMIENTOS

Por haber financiado el proyecto con la Referencia TED2021-131127B-I00 del que esta obra forma parte, nuestro agradecimiento a:

- La Agencia Estatal de Investigación (AEI).
- El Plan de Recuperación, Transformación y Resiliencia.
- Unión Europea, NextGenerationEU.
- Ministerio de Ciencia, Innovación y Universidades.

Made in United States
Orlando, FL
04 November 2026

90201641R00138